Constitución Política de los Estados Unidos Mexicanos

Constitución Política de los Estados Unidos Mexicanos

18ª Edición

Edición y estudio introductorio de

MIGUEL CARBONELL

tirant lo blanch

Ciudad de México, 2026

© EDITA: TIRANT LO BLANCH
DISTRIBUYE: TIRANT LO BLANCH MÉXICO
Av. Tamaulipas 150, Oficina 502
Hipódromo, Cuauhtémoc, 06100, Ciudad de México
Telf: +52 1 55 65502317
infomex@tirant.com
www.tirant.com/mex/
www.tirant.es
ISBN: 979-13-7021-953-6

Si tiene alguna queja o sugerencia, envíenos un mail a: *atencioncliente@tirant.com*. En caso de no ser atendida su sugerencia, por favor, lea en *www.tirant.net/index.php/empresa/politicas-de-empresa* nuestro Procedimiento de quejas.

Responsabilidad Social Corporativa: http://www.tirant.net/Docs/RSCTirant.pdf

Índice

Estudio preliminar
¿Qué es una Constitución?

I. El concepto de Constitución es uno de los más arduos de construir dentro del marco conceptual de la ciencia del derecho. Se trata de un concepto que ha tenido y tiene un sinfín de formulaciones, muchas de ellas incluso incompatibles y contradictorias entre sí.

La Constitución puede entenderse, por ejemplo, como un ordenamiento jurídico de tipo liberal; como un conjunto de normas jurídicas que contiene las disposiciones en algún sentido fundamentales de un Estado; como un documento normativo que tiene ese nombre; y como una norma dotada de ciertas características, es decir, que tiene un régimen jurídico particular. Además, hay conceptos absolutos, relativos, positivos, ideales, pactistas, históricos, sociológicos, materiales, racional-normativos, etc., de Constitución.

II. Hay dos elementos fundamentales que dan sentido a una indagación sobre el concepto de Constitución: el órgano o poder que la crea y los contenidos concretos que debe tener una norma de ese tipo.

El primero de esos elementos nos lleva directamente al tema del poder constituyente. El poder constituyente, tradicionalmente, no ha tenido una legitimidad democrática desde el punto de vista de su integración; normalmente y desde luego con notables excepciones, las Constituciones históricas han sido otorgadas por el caudillo, el rey, el soberano, la oligarquía de turno, etc.

Es a partir del siglo XX cuando los poderes encargados de redactar nuevas Constituciones se comienzan a integrar democráticamente. Sólo entonces se materializa la posibilidad del pueblo de ser soberano: otorgándose por sí y ante sí un nuevo texto constitucional. Esa es, dentro del modelo del Estado constitucional contemporáneo, la forma en que la soberanía toma sustancia y deja de ser una mera entelequia, al momento de crear un nuevo ordenamiento supremo.

Por lo que respecta a los contenidos, ya desde el famoso artículo 16 de la Declaración Francesa de 1789 se afirma que las Constituciones se abocan a determinar la división de poderes y los derechos fundamentales. Esos dos elementos son una especie de "contenido mínimo" de cualquier documento que se quiera llamar "Constitución".

Desde luego, dentro del concepto de la división de poderes hay muchas posibilidades organizativas: presidencialismo o parlamentarismo (o sus formas intermedias: semipresidencialismo, semiparlamentarismo), monarquía o república, federalismo, regionalismo o centralismo, etc. Sin embargo, debe quedar claro que el Estado constitucional solamente admite una división *efectiva* del poder, es decir, un sistema que asegure espacios de libertad reales para los particulares, que obligue a la rendición de cuentas de los gobernantes, a la renovación periódica de los mismos, que prevea la existencia de jueces independientes, la competencia básica de cada órgano, los modos de creación y renovación del derecho, etc.

Solamente cuando existe control del poder puede hablarse de Estado constitucional. Y esto por la sencilla razón de que, como apunta Manuel Aragón, "La idea de Constitución... implica la idea de limitación. Si la comunidad política ha de persistir es imprescindible que el poder tenga, al menos, la limitación mínima de no alcanzar a destruirla; si la comunidad política ha de persistir en una determinada forma política, ésta será también un límite infranqueable para el poder"[1].

También en el ámbito de los derechos fundamentales la realidad de nuestros Estados constitucionales ofrece una variedad importante. ¿Cuántos y cuáles derechos deben estar previstos y asegurados en un Estado para que se pueda considerar Estado constitucional? Derechos de libertad, derechos de participación política y un mínimo de derechos sociales, junto a un sistema medianamente eficaz de garantías podrían representar un umbral mínimo para todo Estado que quiera ser un verdadero Estado constitucional.

La revisión de la historia del Estado constitucional nos puede ofrecer las claves para entender el concepto mismo de Constitución, el papel que se espera puedan cumplir los textos constitucionales y las variedades que los derechos fundamentales y la división de poderes han tenido en los últimos siglos.

De esa historia se concluye, por ejemplo, que no siempre el Estado constitucional ha sido democrático. No siempre los derechos fundamentales se han impuesto frente a la actividad legislativa. No siempre ha existido la jurisdicción constitucional. No siempre ha estado asegurada la independencia judicial ni se ha podido controlar en sede parlamentaria la acción del Poder Ejecutivo. Más adelante ofreceremos una más completa explicación sobre el surgimiento

---

1 Aragón, Manuel, *Estudios de derecho constitucional*, 2ª edición, Madrid, CEPC, 2009.

histórico y el desarrollo que en el tiempo han tenido los derechos fundamentales, la cual va a demostrar plenamente lo que se acaba de decir.

De hecho, aunque a nivel teórico pueda existir un cierto "modelo" o "paradigma" de lo que son el constitucionalismo y la Constitución, lo cierto es que en realidad debe hablarse no de uno, sino de varios constitucionalismos (el inglés, el norteamericano, el francés, el latinoamericano), y no de uno, sino de varios modelos y/o conceptos de Constitución.

III. Desde un punto de vista estrictamente jurídico la Constitución es la norma que determina la validez del resto del ordenamiento jurídico. Dicha determinación es de carácter tanto formal o procedimental como material o sustantivo. Desde el punto de vista procedimental la Constitución determina la validez del resto de normas del ordenamiento ya que establece las competencias de los distintos poderes para dictar normas jurídicas, así como los pasos que deben llevar a cabo para que tales normas se integren válidamente al ordenamiento.

Desde el punto de vista sustantivo la Constitución actúa sobre todo como un límite a la creación normativa, pues contiene prohibiciones para el legislador, mandatos de actuación, normas ordenadoras de fines que deben perseguir los poderes públicos, etc. Ambos puntos de vista dan lugar también a dos distintas formas de validez: una validez procedimental y una validez sustantiva.

La superioridad jurídica de la Constitución puede ser explícita o implícita. En el caso de la Constitución mexicana de 1917 la supremacía constitucional, también llamada supralegalidad, se encuentra expresamente recogida en el artículo 133, que la ubica dentro de la "ley suprema de toda la unión", junto con las leyes del Congreso que emanen de ella (de la Constitución, se entiende) y junto con los tratados internacionales. Ahora bien, en temas de derechos humanos la supremacía constitucional debe ser entendida dentro de una serie de principios interpretativos que nos pueden llevar a que, en un caso concreto, se decida aplicar para resolverlo una norma distinta a la norma constitucional, siempre y cuando otorgue mayor protección al derecho humano de que se trate.

Aparte de que tenga o no reconocimiento explícito, la superioridad constitucional (desde un punto de vista jurídico) deriva, cuando menos, de los siguientes aspectos: *a)* la Constitución *crea* a los poderes públicos del Estado; *b) delimita* sus funciones tanto desde un punto de vista positivo como negativo; *c)* recoge los procedimientos de *creación normativa*; *d)* reconoce los derechos fundamentales de los habitantes del Estado; y *e)* incorpora los *valores esenciales o superiores* de la comunidad a la que rige.

IV. Siguiendo a Riccardo Guastini se puede señalar que la Constitución, como documento normativo, se distingue del resto de normas del ordenamiento por lo siguiente[2]:

a) Por su nombre propio, ya que es el único documento normativo del ordenamiento que se llama "Constitución".

b) Por su procedimiento de formación único y distinto del resto de normas del ordenamiento: es la única norma creada por el poder constituyente.

c) Por su contenido característico, puesto que regula los derechos fundamentales y la división de poderes, señalando las competencias de los órganos superiores del Estado.

d) Por sus destinatarios típicos, aunque no únicos, que son esos mismos órganos superiores del Estado, para los que establece el ámbito competencial y la organización y estructura básicas.

e) Por su régimen jurídico peculiar, lo que incluye, por ejemplo, su posición en el ordenamiento jurídico (superior a cualquier otra norma) y el procedimiento para su reforma (distinto al de las leyes ordinarias).

V. Como complemento o consecuencia de su supremacía jurídica, la mayoría de las Constituciones contemporáneas son rígidas. La rigidez constitucional es la traducción jurídica de la distinción política (en un primer momento) entre el poder constituyente y los poderes constituidos.

La rigidez significa, concretamente, que la Constitución no puede ser reformada por el mismo órgano y siguiendo el mismo procedimiento que se utiliza para reformar las leyes. Por tanto, se puede decir que la rigidez de una Constitución se produce siempre que en un determinado texto constitucional existan procedimientos diferenciados para la aprobación de las leyes y para la aprobación de las reformas constitucionales.

Dicha diferenciación puede hacerse de varias maneras. Puede establecerse que sea el mismo órgano el que lleve a cabo ambos tipos de reformas, pero siguiendo un procedimiento distinto, normalmente más complejo para el caso de las reformas constitucionales. En este sentido, se pueden requerir mayorías

---

2 Guastini, Riccardo, "Sobre el concepto de Constitución" en Carbonell, Miguel (editor), *Teoría del neoconstitucionalismo*, Madrid, Trotta, 2007, pp. 15-27.

calificadas o super-calificadas para aprobar una reforma constitucional, o se puede necesitar de un procedimiento que implique un periodo más largo de tiempo; bajo sistemas parlamentarios se puede incluso requerir que cuando se propone una reforma constitucional se disuelva el Poder Legislativo y se convoque a nuevas elecciones de forma que sean los nuevos legisladores los que se encarguen de votar la iniciativa propuesta por la legislatura precedente.

Otra posibilidad es que las reformas legales y las reformas constitucionales sean llevadas a cabo por órganos diferentes. Concretamente, el derecho comparado ofrece bastantes ejemplos de textos constitucionales que solamente pueden ser reformados por asambleas convocadas con ese único objeto, o bien por órganos que tienen una composición compleja: integrados, por ejemplo, tanto por el Poder Legislativo federal como por los poderes legislativos locales, por mencionar un caso que puede darse en un Estado organizado federalmente.

Las Constituciones rígidas se suelen oponer para efectos pedagógicos a las Constituciones flexibles. Son flexibles aquellas Constituciones que pueden ser modificadas siguiendo el mismo procedimiento que se sigue para la aprobación o modificación de las leyes.

En un sistema constitucional que cuente con una Constitución flexible la Constitución y la ley tienen la misma fuerza, se encuentran ubicadas en un mismo nivel jerárquico. En consecuencia, el principio que regula sus relaciones no es el de *lex superior derogat inferiori*, sino el de *lex posterior derogat priori*, la ley (la norma, mejor dicho) posterior en el tiempo deroga a la anterior. Esto significa, además, que si una ley contiene una disposición contraria a la Constitución, dicha ley se entiende no como una violación constitucional, sino como una modificación a lo dispuesto por el texto de la Constitución.

La rigidez constitucional, si bien guarda estrecha relación con ella, no debe ser confundida con la supremacía constitucional[3]. Como hemos dicho, rígida es una Constitución que no puede ser modificada a través del procedimiento que se sigue para la creación o modificación de una ley, mientras que supremo es un documento constitucional creado por el Poder Constituyente, mismo que desaparece después de haber expedido la Constitución. Puede haber Constituciones que sean supremas y no sean rígidas.

---

3 Ver las importantes y muy claras distinciones que sobre el tema hace Prieto Sanchís, Luis, *El constitucionalismo de los derechos*, Madrid, Trotta, 2013, pp. 155 y siguientes.

La supremacía y la rigidez constitucionales se distinguen también por su objetivo: la primera sirve para identificar a las normas constitucionales, mientras que la rigidez busca contribuir a la estabilidad de la Constitución, al hacer más difícil su modificación.

La rigidez y la supremacía coinciden, sin embargo, en sus efectos: tanto en virtud de una como de otra, todas las normas del ordenamiento deben adecuarse, tanto formal como sustancialmente, a las disposiciones constitucionales. Si no lo hicieran así violarían tanto la supremacía como la rigidez constitucionales. Ambas características, por tanto, sirven como parámetros de validez del resto de normas del ordenamiento.

Para entender lo que se acaba de decir sobre el concepto de Constitución, hay que tener presente —desde mi punto de vista— la atmósfera social y política en la que se va construyendo un determinado régimen constitucional. La Constitución no existe ni puede existir en el aire, ajena al entorno social en el que está llamada a regir. Para poder conocer el alcance que tendrán los mandatos constitucionales en la práctica y para estar advertidos de los desafíos a los que se tendrán que enfrentar, vale la pena detenernos aunque sea de forma breve en el tema de la cultura constitucional.

VI. Cuando se habla de democracia normalmente se hace referencia a la forma en que las autoridades llegan al poder o bien en la manera en la que se conducen una vez que comienzan a ejercer sus funciones. De acuerdo con lo anterior, un régimen político será más o menos democrático si hay un proceso electoral creíble y transparente por medio del que se decida quién debe gobernar, y si además en el ejercicio de sus facultades la autoridad es respetuosa de los derechos de las personas que viven en un determinado territorio. Por el contrario, si se llega al poder mediante fraudes y maquinaciones, o bien si se ejerce en franca violación de los derechos humanos, entonces no se podrá decir que un régimen político es democrático.

Todo eso forma parte ya del sentido básico compartido por millones de personas en el mundo acerca de la democracia[4]. Nadie duda que el sistema

---

4 Dos explicaciones básicas para entender el significado moderno de la democracia pueden encontrarse en Sartori, Govanni, *¿Qué es la democracia?*, México, Taurus, 2003; y en Dahl, Robert, *La democracia. Una guía para los ciudadanos*, Madrid, Taurus, 1999.

democrático requiere, cuando menos, elecciones confiables y respeto a los derechos humanos[5].

Ahora bien, eso tiene que ver fundamentalmente con los partidos políticos y con las autoridades, pero ¿qué sucede cuando son los propios ciudadanos los que no tienen demasiado aprecio por los derechos humanos? ¿se puede construir una democracia sin demócratas? ¿qué solidez puede tener un sistema político en el que un porcentaje importante de ciudadanos tiene ideas francamente regresivas y contrarias a los derechos humanos?

El Instituto de Investigaciones Jurídicas de la UNAM levantó en el año 2003 la primera Encuesta sobre Cultura Constitucional en nuestro país[6], obteniendo resultados tan interesantes como dramáticos; en esa ocasión se hicieron entrevistas de fondo a 1,794 personas mayores de 15 años, la mitad hombres y la mitad mujeres.

En el año 2011 se hizo el segundo ejercicio del mismo tipo y, de nuevo, el ejercicio arrojó resultados que nos ofrecen un marco excepcional de comprensión no solamente de nuestro sistema constitucional, sino sobre todo de nuestras propias expectativas y limitaciones en cuanto al papel de ciudadanos que cada uno de nosotros debe asumir. En esta segunda ocasión se aplicaron 2,208 cuestionarios en vivienda, siguiendo una metodología científica que permitiera cubrir todo el territorio nacional y que tuviera en cuenta variables socioeconómicas que evitaran obtener información sesgada[7].

Voy a comentar enseguida algunos datos concretos, pero adelanto una posible conclusión: nos gusta quejarnos de lo mal que lo hacen nuestros gobernantes, pero no se observa que la ciudadanía sea un portento de virtudes ni que esté dispuesta a participar directamente en la construcción de la democracia constitucional mexicana. Sin duda hay un déficit de talento gubernativo, pero también hace falta una ciudadanía más crítica y participativa.

---

5 Sobre la indisoluble relación entre derechos humanos y democracia, ver Carbonell, Miguel, *Derechos fundamentales y democracia*, Cuadernos de Divulgación Democrática, IFE, 2013. Una perspectiva más amplia en Carbonell, Miguel, *Los derechos fundamentales en México*, 6ª edición, México, Porrúa, UNAM, CNDH, 2014; ídem, *Introducción al derecho constitucional*, México, Tirant lo Blanch, 2015.

6 *Cultura de la Constitución en México. Una encuesta nacional de actitudes, percepciones y valores*, México, IIJ-UNAM, COFEMER, TEPJF, 2004.

7 Los resultados de la encuesta del 2011 pueden consultarse en: http://www.juridicas.unam.mx/invest/areas/opinion/EncuestaConstitucion/

De hecho, hay actitudes francamente regresivas y autoritarias entre los ciudadanos del país, algunas de ellas con probabilidad son producto de la inaudita ola de violencia que hemos sufrido en los años recientes y que ha dado como resultado una muy extendida sensación de inseguridad (además de miles y miles de muertos, como se sabe). En todo caso, los datos disponibles nos advierten la necesidad ineludible y urgente de construir una ciudadanía mucho más robusta, que se comprometa a fondo con la construcción de un Estado constitucional de derecho y que asuma a los derechos humanos como el parámetro de la vida civilizada. Sin esa calidad de ciudadanía la democracia mexicana no va a poder salir del estado de permanente precariedad en el que lleva años instalada.

Un primer dato, que podría suscitar diversas reflexiones: cuando se les pregunta a las personas si les interesan los asuntos públicos el resultado es decepcionante. Un 30% dice que se interesa poco y un 18% que no se interesa nada. Solamente un 13% afirma estar muy interesado en los asuntos públicos.

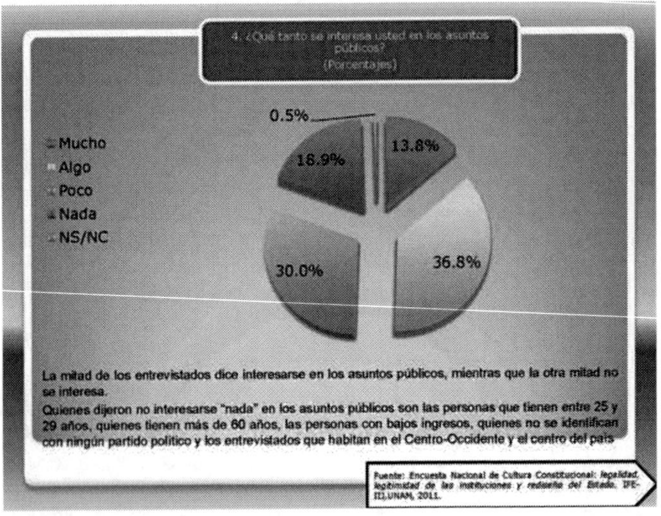

A la luz de los datos anteriores, no resulta sorprendente que al 49% no le interesen los asuntos que se discuten en el Congreso de la Unión. Esto demuestra el profundo desapego de una parte de la población respecto a sus representantes. Es posible que muchos mexicanos no se sientan bien representados, aunque también resulta probable que muchos no puedan seguir con facilidad los debates congresionales, debido a que muchas veces en ellos se utiliza un lenguaje excesivamente técnico o se tratan asuntos muy específicos que les resultan ajenos a la mayor parte de la población.

Como sea, el hecho de que a la mitad de la población simplemente no le interese lo que se discute en el Congreso supone, de por sí, una fuerte llamada de atención respecto al funcionamiento de la democracia mexicana.

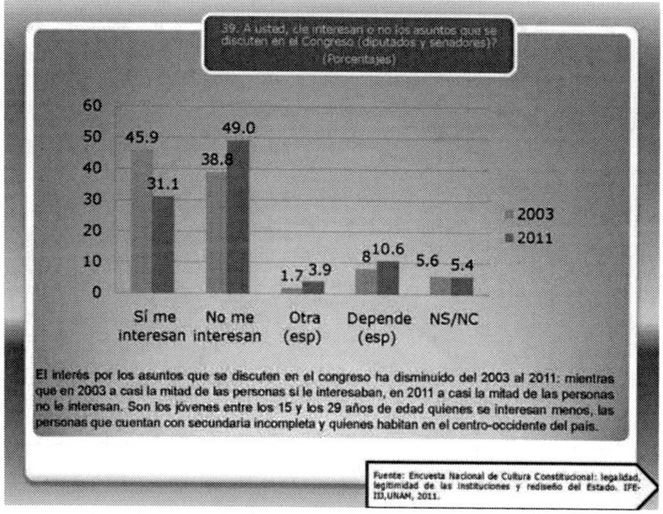

Otro dato para la reflexión: la encuesta que estamos comentando nos indica que para el 59% de los mexicanos, la obediencia y el respeto a la autoridad son los valores más importantes que un niño debe aprender. No cabe duda que el cumplimiento de las reglas sociales, aprendido desde la infancia, es un rasgo del carácter de las personas que conviene fomentar, pero no me queda claro que sea el valor más importante. ¿Qué hay del aprecio por la libertad, la defensa de la dignidad, el ideal de la no violencia, el respeto a la igualdad, etcétera? ¿en dónde quedan esos valores si les decimos a nuestros niños que lo más importante es obedecer? ¿no es esa actitud más propia de súbditos que de ciudadanos?

La tolerancia no parece figurar entre nuestras virtudes más destacadas. De acuerdo a la misma encuesta, un 43% de los encuestados señala que los problemas sociales se resolverían si pudiéramos deshacernos de las personas inmorales, cualquier cosa que ello signifique.

Lo peor de todo es que un porcentaje relevante de mexicanos tiene actitudes y valores manifiestamente contrarios a los derechos humanos. Veamos algunos ejemplo, de entre los muchos que nos ofrece la Encuesta.

Un 30% piensa que no se puede combatir a la delincuencia sin violar los derechos de la gente y un 39% está de acuerdo en que un toque de queda puede ayudar a reducir la inseguridad. Todavía más: un 32% está de acuerdo en que se torture a un narcotraficante para obtener información.

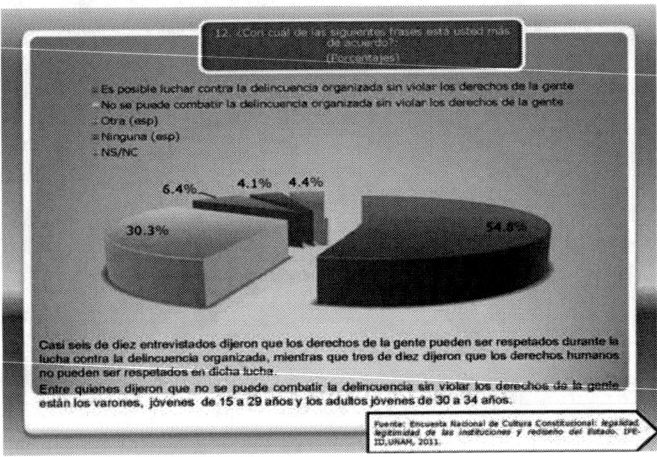

13. Cuando se decreta un toque de queda el gobierno prohíbe que la gente salga a la calle a partir de ciertas horas de la noche. En su opinión, ¿imponer un toque de queda ayuda o no ayuda a reducir la inseguridad?
(Porcentajes)
Sí ayuda
Sí ayuda, en parte (esp)
No ayuda
Depende (esp)
NS/NC
4.0%
5.2%
24.4%
39.2%
27.1%
Casi siete de cada diez entrevistados creen que un toque de queda ayuda o ayuda, en parte, a reducir la inseguridad. Esta medida obtiene una aprobación mayor entre los entrevistados en el norte del país y en la región sur.
Fuente: Encuesta Nacional de Cultura Constitucional: legalidad, legitimidad de las instituciones y rediseño del Estado. IFE-IIJ,UNAM, 2011.

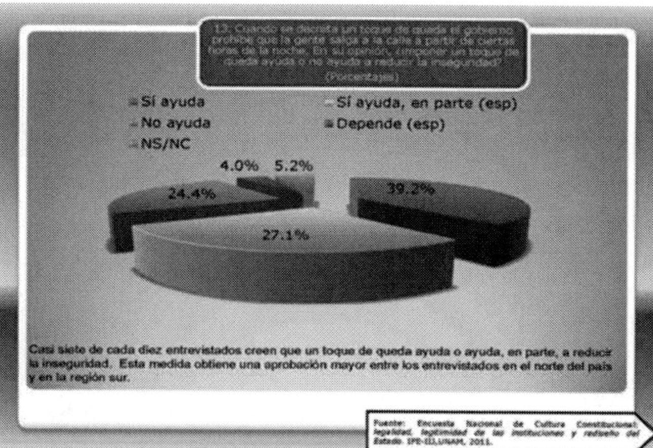

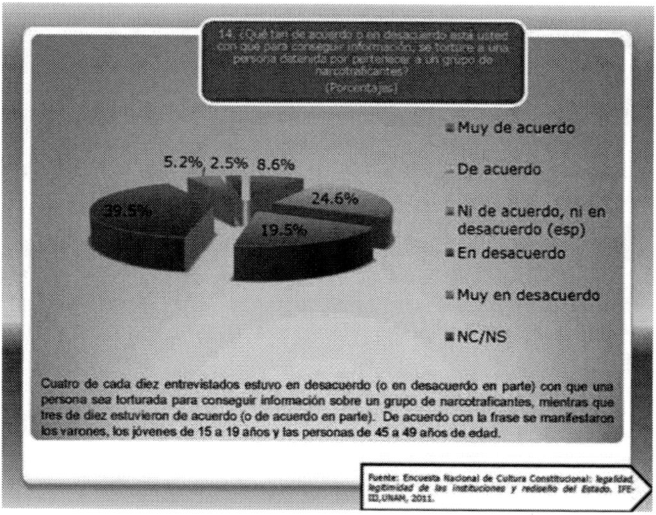

14. ¿Qué tan de acuerdo o en desacuerdo está usted con que para conseguir información, se torture a una persona detenida por pertenecer a un grupo de narcotraficantes?
(Porcentajes)
Muy de acuerdo
De acuerdo
Ni de acuerdo, ni en desacuerdo (esp)
En desacuerdo
Muy en desacuerdo
NC/NS
5.2%
2.5%
8.6%
24.6%
39.5%
19.5%
Cuatro de cada diez entrevistados estuvo en desacuerdo (o en desacuerdo en parte) con que una persona sea torturada para conseguir información sobre un grupo de narcotraficantes, mientras que tres de diez estuvieron de acuerdo (o de acuerdo en parte). De acuerdo con la frase se manifestaron los varones, los jóvenes de 15 a 19 años y las personas de 45 a 49 años de edad.
Fuente: Encuesta Nacional de Cultura Constitucional: legalidad, legitimidad de las instituciones y rediseño del Estado. IFE-IIJ,UNAM, 2011.

Y la cereza del pastel: un 31% está de acuerdo en que las fuerzas de seguridad maten a un miembro de la delincuencia organizada, aunque lo puedan detener y entregar a la justicia.

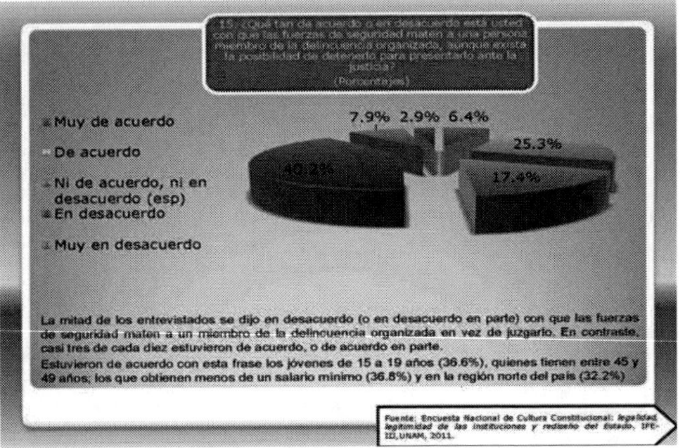

Aparte de lo escandalosas y preocupantes que pueden resultar las cifras anteriores, la encuesta sobre cultura constitucional de la UNAM nos pone también ante la evidencia de una población que no siente un apego completo por la legalidad. El respeto a las normas jurídicas nunca nos ha distinguido como país y parece que, luego de siglos de vivir en una especie de "zona de penumbra" respecto al Estado de derecho, millones de mexicanos ya se hicieron a la idea de que las leyes no siempre deben cumplirse.

La encuesta nos indica que un 35% de mexicanos piensa que el gobierno debe dejar que circulen los taxis sin placas y un 58% sostiene que se les deben dar a los vendedores ambulantes permisos para trabajar.

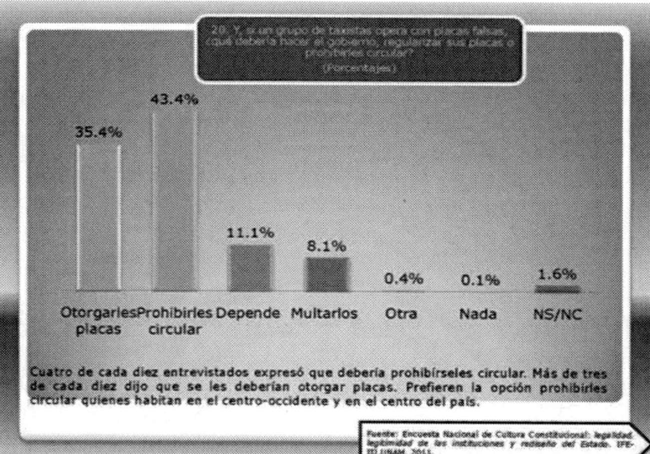
43.4%
35.4%
11.1%
8.1%
0.4%
0.1%
1.6%
Otorgarles placas
Prohibirles circular
Depende
Multarlos
Otra
Nada
NS/NC
Cuatro de cada diez entrevistados expresó que debería prohibírseles circular. Más de tres de cada diez dijo que se les deberían otorgar placas. Prefieren la opción prohibirles circular quienes habitan en el centro-occidente y en el centro del país.
Fuente: Encuesta Nacional de Cultura Constitucional: legalidad, legitimidad de las instituciones y rediseño del Estado. IFE-IIJ,UNAM, 2011.

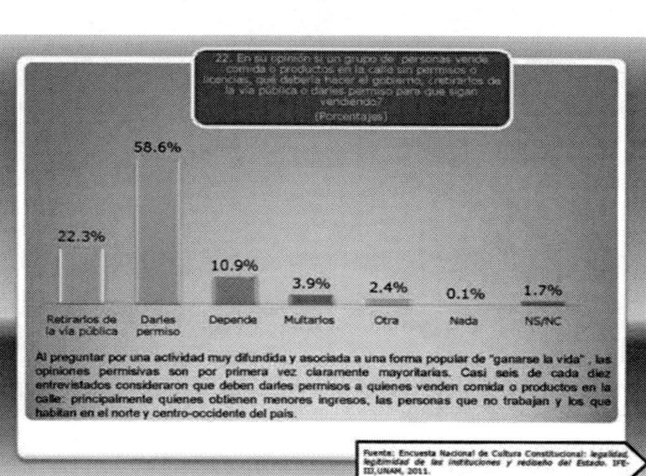
58.6%
22.3%
10.9%
3.9%
2.4%
0.1%
1.7%
Retirarlos de la vía pública
Darles permiso
Depende
Multarlos
Otra
Nada
NS/NC
Al preguntar por una actividad muy difundida y asociada a una forma popular de "ganarse la vida", las opiniones permisivas son por primera vez claramente mayoritarias. Casi seis de cada diez entrevistados consideraron que deben darles permisos a quienes venden comida o productos en la calle: principalmente quienes obtienen menores ingresos, las personas que no trabajan y los que habitan en el norte y centro-occidente del país.
Fuente: Encuesta Nacional de Cultura Constitucional: legalidad, legitimidad de las instituciones y rediseño del Estado. IFE-IIJ,UNAM, 2011.

Ahora bien, el mexicano piensa que quien incumple las leyes no es uno mismo, sino el de enfrente. Cuando se les pide que se pongan una calificación, del cero al diez, para medir el grado de cumplimiento que hace de la ley, la gente se pone 7,84 de calificación en promedio, pero a los demás les pone una calificación de 5,65. Los que incumplen son los demás, nunca uno mismo.

Más allá de la retórica con que muchos políticos suelen adornar sus discursos sobre la Constitución, lo cierto es el conocimiento de nuestra Carta Magna es un fruto exótico todavía en el siglo XXI. La gente no conoce la Constitución, ni sus derechos.

Un 65% dice que conoce poco la Constitución y un 27% dice, de plano, que no la conoce nada.

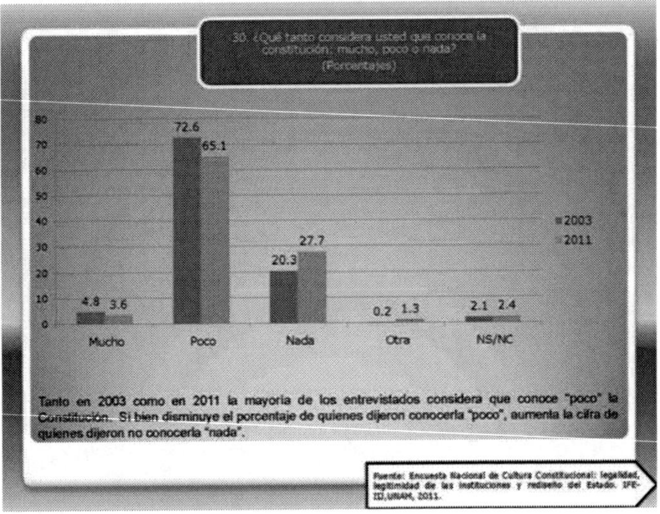

Supongo que los datos anteriores hablan por sí mismos. Tenemos una enorme tarea de construcción de una ciudadanía democrática, que reconozca el pluralismo de valores que tenemos los mexicanos y que asuma como una cosa propia la defensa de los derechos humanos. En suma, necesitamos una ciudadanía democrática y no otra cosa. La construcción de ese ideal puede y debe ser apoyada por el gobierno en todos sus niveles, pero la principal tarea recae en todos nosotros, que debemos estar dispuestos a poner de nuestra parte en la tarea de hacer de México un país mejor. Ojalá no nos demoremos en asumir esa responsabilidad.

Nada de lo que el lector podrá encontrar en las páginas siguientes, al leer el texto constitucional, puede ser comprendido o dotado de significados precisos si no generamos una atmósfera cívica que haga de los derechos humanos el parámetro compartido de la vida social. Las normas no pueden imponerse por sí solas; hacen falta hombres y mujeres que luchen por su eficacia y pongan de su lado para que sean efectivamente aplicadas.

Los datos que hemos ofrecido en las páginas precedentes nos hacen suponer que nos falta un enorme camino por recorrer, a fin de que los derechos humanos y la lógica del Estado de derecho se integren a nuestra vida cotidiana y a nuestro sistema de valores comunes.

Pero que la tarea sea inmensa no nos debe servir como camino hacia la resignación. Todo lo contrario: hay que empezar cuanto antes y hay que poner todo lo que esté a nuestro alcance para difundir los derechos humanos, explicar su importancia, desmenuzar sus significados, destacar sus posibilidades aplicativas, etcétera.

Ese es el propósito de difundir los contenidos constitucionales, cuyo conocimiento no debe limitarse a los expertos, sino que debe incluir a los estudiantes, profesionistas y ciudadanos en general. Suman cientos de miles o acaso millones los que comparten la preocupación por el rumbo del país; entre todos tenemos la responsabilidad de emprender la tarea de ir construyendo un México mejor, en el que podamos convivir de manera pacífica y civilizada. Por para eso sirven, precisamente, los derechos humanos y el Estado constitucional en su conjunto. No hay que olvidarlo.

Miguel Carbonell

Constitución Política de los Estados Unidos Mexicanos

Constitución publicada en el Diario Oficial de la Federación el 5 de febrero de 1917

TEXTO VIGENTE
Últimas reformas publicadas DOF 03-03-2026

El C. Primer Jefe del Ejército Constitucionalista, Encargado del Poder Ejecutivo de la Nación, con esta fecha se ha servido dirigirme el siguiente decreto:

VENUSTIANO CARRANZA, Primer Jefe del Ejército Constitucionalista, Encargado del Poder Ejecutivo de los Estados Unidos Mexicanos, hago saber:

Que el Congreso Constituyente reunido en esta ciudad el 1o. de diciembre de 1916, en virtud del decreto de convocatoria de 19 de septiembre del mismo año, expedido por la Primera Jefatura, de conformidad con lo prevenido en el artículo 4o. de las modificaciones que el 14 del citado mes se hicieron al decreto de 12 de diciembre de 1914, dado en la H. Veracruz, adicionando el Plan de Guadalupe, de 26 de marzo de 1913, ha tenido a bien expedir la siguiente:

CONSTITUCIÓN POLÍTICA DE LOS ESTADOS UNIDOS MEXICANOS QUE REFORMA LA DE 5 DE FEBRERO DE 1857

TÍTULO PRIMERO

CAPÍTULO I
DE LOS DERECHOS HUMANOS Y SUS GARANTÍAS

Denominación del Capítulo reformada DOF 10-06-2011

Igualdad en derechos fundamentales

Artículo 1o. En los Estados Unidos Mexicanos todas las personas gozarán de los derechos humanos reconocidos en esta Constitución y en los tratados internacionales de los que el Estado Mexicano sea parte, así como de las garantías para su protección, cuyo ejercicio no podrá restringirse ni suspenderse, salvo en los casos y bajo las condiciones que esta Constitución establece.

Párrafo reformado DOF 10-06-2011

Interpretación conforme y pro persona

Las normas relativas a los derechos humanos se interpretarán de conformidad con esta Constitución y con los tratados internacionales de la materia favoreciendo en todo tiempo a las personas la protección más amplia.

Párrafo adicionado DOF 10-06-2011

Principios y obligaciones en materia de derechos humanos

Todas las autoridades, en el ámbito de sus competencias, tienen la obligación de promover, respetar, proteger y garantizar los derechos humanos de conformidad con los principios de universalidad, interdependencia, indivisibilidad y progresividad. En consecuencia, el Estado deberá prevenir, investigar, sancionar y reparar las violaciones a los derechos humanos, en los términos que establezca la ley.

Párrafo adicionado DOF 10-06-2011

Prohibición de la esclavitud

Está prohibida la esclavitud en los Estados Unidos Mexicanos. Los esclavos del extranjero que entren al territorio nacional alcanzarán, por este solo hecho, su libertad y la protección de las leyes.

Prohibición de discriminación

Queda prohibida toda discriminación motivada por origen étnico o nacional, el género, la edad, las discapacidades, la condición social, las condiciones de salud, la religión, las opiniones, las preferencias sexuales, el estado civil o cualquier otra que atente contra la dignidad humana y tenga por objeto anular o menoscabar los derechos y libertades de las personas.

Párrafo reformado DOF 04-12-2006, 10-06-2011

Artículo reformado DOF 14-08-2001

Artículo 2o. La Nación Mexicana es única e indivisible, basada en la grandeza de sus pueblos y culturas.

Párrafo reformado DOF 30-09-2024

La Nación tiene una composición pluricultural y multiétnica sustentada originalmente en sus pueblos indígenas, que son aquellas colectividades con una continuidad histórica de las sociedades precoloniales establecidas en el territorio nacional; y que conservan, desarrollan y transmiten sus instituciones sociales, normativas, económicas, culturales y políticas, o parte de ellas.

Composición pluricultural de la Nación

Párrafo reformado DOF 30-09-2024

La conciencia de su identidad indígena deberá ser criterio fundamental para determinar a quiénes se aplican las disposiciones sobre pueblos indígenas.

Son comunidades integrantes de un pueblo indígena, aquellas que forman una unidad social, económica y cultural, asentadas en un territorio y que reconocen autoridades propias de acuerdo con sus sistemas normativos.

Definición de comunidades indígenas

Párrafo reformado DOF 30-09-2024

El derecho de los pueblos indígenas a la libre determinación se ejercerá en un marco constitucional de autonomía que asegure la unidad nacional. Para el reconocimiento de los pueblos y comunidades indígenas se deben tomar en cuenta, además de los principios generales establecidos en los párrafos anteriores de este artículo, criterios etnolingüísticos, de asentamiento físico y de autoadscripción.

Reconocimiento en las constituciones

Párrafo reformado DOF 30-09-2024

Se reconoce a los pueblos y comunidades indígenas como sujetos de derecho público con personalidad jurídica y patrimonio propio.

Derechos de autodeterminación

Párrafo adicionado DOF 30-09-2024

A. Esta Constitución reconoce y garantiza el derecho de los pueblos y las comunidades indígenas a la libre determinación y, en consecuencia, a la autonomía para:

I. Decidir, conforme a sus sistemas normativos y de acuerdo con esta Constitución, sus formas internas de gobierno, de convivencia y de organización social, económica, política y cultural.

Fracción reformada DOF 30-09-2024

II. Aplicar y desarrollar sus propios sistemas normativos en la regulación y solución de sus conflictos internos, sujetándose a los principios generales de esta Constitución, respetando las garantías individuales, los derechos humanos y, de manera relevante, la dignidad e integridad de las mujeres. La ley establecerá los casos y procedimientos de validación por los jueces o tribunales correspondientes.

La jurisdicción indígena se ejercerá por las autoridades comunitarias de acuerdo con los sistemas normativos de los pueblos y comunidades indígenas, dentro del marco del orden jurídico vigente, en los términos de esta Constitución y leyes aplicables.

Fracción reformada DOF 30-09-2024

III. Elegir de acuerdo con sus sistemas normativos a las autoridades o representantes para el ejercicio de sus formas propias de gobierno interno, garantizando que las mujeres y los hombres indígenas disfrutarán y ejercerán su derecho de votar y ser votados en condiciones de igualdad; así como a acceder y desempeñar los cargos públicos y de elección popular para los que hayan sido electos o designados, en un marco que respete el pacto federal, la soberanía de los Estados y la autonomía de la Ciudad de México. En ningún caso, sus sistemas normativos limitarán los derechos político-electorales de los y las ciudadanas en la elección de sus autoridades municipales.

Fracción reformada DOF 22-05-2015, 29-01-2016, 30-09-2024

IV. Preservar, proteger y desarrollar su patrimonio cultural, material e inmaterial, que comprende todos los elementos que constituyen su cultura e identidad. Se reconoce la propiedad intelectual colectiva respecto de dicho patrimonio, en los términos que dispongan las leyes.

Fracción reformada DOF 30-09-2024

V. Promover el uso, desarrollo, preservación, estudio y difusión de las lenguas indígenas como un elemento constitutivo de la diversidad cultural de la Nación, así como una política lingüística multilingüe que permita su uso en los espacios públicos y en los privados que correspondan.

Fracción adicionada DOF 30-09-2024

VI. Participar, en términos del artículo 3o. constitucional, en la construcción de los modelos educativos para reconocer la composición pluricultural de la Nación con base en sus culturas, lenguas y métodos de enseñanza y aprendizaje.

Fracción adicionada DOF 30-09-2024

VII. Desarrollar, practicar, fortalecer y promover la medicina tradicional, así como la partería para la atención del embarazo, parto y puerperio. Se reconoce a las personas que las ejercen, incluidos sus saberes y prácticas de salud.

Fracción adicionada DOF 30-09-2024

VIII. Conservar y mejorar el hábitat, y preservar la bioculturalidad y la integridad de sus tierras, incluidos sus lugares sagrados declarados por la autoridad competente, de conformidad con las disposiciones jurídicas aplicables en la materia.

Fracción reformada y recorrida (antes fracción V) DOF 30-09-2024

IX. Acceder, con respeto a las formas y modalidades de propiedad y tenencia de la tierra establecidas en esta Constitución y a las leyes de la materia, así como a los derechos adquiridos por terceros o por integrantes de la comunidad, al uso y disfrute preferente de los recursos naturales de los lugares que habitan y ocupan las comunidades, salvo aquellos que corresponden a las áreas estratégicas, en términos de esta Constitución. Para estos efectos las comunidades podrán asociarse en términos de ley.

Fracción recorrida (antes fracción VI) DOF 30-09-2024

X. Elegir, en los municipios con población indígena, representantes en los ayuntamientos, de acuerdo con los principios de paridad de género y pluriculturalidad conforme a las normas aplicables. Las constituciones y leyes de las entidades federativas reconocerán y regularán estos derechos, con el propósito de fortalecer su participación y representación política.

Fracción reformada DOF 06-06-2019. Reformada y recorrida (antes fracción VII) DOF 30-09-2024

XI. Acceder plenamente a la jurisdicción del Estado. Para garantizar ese derecho, en todos los juicios y procedimientos en que sean parte, individual o colectivamente, se deberán tomar en cuenta sus sistemas normativos y especificidades culturales con respeto a los preceptos de esta Constitución.

Las personas indígenas tienen, en todo tiempo, el derecho a ser asistidas y asesoradas por personas intérpretes, traductoras, defensoras y peritas especializadas en derechos indígenas, pluralismo jurídico, perspectiva de género, y diversidad cultural y lingüística.

Fracción reformada y recorrida (antes fracción VIII) DOF 30-09-2024

XII. Ejercer su derecho al desarrollo integral con base en sus formas de organización económica, social y cultural, con respeto a la integridad del medio ambiente y recursos naturales en términos de las disposiciones jurídicas aplicables.

Fracción adicionada DOF 30-09-2024

XIII. Ser consultados sobre las medidas legislativas o administrativas que se pretendan adoptar, cuando estas puedan causar afectaciones o impactos significativos en su vida o entorno, con la finalidad de obtener su consentimiento o, en su caso, llegar a un acuerdo sobre tales medidas.

Las consultas indígenas se realizarán de conformidad con principios y normas que garanticen el respeto y el ejercicio efectivo de los derechos sustantivos de los pueblos indígenas reconocidos en esta Constitución.

Cuando la medida administrativa que se pretenda adoptar beneficie a un particular, el costo de la consulta debe ser cubierto por éste.

La persona física o moral que obtenga un lucro por las medidas administrativas objeto de consulta debe otorgar a los pueblos y comunidades indígenas un beneficio justo y equitativo, en los términos que establezcan las leyes aplicables.

Los pueblos y comunidades indígenas son los únicos legitimados para impugnar, por las vías jurisdiccionales establecidas, el incumplimiento del derecho reconocido en esta fracción. La ley de la materia regulará los términos, condiciones y procedimientos para llevar a cabo la impugnación.

Fracción adicionada DOF 30-09-2024

Reforma DOF 30-09-2024: Derogó del Apartado A el entonces párrafo segundo

Igualdad de oportunidades y prohibición de discriminación

B. La Federación, las entidades federativas, los Municipios y, en su caso, las demarcaciones territoriales de la Ciudad de México, deberán establecer las instituciones y determinar las políticas públicas que garanticen el ejercicio efectivo de los derechos de los pueblos indígenas y su desarrollo integral, intercultural y sostenible, las cuales deben ser diseñadas y operadas conjuntamente con ellos.

Párrafo reformado DOF 29-01-2016, 30-09-2024

Obligaciones de las autoridades

Para tal efecto, dichas autoridades tienen la obligación de:

Párrafo reformado DOF 30-09-2024

I. Impulsar el desarrollo comunitario y regional de los pueblos y comunidades indígenas, para mejorar sus condiciones de vida y bienestar común, mediante planes de desarrollo que fortalezcan sus economías y fomenten la agroecología, los cultivos tradicionales, en especial el sistema milpa, las semillas nativas, los recursos agroalimentarios y el óptimo uso de la tierra, libres del uso de sustancias peligrosas y productos químicos tóxicos.

La ley establecerá los mecanismos que faciliten la organización y desarrollo de las economías de los pueblos y comunidades indígenas, y reconocerá el trabajo comunitario como parte de su organización social y cultural.

Fracción reformada DOF 30-09-2024

II. Determinar, mediante normas y criterios compensatorios, equitativos, justos y proporcionales, asignaciones presupuestales para los pueblos y comunidades indígenas, que serán administradas directamente por estos.

Fracción adicionada DOF 30-09-2024

III. Adoptar las medidas necesarias para reconocer y proteger el patrimonio cultural, la propiedad intelectual colectiva, los conocimientos y las expresiones culturales tradicionales de los pueblos y comunidades indígenas, en los términos que establezca la ley.

Fracción adicionada DOF 30-09-2024

IV. Garantizar y fortalecer la educación indígena intercultural y plurilingüe, mediante:

a) La alfabetización y la educación en todos los niveles, gratuita, integral y con pertinencia cultural y lingüística;

b) La formación de profesionales indígenas y la implementación de la educación comunitaria;

c) El establecimiento de un sistema de becas para las personas indígenas que cursen cualquier nivel educativo;

d) La promoción de programas educativos bilingües, en concordancia con los métodos de enseñanza y aprendizaje de los pueblos y comunidades indígenas, y

e) La definición y desarrollo de programas educativos que reconozcan e impulsen la herencia cultural de los pueblos y comunidades indígenas y su importancia para la Nación; así como, la promoción de una relación intercultural, de no discriminación y libre de racismo.

Fracción reformada con incisos y recorrida (antes fracción II) DOF 30-09-2024

V. Asegurar el acceso efectivo a los servicios de salud mediante la ampliación de la cobertura del sistema nacional con perspectiva intercultural, así como reconocer las prácticas de la medicina tradicional.

Fracción reformada y recorrida (antes fracción III) DOF 30-09-2024

VI. Garantizar el derecho a la alimentación nutritiva, suficiente y de calidad con pertinencia cultural, en especial para la población infantil.

Fracción adicionada DOF 30-09-2024

VII. Mejorar las condiciones de vida de los pueblos y comunidades indígenas y de sus espacios para la convivencia y recreación, mediante acciones que garanticen el acceso al financiamiento para la construcción y mejoramiento de vivienda, así como ampliar la cobertura de los servicios sociales básicos, en armonía con su entorno natural y cultural, sus conocimientos y tecnologías tradicionales.

Fracción reformada y recorrida (antes fracción IV) DOF 30-09-2024

VIII. Garantizar la participación efectiva de las mujeres indígenas, en condiciones de igualdad, en los procesos de desarrollo integral de los pueblos y comunidades indígenas; su acceso a la educación, así como a la propiedad y posesión de la tierra; su participación en la toma de decisiones de carácter público, y la promoción y respeto de sus derechos humanos.

Fracción reformada y recorrida (antes fracción V) DOF 30-09-2024

IX. Garantizar y extender la red de comunicaciones que permita la articulación de los pueblos y comunidades indígenas, mediante la construcción y ampliación de vías de comunicación, caminos artesanales, radiodifusión, telecomunicación e Internet de banda ancha.

Fracción reformada y recorrida (antes fracción VI) DOF 30-09-2024

X. Establecer y garantizar las condiciones para que los pueblos y comunidades indígenas puedan adquirir, operar, promover, desarrollar y administrar sus medios de comunicación, telecomunicaciones y nuevas tecnologías de la información, garantizando espacios óptimos del espectro radioeléctrico y de las redes e infraestructura, haciendo uso de sus lenguas y otros elementos culturales.

Fracción adicionada DOF 30-09-2024

XI. Adoptar medidas para que los pueblos y comunidades indígenas accedan a los medios de comunicación e información en condiciones de dignidad, equidad e interculturalidad, sin discriminación alguna para que reflejen la diversidad cultural indígena.

Fracción adicionada DOF 30-09-2024

XII. Apoyar las actividades productivas y el desarrollo sustentable de las comunidades indígenas mediante acciones que permitan alcanzar la suficiencia de sus ingresos económicos, la creación de empleos, la incorporación de tecnologías y sus sistemas tradicionales de producción, para incrementar su propia capacidad productiva, así como para asegurar el acceso equitativo a los sistemas de abasto y comercialización.

Fracción reformada y recorrida (antes fracción VII) DOF 30-09-2024

XIII. Establecer políticas públicas para proteger a las comunidades y personas indígenas migrantes, tanto en el territorio nacional como en el extranjero, en especial, mediante acciones destinadas a:

a) Reconocer las formas organizativas de las comunidades indígenas residentes y de las personas indígenas migrantes en sus contextos de destino en el territorio nacional;

b) Garantizar los derechos laborales de las personas jornaleras agrícolas, trabajadoras del hogar y con discapacidad;

c) Mejorar las condiciones de salud de las mujeres, así como apoyar con programas especiales de educación y nutrición a niñas, niños, adolescentes y jóvenes de familias migrantes;

d) Velar permanentemente por el respeto de sus derechos humanos, y

e) Promover, con pleno respeto a su identidad, la difusión de sus culturas y la inclusión social en los lugares de destino que propicien acciones de fortalecimiento del vínculo familiar y comunitario.

La ley establecerá los mecanismos para que las personas indígenas residentes y las migrantes, puedan mantener la ciudadanía mexicana y el vínculo con sus comunidades de origen.

Fracción reformada con incisos y recorrida (antes fracción VIII) DOF 30-09-2024

XIV. Consultar a los pueblos indígenas en la elaboración del Plan Nacional de Desarrollo y de los planes de las entidades federativas, de los Municipios y, cuando proceda, de las demarcaciones territoriales de la Ciudad de México y, en su caso, incorporar las recomendaciones y propuestas que realicen.

Fracción reformada DOF 29-01-2016. Recorrida (antes fracción IX) DOF 30-09-2024

XV. Celebrar consultas y cooperar de buena fe con los pueblos y comunidades indígenas, por medio de sus instituciones representativas, antes de adoptar y aplicar medidas legislativas o administrativas que puedan causar afectaciones o impactos significativos en su vida o entorno, en los términos de la fracción XIII del Apartado A del presente artículo.

Fracción adicionada DOF 30-09-2024

La Cámara de Diputados del Congreso de la Unión, las legislaturas de las entidades federativas y los ayuntamientos, en el ámbito de sus respectivas competencias, deberán establecer las partidas específicas en los presupuestos de egresos que aprueben, así como las formas y procedimientos, para que los pueblos y comunidades indígenas las administren y ejerzan conforme a las leyes de la materia.

Párrafo reformado DOF 30-09-2024

Sin perjuicio de los derechos aquí establecidos a favor de los indígenas, sus comunidades y pueblos, toda comunidad equiparable a aquéllos tendrá en lo conducente los mismos derechos tal y como lo establezca la ley.

Pueblos y comunidades afromexicanas

C. Esta Constitución reconoce a los pueblos y comunidades afromexicanas, cualquiera que sea su autodenominación, como parte de la composición pluricultural de la Nación. Tendrán en lo conducente los derechos señalados en los apartados anteriores de este artículo, a fin de garantizar su desarrollo e inclusión social, en los términos que establezca esta Constitución, así como su libre determinación que se ejercerá en un marco constitucional de autonomía que asegure la unidad nacional.

Los pueblos y comunidades afromexicanas se integran por descendientes de personas originarias de poblaciones del continente africano trasladadas y asentadas en el territorio nacional desde la época colonial, con formas propias de organización social, económica, política y cultural, o parte de ellas, y afirman su existencia como colectividades culturalmente diferenciadas.

Los pueblos y comunidades afromexicanas tienen el carácter de sujetos de derecho público, con personalidad jurídica y patrimonio propio. Tienen además derecho a:

I. La protección de su identidad cultural, modos de vida, expresiones espirituales y de todos los elementos que integran su patrimonio cultural, material e inmaterial y su propiedad intelectual colectiva, en los términos que establezca la ley;

II. La promoción, reconocimiento y protección de sus conocimientos, aportes y contribuciones en la historia nacional y a la diversidad cultural de la Nación, debiendo quedar insertas en las modalidades y niveles del Sistema Educativo Nacional, y

III. Ser incluidos en la producción y registros de datos, información, estadísticas, censos y encuestas oficiales, para lo cual las instituciones competentes establecerán los procedimientos, métodos y criterios para inscribir su identidad y autoadscripción.

Apartado C adicionado DOF 09-08-2019. Reformado DOF 30-09-2024

Mujeres indígenas y afromexicanas

D. Esta Constitución reconoce y el Estado garantiza el derecho de las mujeres indígenas y afromexicanas a participar de manera efectiva y en condiciones de igualdad sustantiva en los procesos de desarrollo integral de sus pueblos y comunidades; en la toma de decisiones de carácter público; en la promoción y respeto de sus derechos de acceso a la educación, a la salud, a la propiedad y a la posesión de la tierra y demás derechos humanos.

Se reconoce y garantiza el derecho de la niñez, adolescencia y juventud indígena y afromexicana a una atención adecuada, en sus propias lenguas, para hacer efectivo el conocimiento y ejercicio pleno de sus derechos de acceso a la educación, a la salud, a la tecnología, al arte, la cultura, el deporte y la capacitación para el trabajo, entre otros. Asimismo, para garantizar una vida libre de exclusión, discriminación y violencia, en especial de la violencia sexual y de género, y para establecer políticas dirigidas a prevenir y atender las adicciones, con visión de respeto a sus identidades culturales.

La Federación, las entidades federativas y los municipios adoptarán las medidas necesarias para hacer efectivos los derechos reconocidos en esta Constitución con el propósito de eliminar la discriminación, racismo, exclusión e invisibilidad de las que sean objeto los pueblos y comunidades indígenas y afromexicanas.

La ley general debe establecer las normas y mecanismos que aseguren el respeto y la implementación de los derechos de los pueblos y comunidades indígenas y afromexicanas reconocidos en esta Constitución.

Las constituciones y leyes de las entidades federativas establecerán las bases y mecanismos para asegurar la efectiva observancia de todo lo dispuesto en el presente artículo, en sus respectivos ámbitos de competencia.

Apartado D adicionado DOF 30-09-2024

Artículo reformado DOF 14-08-2001

Derecho a la educación

Artículo 3o. Toda persona tiene derecho a la educación. El Estado —Federación, Estados, Ciudad de México y Municipios— impartirá y garantizará la educación inicial, preescolar, primaria, secundaria, media superior y superior. La educación inicial, preescolar, primaria y secundaria, conforman la educación básica; ésta y la media superior serán obligatorias, la educación superior lo será en términos de la fracción X del presente artículo. La educación inicial es un derecho de la niñez y será responsabilidad del Estado concientizar sobre su importancia.

Fe de erratas al párrafo DOF 09-03-1993. Reformado DOF 12-11-2002, 09-02-2012, 29-01-2016, 15-05-2019

Rectoría del Estado

Corresponde al Estado la rectoría de la educación, la impartida por éste, además de obligatoria, será universal, inclusiva, pública, gratuita y laica.

Párrafo adicionado DOF 15-05-2019

Párrafo tercero. Se deroga.

Párrafo adicionado DOF 26-02-2013. Derogado DOF 15-05-2019

Objetivos de la educación

La educación se basará en el respeto irrestricto de la dignidad de las personas, con un enfoque de derechos humanos y de igualdad sustantiva. Tenderá a desarrollar armónicamente todas las facultades del ser humano y fomentará en él, a la vez, el amor a la Patria, el respeto a todos los derechos, las libertades, la cultura de paz y la conciencia de la solidaridad internacional, en la independencia y en la justicia; promoverá la honestidad, los valores y la mejora continua del proceso de enseñanza aprendizaje.

Párrafo reformado DOF 10-06-2011. Reformado y reubicado (antes párrafo segundo) DOF 15-05-2019

Interés superior

El Estado priorizará el interés superior de niñas, niños, adolescentes y jóvenes en el acceso, permanencia y participación en los servicios educativos.

Párrafo adicionado DOF 15-05-2019

Magisterio

Las maestras y los maestros son agentes fundamentales del proceso educativo y, por tanto, se reconoce su contribución a la trasformación social. Tendrán derecho de acceder a un sistema integral de formación, de capacitación y de actualización retroalimentado por evaluaciones diagnósticas, para cumplir los objetivos y propósitos del Sistema Educativo Nacional.

Párrafo adicionado DOF 15-05-2019

Sistema de carrera magistral

La ley establecerá las disposiciones del Sistema para la Carrera de las Maestras y los Maestros en sus funciones docente, directiva o de supervisión. Corresponderá a la Federación su rectoría y, en coordinación con las entidades federativas, su implementación, conforme a los criterios de la educación previstos en este artículo.

Párrafo adicionado DOF 15-05-2019

Procesos de selección y nombramiento

La admisión, promoción y reconocimiento del personal que ejerza la función docente, directiva o de supervisión, se realizará a través de procesos de selección a los que concurran los aspirantes en igualdad de condiciones y establecidos en la ley prevista en el párrafo anterior, los cuales serán públicos, transparentes, equitativos e imparciales y considerarán los conocimientos, aptitudes y experiencia necesarios para el aprendizaje y el desarrollo integral de los educandos. Los nombramientos derivados de estos procesos sólo se otorgarán en términos de dicha ley. Lo dispuesto en este párrafo en ningún caso afectará la permanencia de las maestras y los maestros en el servicio. A las instituciones a las que se refiere la fracción VII de este artículo no les serán aplicables estas disposiciones.

Párrafo adicionado DOF 15-05-2019

Formación docente

El Estado fortalecerá a las instituciones públicas de formación docente, de manera especial a las escuelas normales, en los términos que disponga la ley.

Párrafo adicionado DOF 15-05-2019

Planteles educativas

Los planteles educativos constituyen un espacio fundamental para el proceso de enseñanza aprendizaje. El Estado garantizará que los materiales didácticos, la infraestructura educativa, su mantenimiento y las condiciones del entorno, sean idóneos y contribuyan a los fines de la educación.

Párrafo adicionado DOF 15-05-2019

Planes y programas de estudio

A fin de dar cumplimiento a lo dispuesto en la fracción II de este artículo, el Ejecutivo Federal determinará los principios rectores y objetivos de la educación inicial, así como los planes y programas de estudio de la educación básica y normal en toda la República; para tal efecto, considerará la opinión de los gobiernos de las entidades federativas y de diversos actores sociales involucrados en la educación, así como el contenido de los proyectos y programas educativos que contemplen las realidades y contextos, regionales y locales.

Párrafo adicionado DOF 15-05-2019

Contenido de planes de estudio

Los planes y programas de estudio tendrán perspectiva de género y una orientación integral, por lo que se incluirá el conocimiento de las ciencias y humanidades: la enseñanza de las matemáticas, la lecto-escritura, la literacidad, la historia, la geografía, el civismo, la filosofía, la tecnología, la innovación, las lenguas indígenas de nuestro país, las lenguas extranjeras, la educación física, el deporte, las artes, en especial la música, la promoción de estilos de vida saludables, la educación sexual y reproductiva, el cuidado al medio ambiente, la protección de los animales, entre otras.

Párrafo adicionado DOF 15-05-2019. Reformado DOF 02-12-2024

Educación laica

I. Garantizada por el artículo 24 la libertad de creencias, dicha educación será laica y, por tanto, se mantendrá por completo ajena a cualquier doctrina religiosa;

Criterios educativos

II. El criterio que orientará a esa educación se basará en los resultados del progreso científico, luchará contra la ignorancia y sus efectos, las servidumbres, los fanatismos y los prejuicios.

Además:

a) Será democrático, considerando a la democracia no solamente como una estructura jurídica y un régimen político, sino como un sistema de vida fundado en el constante mejoramiento económico, social y cultural del pueblo;

b) Será nacional, en cuanto —sin hostilidades ni exclusivismos— atenderá a la comprensión de nuestros problemas, al aprovechamiento de nuestros recursos, a la defensa de nuestra independencia política, al aseguramiento de nuestra independencia económica y a la continuidad y acrecentamiento de nuestra cultura;

Inciso reformado DOF 26-02-2013

c) Contribuirá a la mejor convivencia humana, a fin de fortalecer el aprecio y respeto por la naturaleza, la diversidad cultural, la dignidad de la persona, la integridad de las familias, la convicción del interés general de la sociedad, los ideales de fraternidad e igualdad de derechos de todos, evitando los privilegios de razas, de religión, de grupos, de sexos o de individuos;

Inciso reformado DOF 09-02-2012, 26-02-2013, 15-05-2019

d) Se deroga.

Inciso adicionado DOF 26-02-2013. Derogado DOF 15-05-2019

e) Será equitativo, para lo cual el Estado implementará medidas que favorezcan el ejercicio pleno del derecho a la educación de las personas y combatan las desigualdades socioeconómicas, regionales y de género en el acceso, tránsito y permanencia en los servicios educativos.

En las escuelas de educación básica de alta marginación, se impulsarán acciones que mejoren las condiciones de vida de los educandos, con énfasis en las de carácter alimentario. Asimismo, se respaldará a estudiantes en vulnerabilidad social, mediante el establecimiento de políticas incluyentes y transversales.

En educación para personas adultas, se aplicarán estrategias que aseguren su derecho a ingresar a las instituciones educativas en sus distintos tipos y modalidades.

En los pueblos y comunidades indígenas se impartirá educación plurilingüe e intercultural basada en el respeto, promoción y preservación del patrimonio histórico y cultural;

Inciso adicionado DOF 15-05-2019

f) Será inclusivo, al tomar en cuenta las diversas capacidades, circunstancias y necesidades de los educandos. Con base en el principio de accesibilidad se realizarán ajustes razonables y se implementarán medidas específicas con el objetivo de eliminar las barreras para el aprendizaje y la participación;

Inciso adicionado DOF 15-05-2019

g) Será intercultural, al promover la convivencia armónica entre personas y comunidades para el respeto y reconocimiento de sus diferencias y derechos, en un marco de inclusión social;

Inciso adicionado DOF 15-05-2019

h) Será integral, educará para la vida, con el objeto de desarrollar en las personas capacidades cognitivas, socioemocionales y físicas que les permitan alcanzar su bienestar, e

Inciso adicionado DOF 15-05-2019

i) Será de excelencia, entendida como el mejoramiento integral constante que promueve el máximo logro de aprendizaje de los educandos, para el desarrollo de su pensamiento crítico y el fortalecimiento de los lazos entre escuela y comunidad;

Inciso adicionado DOF 15-05-2019

III. Se deroga.

Fracción reformada DOF 12-11-2002, 26-02-2013, 29-01-2016. Derogada DOF 15-05-2019

Educación pública gratuita

IV. Toda la educación que el Estado imparta será gratuita;

Ciencia e innovación

V. Toda persona tiene derecho a gozar de los beneficios del desarrollo de la ciencia y la innovación tecnológica. El Estado apoyará la investigación e innovación científica, humanística y tecnológica, y garantizará el acceso abierto a la información que derive de ella, para lo cual deberá proveer recursos y estímulos suficientes, conforme a las bases de coordinación, vinculación y participación que establezcan las leyes en la materia; además alentará el fortalecimiento y difusión de nuestra cultura;

Fracción reformada DOF 12-11-2002, 09-02-2012, 15-05-2019

Educación particular

VI. Los particulares podrán impartir educación en todos sus tipos y modalidades. En los términos que establezca la ley, el Estado otorgará y retirará el reconocimiento de validez oficial a los estudios que se realicen en planteles particulares. En el caso de la educación inicial, preescolar, primaria, secundaria y normal, los particulares deberán:

Párrafo reformado DOF 12-11-2002, 15-05-2019

a) Impartir la educación con apego a los mismos fines y criterios que establece el párrafo cuarto, y la fracción II, así como cumplir los planes y programas a que se refieren los párrafos décimo primero y décimo segundo, y

Inciso reformado DOF 15-05-2019

b) Obtener previamente, en cada caso, la autorización expresa del poder público, en los términos que establezca la ley;

Autonomía universitaria

VII. Las universidades y las demás instituciones de educación superior a las que la ley otorgue autonomía, tendrán la facultad y la responsabilidad de gobernarse a sí mismas; realizarán sus fines de educar, investigar y difundir la cultura de acuerdo con los principios de este artículo, respetando la libertad de cátedra e investigación y de libre examen y discusión de las ideas; determinarán sus planes y programas; fijarán los términos de ingreso, promoción y permanencia de su personal académico; y administrarán su patrimonio. Las relaciones laborales, tanto del personal académico como del administrativo, se normarán por el apartado A del artículo 123 de esta Constitución, en los términos y con las modalidades que establezca la Ley Federal del Trabajo conforme a las características propias de un trabajo especial, de manera que concuerden con la autonomía, la libertad de cátedra e investigación y los fines de las instituciones a que esta fracción se refiere;

Fracción reformada DOF 26-02-2013

Concurrencia competencial

VIII. El Congreso de la Unión, con el fin de unificar y coordinar la educación en toda la República, expedirá las leyes necesarias, destinadas a distribuir la función social educativa entre la Federación, las entidades federativas y los Municipios, a fijar las aportaciones económicas correspondientes a ese servicio público y a señalar las sanciones aplicables a los funcionarios que no cumplan o no hagan cumplir las disposiciones relativas, lo mismo que a todos aquellos que las infrinjan;

Fracción reformada DOF 26-02-2013, 29-01-2016, 15-05-2019

IX. Se deroga.

Fracción derogada DOF 20-12-2024

X. La obligatoriedad de la educación superior corresponde al Estado. Las autoridades federal y locales establecerán políticas para fomentar la inclusión, permanencia y continuidad, en términos que la ley señale. Asimismo, proporcionarán medios de acceso a este tipo educativo para las personas que cumplan con los requisitos dispuestos por las instituciones públicas.

Fracción adicionada DOF 15-05-2019

Artículo reformado DOF 13-12-1934, 30-12-1946, 09-06-1980, 28-01-1992, 05-03-1993

Igualdad entre el hombre y la mujer

Artículo 4o. La mujer y el hombre son iguales ante la ley. Ésta protegerá la organización y el desarrollo de las familias. El Estado garantizará el goce y ejercicio del derecho a la igualdad sustantiva de las mujeres.

Párrafo reformado DOF 06-06-2019, 15-11-2024

Libertad de procreación

Toda persona tiene derecho a decidir de manera libre, responsable e informada sobre el número y el espaciamiento de sus hijos.

Derecho a la alimentación

Toda persona tiene derecho a la alimentación nutritiva, suficiente y de calidad. El Estado lo garantizará. México es centro de origen y diversidad del maíz, que es un elemento de identidad nacional, alimento básico del pueblo de México y base de la existencia de los pueblos indígenas y afromexicanos. Su cultivo en el territorio nacional debe ser libre de modificaciones genéticas producidas con técnicas que superen las barreras naturales de la reproducción o la recombinación, como las transgénicas. Todo otro uso del maíz genéticamente modificado debe ser evaluado en los términos de las disposiciones legales para quedar libre de amenazas para la bioseguridad, la salud y el patrimonio biocultural de México y su población. Debe priorizarse la protección de la biodiversidad, la soberanía alimentaria, su manejo agroecológico, promoviendo la investigación científica-humanística, la innovación y los conocimientos tradicionales.

Párrafo reformado DOF 17-03-2025

Derecho a la salud

Toda Persona tiene derecho a la protección de la salud. La Ley definirá las bases y modalidades para el acceso a los servicios de salud y establecerá la concurrencia de la Federación y las entidades federativas en materia de salubridad general, conforme a lo que dispone la fracción XVI del artículo 73 de esta Constitución. La Ley definirá un sistema de salud para el bienestar, con el fin de garantizar la extensión progresiva, cuantitativa y cualitativa de los servicios de salud para la atención integral y gratuita de las personas que no cuenten con seguridad social.

Párrafo adicionado DOF 03-02-1983. Reformado DOF 08-05-2020

Para garantizar el derecho de protección a la salud de las personas, la ley sancionará toda actividad relacionada con cigarrillos electrónicos, vapeadores y demás sistemas o dispositivos análogos que señale la ley; así como la producción, distribución y enajenación de sustancias tóxicas, precursores químicos, el uso ilícito del fentanilo y demás drogas sintéticas no autorizadas.

Párrafo adicionado DOF 17-01-2025

Derecho al medio ambiente

Toda persona tiene derecho a un medio ambiente sano para su desarrollo y bienestar. El Estado garantizará el respeto a este derecho. El daño y deterioro ambiental generará responsabilidad para quien lo provoque en términos de lo dispuesto por la ley.

Párrafo adicionado DOF 28-06-1999. Reformado DOF 08-02-2012

Prohibición de maltrato animal

Queda prohibido el maltrato a los animales. El Estado mexicano debe garantizar la protección, el trato adecuado, la conservación y el cuidado de los animales, en los términos que señalen las leyes respectivas.

Párrafo adicionado DOF 02-12-2024

Derecho al agua

Toda persona tiene derecho al acceso, disposición y saneamiento de agua para consumo personal y doméstico en forma suficiente, salubre, aceptable y asequible. El Estado garantizará este derecho y la ley definirá las bases, apoyos y modalidades para el acceso y uso equitativo y sustentable de los recursos hídricos, estableciendo la participación de la Federación, las entidades federativas y los municipios, así como la participación de la ciudadanía para la consecución de dichos fines.

Párrafo adicionado DOF 08-02-2012

Derecho a la vivienda

Toda persona tiene derecho a disfrutar de vivienda adecuada. La Ley establecerá los instrumentos y apoyos necesarios a fin de alcanzar tal objetivo.

Párrafo adicionado DOF 07-02-1983. Reformado DOF 02-12-2024

Derecho a la identidad

Toda persona tiene derecho a la identidad y a ser registrado de manera inmediata a su nacimiento. El Estado garantizará el cumplimiento de estos derechos. La autoridad competente expedirá gratuitamente la primera copia certificada del acta de registro de nacimiento.

Párrafo adicionado DOF 17-06-2014

Interés superior de la niñez

En todas las decisiones y actuaciones del Estado se velará y cumplirá con el principio del interés superior de la niñez, garantizando de manera plena sus derechos. Los niños y las niñas tienen derecho a la satisfacción de sus necesidades de alimentación, salud, educación y sano esparcimiento para su desarrollo integral. Este principio deberá guiar el diseño, ejecución, seguimiento y evaluación de las políticas públicas dirigidas a la niñez.

Párrafo adicionado DOF 18-03-1980. Reformado DOF 07-04-2000, 12-10-2011

Los ascendientes, tutores y custodios tienen la obligación de preservar y exigir el cumplimiento de estos derechos y principios.

Párrafo adicionado DOF 07-04-2000. Reformado DOF 12-10-2011

El Estado otorgará facilidades a los particulares para que coadyuven al cumplimiento de los derechos de la niñez.

Párrafo adicionado DOF 07-04-2000. Fe de erratas al párrafo DOF 12-04-2000

Derecho a la cultura

Toda persona tiene derecho al acceso a la cultura y al disfrute de los bienes y servicios que presta el Estado en la materia, así como el ejercicio de sus derechos culturales. El Estado promoverá los medios para la difusión y desarrollo de la cultura, atendiendo a la diversidad cultural en todas sus manifestaciones y expresiones con pleno respeto a la libertad creativa. La ley establecerá los mecanismos para el acceso y participación a cualquier manifestación cultural.

Párrafo adicionado DOF 30-04-2009

Derecho al deporte

Toda persona tiene derecho a la cultura física y a la práctica del deporte. Corresponde al Estado su promoción, fomento y estímulo conforme a las leyes en la materia.

Párrafo adicionado DOF 12-10-2011

Derecho a una pensión

La Federación y las entidades federativas garantizarán la entrega de una pensión no contributiva a las personas con discapacidad permanente menores de sesenta y cinco años, en los términos que fije la ley.

Párrafo adicionado DOF 08-05-2020. Reformado DOF 02-12-2024

Personas con discapacidad

El Estado garantizará la rehabilitación y habilitación de las personas que viven con discapacidad permanente, dando prioridad a las personas menores de dieciocho años de edad, en términos que fije la ley.

Párrafo adicionado DOF 02-12-2024

Adultos mayores

Las personas adultas mayores de sesenta y cinco años tienen derecho a recibir por parte del Estado una pensión no contributiva en los términos que fije la ley.

Párrafo adicionado DOF 08-05-2020. Reformado DOF 02-12-2024

Pensiones no contributivas

A las personas con discapacidad permanente menores de sesenta y cinco años les corresponde la pensión no contributiva por discapacidad, y a todas las personas mayores de esa edad les corresponde la pensión no contributiva de adultos mayores.

Párrafo adicionado DOF 02-12-2024

Sistema de becas

El Estado establecerá un sistema de becas para las y los estudiantes de todos los niveles escolares del sistema de educación pública, con prioridad a las y los pertenecientes a las familias que se encuentren en condición de pobreza, para garantizar con equidad el derecho a la educación.

Párrafo adicionado DOF 08-05-2020

Toda persona tiene derecho a la movilidad en condiciones de seguridad vial, accesibilidad, eficiencia, sostenibilidad, calidad, inclusión e igualdad.

Derecho a la movilidad

Párrafo adicionado DOF 18-12-2020

El Estado promoverá el desarrollo integral de las personas jóvenes, a través de políticas públicas con enfoque multidisciplinario, que propicien su inclusión en el ámbito político, social, económico y cultural del país. La Ley establecerá la concurrencia de la Federación, entidades federativas, Municipios y demarcaciones territoriales de la Ciudad de México, para esos efectos.

Desarrollo juvenil

Párrafo adicionado DOF 24-12-2020

Toda persona tiene derecho a vivir una vida libre de violencias, el Estado tiene deberes reforzados de protección con las mujeres, adolescentes, niñas y niños. La ley definirá las bases y modalidades para garantizar su realización de conformidad con lo previsto en los artículos 21, párrafo noveno y 73, fracción XXI, penúltimo párrafo de esta Constitución.

Vida libre de violencias

Párrafo adicionado DOF 15-11-2024

El Estado destinará anualmente los recursos presupuestarios suficientes y oportunos, conforme al principio de progresividad, para garantizar los derechos establecidos en este artículo que impliquen la transferencia de recursos directos hacia la población destinataria. El monto de los recursos asignados no podrá ser disminuido, en términos reales, respecto del que se haya asignado en el ejercicio fiscal inmediato anterior.

Progresividad en el gasto

Párrafo adicionado DOF 02-12-2024

Reforma DOF 14-08-2001: Derogó del artículo el entonces párrafo primero (antes adicionado DOF 28-01-1992)

Artículo reformado DOF 31-12-1974

Artículo 5o. A ninguna persona podrá impedirse que se dedique a la profesión, industria, comercio o trabajo que le acomode, siendo lícitos. El ejercicio de esta libertad sólo po-

Libertad de trabajo

drá vedarse por determinación judicial, cuando se ataquen los derechos de tercero, o por resolución gubernativa, dictada en los términos que marque la ley, cuando se ofendan los derechos de la sociedad. Nadie puede ser privado del producto de su trabajo, sino por resolución judicial.

Queda prohibida la profesión, industria, comercio interior o exterior, trabajo o cualquiera otra de las actividades que refiere el párrafo quinto del artículo 4o. anterior.

Párrafo adicionado DOF 17-01-2025

Título profesional

La ley determinará en cada entidad federativa, cuáles son las profesiones que necesitan título para su ejercicio, las condiciones que deban llenarse para obtenerlo y las autoridades que han de expedirlo.

Párrafo reformado DOF 29-01-2016

Nadie podrá ser obligado a prestar trabajos personales sin la justa retribución y sin su pleno consentimiento, salvo el trabajo impuesto como pena por la autoridad judicial, el cual se ajustará a lo dispuesto en las fracciones I y II del artículo 123.

Servicios públicos obligatorios

En cuanto a los servicios públicos, sólo podrán ser obligatorios, en los términos que establezcan las leyes respectivas, el de las armas y los jurados, así como el desempeño de los cargos concejiles y los de elección popular, directa o indirecta. Las funciones electorales y censales tendrán carácter obligatorio y gratuito, pero serán retribuidas aquéllas que se realicen profesionalmente en los términos de esta Constitución y las leyes correspondientes. Los servicios profesionales de índole social serán obligatorios y retribuidos en los términos de la ley y con las excepciones que ésta señale.

Párrafo reformado DOF 06-04-1990

Límites a la libertad contractual

El Estado no puede permitir que se lleve a efecto ningún contrato, pacto o convenio que tenga por objeto el menoscabo, la pérdida o el irrevocable sacrificio de la libertad de la persona por cualquier causa.

Párrafo reformado DOF 28-01-1992

Tampoco puede admitirse convenio en que la persona pacte su proscripción o destierro, o en que renuncie temporal o permanentemente a ejercer determinada profesión, industria o comercio.

El contrato de trabajo sólo obligará a prestar el servicio convenido por el tiempo que fije la ley, sin poder exceder de un año en perjuicio del trabajador, y no podrá extenderse, en ningún caso, a la renuncia, pérdida o menoscabo de cualquiera de los derechos políticos o civiles.

La falta de cumplimiento de dicho contrato, por lo que respecta al trabajador, sólo obligará a éste a la correspondiente responsabilidad civil, sin que en ningún caso pueda hacerse coacción sobre su persona.

Artículo reformado DOF 17-11-1942, 31-12-1974

Libertad de expresión

Artículo 6o. La manifestación de las ideas no será objeto de ninguna inquisición judicial o administrativa, sino en el caso de que ataque a la moral, la vida privada o los derechos de terceros, provoque algún delito, o perturbe el orden público; el derecho de réplica será ejercido en los términos dispuestos por la ley. El derecho a la información será garantizado por el Estado.

Párrafo reformado DOF 13-11-2007, 11-06-2013

Pluralismo informativo

Toda persona tiene derecho al libre acceso a información plural y oportuna, así como a buscar, recibir y difundir información e ideas de toda índole por cualquier medio de expresión.

Párrafo adicionado DOF 11-06-2013

Acceso a tecnologías e internet

El Estado garantizará el derecho de acceso a las tecnologías de la información y comunicación, así como a los servicios de radiodifusión y telecomunicaciones, incluido el de banda ancha e Internet. Para tales efectos, el Ejecutivo Federal a través de la dependencia encargada de elaborar y conducir las políticas de telecomunicaciones y radiodifusión, establecerá condiciones de competencia efectiva en la prestación de dichos servicios.

Párrafo adicionado DOF 20-12-2024

Para efectos de lo dispuesto en el presente artículo se observará lo siguiente:

Párrafo adicionado DOF 11-06-2013

Derecho de acceso a la información

A. Para el ejercicio del derecho de acceso a la información, la Federación y las entidades federativas, en el ámbito de sus respectivas competencias, se regirán por los siguientes principios y bases:

Párrafo reformado (para quedar como apartado A) DOF 11-06-2013. Reformado DOF 29-01-2016

Máxima publicidad

I. Toda la información en posesión de cualquier autoridad, entidad, órgano y organismo de los Poderes Ejecutivo, Legislativo y Judicial, órganos autónomos, partidos políticos, fideicomisos y fondos públicos, así como de cualquier persona física, moral o sindicato que reciba y ejerza recursos públicos o realice actos de autoridad en el ámbito federal, estatal y municipal, es pública y sólo podrá ser reservada temporalmente por razones de interés público y seguridad nacional, en los términos que fijen las leyes. En la interpretación de este derecho deberá prevalecer el principio de máxima publicidad. Los sujetos obligados deberán documentar todo acto que derive del ejercicio de sus facultades, competencias o funciones, la ley determinará los supuestos específicos bajo los cuales procederá la declaración de inexistencia de la información.

Fracción reformada DOF 07-02-2014

Vida privada y datos personales

II. La información que se refiere a la vida privada y los datos personales será protegida en los términos y con las excepciones que fijen las leyes. Para tal efecto, los sujetos obligados contarán con las facultades suficientes para su atención.

Por lo que hace a la información relacionada con los datos personales en posesión de particulares, la ley a la que se refiere el artículo 90 de esta Constitución determinará la competencia para conocer de los procedimientos relativos a su protección, verificación e imposición de sanciones.

Fracción reformada DOF 20-12-2024

III. Toda persona, sin necesidad de acreditar interés alguno o justificar su utilización, tendrá acceso gratuito a la información pública, a sus datos personales o a la rectificación de éstos.

IV. Se establecerán mecanismos de acceso a la información pública y procedimientos de revisión expeditos que se sustanciarán ante las instancias competentes en los términos que fija esta Constitución y las leyes.

Fracción reformada DOF 20-12-2024

Archivos públicos e indicadores

V. Los sujetos obligados deberán preservar sus documentos en archivos administrativos actualizados y publicarán, a través de los medios electrónicos disponibles, la información completa y actualizada sobre el ejercicio de los recursos públicos y los indicadores que permitan rendir cuenta del cumplimiento de sus objetivos y de los resultados obtenidos.

Fracción reformada DOF 07-02-2014

VI. Las leyes determinarán la manera en que los sujetos obligados deberán hacer pública la información relativa a los recursos públicos que entreguen a personas físicas o morales.

VII. La inobservancia a las disposiciones en materia de acceso a la información pública será sancionada en los términos que dispongan las leyes.

Párrafo con fracciones adicionado DOF 20-07-2007

VIII. Los sujetos obligados deberán promover, respetar, proteger y garantizar los derechos de acceso a la información pública y a la protección de datos personales. Las leyes en la materia determinarán las bases, principios generales y procedimientos del ejercicio de estos derechos, así como la competencia de las autoridades de control interno y vigilancia u homólogos en el ámbito federal y local para conocer de los procedimientos de revisión contra los actos que emitan los sujetos obligados.

Los sujetos obligados se regirán por la ley general en materia de transparencia y acceso a la información pública y protección de datos personales, en los términos que ésta se emita por el Congreso de la Unión para establecer las bases, principios generales y procedimientos del ejercicio de este derecho.

El ejercicio de este derecho se regirá por los principios de certeza, legalidad, independencia, imparcialidad, eficacia, objetividad, profesionalismo, transparencia y máxima publicidad.

Fracción reformada DOF 20-12-2024

El organismo garante tiene competencia para conocer de los asuntos relacionados con el acceso a la información pública y la protección de datos personales de cualquier autoridad, entidad, órgano u organismo que forme parte de alguno de los Poderes Legislativo, Ejecutivo y Judicial, órganos autónomos, partidos políticos, fideicomisos y fondos públicos, así como de cualquier persona física, moral o sindicatos que reciba y ejerza recursos públicos o realice actos de autoridad en el ámbito federal; con excepción de aquellos asuntos jurisdiccionales que correspondan a la Suprema Corte de Justicia de la Nación, en cuyo caso resolverá un comité integrado por tres ministros. También conocerá de los recursos que interpongan los particulares respecto de las resoluciones de los organismos autónomos especializados de las entidades federativas que determinen la reserva, confidencialidad, inexistencia o negativa de la información, en los términos que establezca la ley.

Párrafo reformado DOF 29-01-2016

B. En materia de radiodifusión y telecomunicaciones:

Inclusión digital

I. El Estado garantizará a la población su integración a la sociedad de la información y el conocimiento, mediante una política de inclusión digital universal con metas anuales y sexenales.

Telecomunicaciones

II. Las telecomunicaciones son servicios públicos de interés general, por lo que el Estado garantizará que sean prestados en condiciones de competencia, calidad, pluralidad, cobertura universal, interconexión, convergencia, continuidad, acceso libre y sin injerencias arbitrarias.

Radiodifusión

III. La radiodifusión es un servicio público de interés general, por lo que el Estado garantizará que sea prestado en condiciones de competencia y calidad y brinde los beneficios de la cultura a toda la población, preservando la pluralidad y la veracidad de la información, así como el fomento de los valores de la identidad nacional, contribuyendo a los fines establecidos en el artículo 3o. de esta Constitución.

Publicidad o propaganda

IV. Se prohíbe la transmisión de publicidad o propaganda presentada como información periodística o noticiosa; se establecerán las condiciones que deben regir los contenidos y la contratación de los servicios para su transmisión al público, incluidas aquellas relativas a la responsabilidad de los concesionarios respecto de la información transmitida por cuenta de terceros, sin afectar la libertad de expresión y de difusión.

Radiodifusión a cargo del estado

V. La ley establecerá un organismo público descentralizado con autonomía técnica, operativa, de decisión y de gestión, que tendrá por objeto proveer el servicio de radiodifusión sin fines de lucro, a efecto de asegurar el acceso al mayor número de personas en cada una de las entidades de la Federación, a contenidos que promuevan la integración nacional, la formación educativa, cultural y cívica, la igualdad entre mujeres y hombres, la difusión de información imparcial, objetiva, oportuna y veraz del acontecer nacional e internacional, y dar espacio a las obras de producción independiente, así como a la expresión de la diversidad y pluralidad de ideas y opiniones que fortalezcan la vida democrática de la sociedad.

Derechos de usuarios y audiencia

Consejo ciudadano

El organismo público contará con un Consejo Ciudadano con el objeto de asegurar su independencia y una política editorial imparcial y objetiva. Será integrado por nueve consejeros honorarios que serán elegidos mediante una amplia consulta pública por el voto de dos terceras partes de los miembros presentes de la Cámara de Senadores o, en sus recesos, de la Comisión Permanente. Los consejeros desempeñarán su encargo en forma escalonada, por lo que anualmente serán sustituidos los dos de mayor antigüedad en el cargo, salvo que fuesen ratificados por el Senado para un segundo periodo.

El Presidente del organismo público será designado, a propuesta del Ejecutivo Federal, con el voto de dos terceras partes de los miembros presentes de la Cámara de Senadores o, en sus recesos, de la Comisión Permanente; durará en su encargo cinco años, podrá ser designado para un nuevo periodo por una sola vez, y sólo podrá ser removido por el Senado mediante la misma mayoría.

El Presidente del organismo presentará anualmente a los Poderes Ejecutivo y Legislativo de la Unión un informe de actividades; al efecto comparecerá ante las Cámaras del Congreso en los términos que dispongan las leyes.

Derechos de usuarios y audiencias

VI. La ley establecerá los derechos de los usuarios de telecomunicaciones, de las audiencias, así como los mecanismos para su protección.

Apartado con fracciones adicionado DOF 11-06-2013

Artículo reformado DOF 06-12-1977

Libertad de imprenta

Artículo 7o. Es inviolable la libertad de difundir opiniones, información e ideas, a través de cualquier medio. No se puede restringir este derecho por vías o medios indirectos, tales como el abuso de controles oficiales o particulares, de papel para periódicos, de frecuencias radioeléctricas o de enseres y aparatos usados en la difusión de información o por cualesquiera otros medios y tecnologías de la información y comunicación encaminados a impedir la transmisión y circulación de ideas y opiniones.

Prohibición de censura

Ninguna ley ni autoridad puede establecer la previa censura, ni coartar la libertad de difusión, que no tiene más límites que los previstos en el primer párrafo del artículo 6o.

de esta Constitución. En ningún caso podrán secuestrarse los bienes utilizados para la difusión de información, opiniones e ideas, como instrumento del delito.

Artículo reformado DOF 11-06-2013

Derecho de petición

Artículo 8o. Los funcionarios y empleados públicos respetarán el ejercicio del derecho de petición, siempre que ésta se formule por escrito, de manera pacífica y respetuosa; pero en materia política sólo podrán hacer uso de ese derecho los ciudadanos de la República.

Respuesta de la autoridad

A toda petición deberá recaer un acuerdo escrito de la autoridad a quien se haya dirigido, la cual tiene obligación de hacerlo conocer en breve término al peticionario.

Artículo original DOF 05-02-1917

Derecho de asociación y reunión

Artículo 9o. No se podrá coartar el derecho de asociarse o reunirse pacíficamente con cualquier objeto lícito; pero solamente los ciudadanos de la República podrán hacerlo para tomar parte en los asuntos políticos del país. Ninguna reunión armada, tiene derecho de deliberar.

No se considerará ilegal, y no podrá ser disuelta una asamblea o reunión que tenga por objeto hacer una petición o presentar una protesta por algún acto, a una autoridad, si no se profieren injurias contra ésta, ni se hiciere uso de violencias o amenazas para intimidarla u obligarla a resolver en el sentido que se desee.

Artículo original DOF 05-02-1917

Derecho de aportación de armas

Artículo 10. Los habitantes de los Estados Unidos Mexicanos tienen derecho a poseer armas en su domicilio, para su seguridad y legítima defensa, con excepción de las prohibidas por la Ley Federal y de las reservadas para el uso exclusivo de la Fuerza Armada permanente y los cuerpos de reserva. La ley federal determinará los casos, condiciones, requisitos y lugares en que se podrá autorizar a los habitantes la portación de armas.

Artículo reformado DOF 22-10-1971, 26-03-2019

Libertad de tránsito

Artículo 11. Toda persona tiene derecho para entrar en la República, salir de ella, viajar por su territorio y mudar de residencia, sin necesidad de carta de seguridad, pasaporte, salvoconducto u otros requisitos semejantes. El ejercicio de este derecho estará subordinado a las facultades de la autoridad judicial, en los casos de responsabilidad criminal o civil, y a las de la autoridad administrativa, por lo que toca a las limitaciones que impongan las leyes sobre emigración, inmigración y salubridad general de la República, o sobre extranjeros perniciosos residentes en el país.

Asilo y refugio

Toda persona tiene derecho a buscar y recibir asilo. El reconocimiento de la condición de refugiado y el otorgamiento de asilo político, se realizarán de conformidad con los tratados internacionales. La ley regulará sus procedencias y excepciones.

Párrafo reformado DOF 15-08-2016

Artículo reformado DOF 10-06-2011

Prohibición de títulos nobiliarios

Artículo 12. En los Estados Unidos Mexicanos no se concederán títulos de nobleza, ni prerrogativas y honores hereditarios, ni se dará efecto alguno a los otorgados por cualquier otro país.

Artículo original DOF 05-02-1917

Prohibición de leyes privativas y tribunales especiales

Artículo 13. Nadie puede ser juzgado por leyes privativas ni por tribunales especiales. Ninguna persona o corporación puede tener fuero, ni gozar más emolumentos que los que sean compensación de servicios públicos y estén fijados por la ley. Subsiste el fuero de guerra para los delitos y faltas contra la disciplina militar; pero los tribunales militares en ningún caso y por ningún motivo podrán extender su jurisdicción sobre personas que no pertenezcan al Ejército, Fuerza Aérea, Armada y Guardia Nacional. Cuando en un delito o falta del orden militar estuviese complicado un paisano, conocerá del caso la autoridad civil que corresponda.

Artículo reformado DOF 30-09-2024

Irretroactividad de la ley

Artículo 14. A ninguna ley se dará efecto retroactivo en perjuicio de persona alguna.

Formalidades esenciales del procedimiento

Nadie podrá ser privado de la libertad o de sus propiedades, posesiones o derechos, sino mediante juicio seguido ante los tribunales previamente establecidos, en el que se cumplan las formalidades esenciales del procedimiento y conforme a las Leyes expedidas con anterioridad al hecho.

Párrafo reformado DOF 09-12-2005

Legalidad penal

En los juicios del orden criminal queda prohibido imponer, por simple analogía, y aún por mayoría de razón, pena alguna que no esté decretada por una ley exactamente aplicable al delito de que se trata.

Legalidad civil

En los juicios del orden civil, la sentencia definitiva deberá ser conforme a la letra o a la interpretación jurídica de la ley, y a falta de ésta se fundará en los principios generales del derecho.

Tratados de extradición

Artículo 15. No se autoriza la celebración de tratados para la extradición de reos políticos, ni para la de aquellos delincuentes del orden común que hayan tenido en el país donde cometieron el delito, la condición de esclavos; ni de convenios o tratados en virtud de los que se alteren los derechos humanos reconocidos por esta Constitución y en los tratados internacionales de los que el Estado Mexicano sea parte.

Artículo reformado DOF 10-06-2011

Fundamentación y motivación

Oralidad procesal

Artículo 16. Nadie puede ser molestado en su persona, familia, domicilio, papeles o posesiones, sino en virtud de mandamiento escrito de la autoridad competente, que funde y motive la causa legal del procedimiento. En los juicios y procedimientos seguidos en forma de juicio en los que se establezca como regla la oralidad, bastará con que quede constancia de ellos en cualquier medio que dé certeza de su contenido y del cumplimiento de lo previsto en este párrafo.

Párrafo reformado DOF 15-09-2017

Protección de datos personales

Toda persona tiene derecho a la protección de sus datos personales, al acceso, rectificación y cancelación de los mismos, así como a manifestar su oposición, en los términos que fije la ley, la cual establecerá los supuestos de excepción a los principios que rijan el tratamiento de datos, por razones de seguridad nacional, disposiciones de orden público, seguridad y salud públicas o para proteger los derechos de terceros.

Párrafo adicionado DOF 01-06-2009

Orden de aprehensión

No podrá librarse orden de aprehensión sino por la autoridad judicial y sin que preceda denuncia o querella de un hecho que la ley señale como delito, sancionado con pena privativa de libertad y obren datos que establezcan que se ha cometido ese hecho y que exista la probabilidad de que el indiciado lo cometió o participó en su comisión.

Párrafo reformado DOF 01-06-2009. Fe de erratas DOF 25-06-2009

Puesta disposición

La autoridad que ejecute una orden judicial de aprehensión, deberá poner al inculpado a disposición del juez, sin dilación alguna y bajo su más estricta responsabilidad. La contravención a lo anterior será sancionada por la ley penal.

Flagrancia

Cualquier persona puede detener al indiciado en el momento en que esté cometiendo un delito o inmediatamente después de haberlo cometido, poniéndolo sin demora a disposición de la autoridad civil más cercana y ésta con la misma prontitud, a la del Ministerio Público. Existirá un registro inmediato de la detención.

Párrafo reformado DOF 26-03-2019

Detención por caso urgente

Sólo en casos urgentes, cuando se trate de delito grave así calificado por la ley y ante el riesgo fundado de que el indiciado pueda sustraerse a la acción de la justicia, siempre y cuando no se pueda ocurrir ante la autoridad judicial por razón de la hora, lugar o circunstancia, el Ministerio Público podrá, bajo su responsabilidad, ordenar su detención, fundando y expresando los indicios que motiven su proceder.

En casos de urgencia o flagrancia, el juez que reciba la consignación del detenido deberá inmediatamente ratificar la detención o decretar la libertad con las reservas de ley.

Arraigo

La autoridad judicial, a petición del Ministerio Público y tratándose de delitos de delincuencia organizada, podrá decretar el arraigo de una persona, con las modalidades de lugar y tiempo que la ley señale, sin que pueda exceder de cuarenta días, siempre que sea necesario para el éxito de la investigación, la protección de personas o bienes jurídicos, o cuando exista riesgo fundado de que el inculpado se sustraiga a la acción de la justicia. Este plazo podrá prorrogarse, siempre y cuando el Ministerio Público acredite que subsisten las causas que le dieron origen. En todo caso, la duración total del arraigo no podrá exceder los ochenta días.

Delincuencia organizada

Por delincuencia organizada se entiende una organización de hecho de tres o más personas, para cometer delitos en forma permanente o reiterada, en los términos de la ley de la materia.

Retención

Ningún indiciado podrá ser retenido por el Ministerio Público por más de cuarenta y ocho horas, plazo en que deberá ordenarse su libertad o ponérsele a disposición de la autoridad judicial; este plazo podrá duplicarse en aquellos casos que la ley prevea como delincuencia organizada. Todo abuso a lo anteriormente dispuesto será sancionado por la ley penal.

Lateo

En toda orden de cateo, que sólo la autoridad judicial podrá expedir, a solicitud del Ministerio Público, se expresará el lugar que ha de inspeccionarse, la persona o personas que hayan de aprehenderse y los objetos que se buscan, a lo que únicamente debe limitarse la diligencia, levantándose al concluirla, un acta circunstanciada, en presencia de dos testigos propuestos por el ocupante del lugar cateado o en su ausencia o negativa, por la autoridad que practique la diligencia.

Inviolabilidad de comunicaciones privadas

Las comunicaciones privadas son inviolables. La ley sancionará penalmente cualquier acto que atente contra la libertad y privacía de las mismas, excepto cuando sean aportadas de forma voluntaria por alguno de los particulares que participen en ellas. El juez valorará el alcance de éstas, siempre y cuando contengan información relacionada con la comisión de un delito. En ningún caso se admitirán comunicaciones que violen el deber de confidencialidad que establezca la ley.

Intervención de comunicaciones

Exclusivamente la autoridad judicial federal, a petición de la autoridad federal que faculte la ley o del titular del Ministerio Público de la entidad federativa correspondiente, podrá autorizar la intervención de cualquier comunicación privada. Para ello, la autoridad competente deberá fundar y motivar las causas legales de la solicitud, expresando además, el tipo de intervención, los sujetos de la misma y su duración. La autoridad judicial federal no podrá otorgar estas autorizaciones cuando se trate de materias de carácter electoral, fiscal, mercantil, civil, laboral o administrativo, ni en el caso de las comunicaciones del detenido con su defensor.

Jueces de control

Los Poderes Judiciales contarán con jueces de control que resolverán, en forma inmediata, y por cualquier medio, las solicitudes de medidas cautelares, providencias precautorias y técnicas de investigación de la autoridad, que requieran control judicial, garantizando los derechos de los indiciados y de las víctimas u ofendidos. Deberá existir un registro fehaciente de todas las comunicaciones entre jueces y Ministerio Público y demás autoridades competentes.

Las intervenciones autorizadas se ajustarán a los requisitos y límites previstos en las leyes. Los resultados de las intervenciones que no cumplan con éstos, carecerán de todo valor probatorio.

Visitas domiciliarias

La autoridad administrativa podrá practicar visitas domiciliarias únicamente para cerciorarse de que se han cumplido los reglamentos sanitarios y de policía; y exigir la exhibición de los libros y papeles indispensables para comprobar que se han acatado las disposiciones fiscales, sujetándose en estos casos, a las leyes respectivas y a las formalidades prescritas para los cateos.

Inviolavilidad de correspondencia

La correspondencia que bajo cubierta circule por las estafetas estará libre de todo registro, y su violación será penada por la ley.

En tiempo de paz ningún miembro de la Fuerza Armada permanente —el Ejército, la Fuerza Aérea, la Armada y la Guardia Nacional— podrá alojarse en casa particular contra la voluntad del dueño, ni imponer prestación alguna. En tiempo de guerra los militares podrán exigir alojamiento, bagajes, alimentos y otras prestaciones, en los términos que establezca la ley marcial correspondiente.

Párrafo reformado DOF 30-09-2024

Artículo reformado DOF 03-02-1983, 03-09-1993, 03-07-1996, 08-03-1999, 18-06-2008

Prohibición de autotutela

Artículo 17. Ninguna persona podrá hacerse justicia por sí misma, ni ejercer violencia para reclamar su derecho.

Acceso a la justicia

Toda persona tiene derecho a que se le administre justicia por tribunales que estarán expeditos para impartirla en los plazos y términos que fijen las leyes, emitiendo sus resoluciones de manera pronta, completa e imparcial. Su servicio será gratuito, quedando, en consecuencia, prohibidas las costas judiciales. Las leyes preverán las cuantías y supuestos en materia tributaria en las cuales tanto los Tribunales Administrativos como las Juezas y Jueces de Distrito y Tribunales de Circuito del Poder Judicial de la Federación o, en su caso, la Suprema Corte de Justicia de la Nación, deberán resolver en un máximo de seis meses, contados a partir del conocimiento del asunto por parte de la autoridad competente. En caso de cumplirse con el plazo señalado y que no se haya dictado sentencia, el órgano jurisdiccional que conozca del asunto deberá dar aviso inmediato al Tribunal de Disciplina Judicial y justificar las razones de dicha demora o, en su caso, dar vista al órgano interno de control tratándose de Tribunales Administrativos.

Párrafo reformado DOF 15-09-2024

Solución de fondo

Siempre que no se afecte la igualdad entre las partes, el debido proceso u otros derechos en los juicios o procedimientos seguidos en forma de juicio, las autoridades deberán privilegiar la solución del conflicto sobre los formalismos procedimentales.

Párrafo adicionado DOF 15-09-2017

Acciones colectivas

El Congreso de la Unión expedirá las leyes que regulen las acciones colectivas. Tales leyes determinarán las materias de aplicación, los procedimientos judiciales y los mecanismos de reparación del daño. Los jueces federales conocerán de forma exclusiva sobre estos procedimientos y mecanismos.

Mecanismos alternativos.

Las leyes preverán mecanismos alternativos de solución de controversias. En la materia penal regularán su aplicación, asegurarán la reparación del daño y establecerán los casos en los que se requerirá supervisión judicial.

Las sentencias que pongan fin a los procedimientos orales deberán ser explicadas en audiencia pública previa citación de las partes.

Independencia judicial

Las leyes federales y locales establecerán los medios necesarios para que se garantice la independencia de los tribunales y la plena ejecución de sus resoluciones.

Defensoría publica

La Federación y las entidades federativas garantizarán la existencia de un servicio de defensoría pública de calidad para la población y asegurarán las condiciones para un servicio profesional de carrera para los defensores. Las percepciones de los defensores no podrán ser inferiores a las que correspondan a los agentes del Ministerio Público.

Párrafo reformado DOF 29-01-2016

Deudas civiles

Nadie puede ser aprisionado por deudas de carácter puramente civil.

Artículo reformado DOF 17-03-1987, 18-06-2008, 29-07-2010

Prisión

Artículo 18. Sólo por delito que merezca pena privativa de libertad habrá lugar a prisión preventiva. El sitio de ésta será distinto del que se destinare para la extinción de las penas y estarán completamente separados.

Reinserción Social

El sistema penitenciario se organizará sobre la base del respeto a los derechos humanos, del trabajo, la capacitación para el mismo, la educación, la salud y el deporte como medios para lograr la reinserción del sentenciado a la sociedad y procurar que no vuelva a delinquir, observando los beneficios que para él prevé la ley. Las mujeres compurgarán sus penas en lugares separados de los destinados a los hombres para tal efecto.

Párrafo reformado DOF 10-06-2011

La Federación y las entidades federativas podrán celebrar convenios para que los sentenciados por delitos del ámbito de su competencia extingan las penas en establecimientos penitenciarios dependientes de una jurisdicción diversa.

Párrafo reformado DOF 29-01-2016

Justicia penal para adolescentes

La Federación y las entidades federativas establecerán, en el ámbito de sus respectivas competencias, un sistema integral de justicia para los adolescentes, que será aplicable a quienes se atribuya la comisión o participación en un hecho que la ley señale como delito y tengan entre doce años cumplidos y menos de dieciocho años de edad. Este sistema garantizará los derechos humanos que reconoce la Constitución para toda persona, así como aquellos derechos específicos que por su condición de personas en desarrollo les han sido reconocidos a los adolescentes. Las personas menores de doce años a quienes se atribuya que han cometido o participado en un hecho que la ley señale como delito, sólo podrán ser sujetos de asistencia social.

Párrafo reformado DOF 02-07-2015, 29-01-2016

Instituciones especializadas

La operación del sistema en cada orden de gobierno estará a cargo de instituciones, tribunales y autoridades especializados en la procuración e impartición de justicia para adolescentes. Se podrán aplicar las medidas de orientación, protección y tratamiento que amerite cada caso, atendiendo a la protección integral y el interés superior del adolescente.

Formas alternativas de justicia

Las formas alternativas de justicia deberán observarse en la aplicación de este sistema, siempre que resulte procedente. El proceso en materia de justicia para adolescentes será acusatorio y oral, en el que se observará la garantía del debido proceso legal, así como la independencia de las autoridades que efectúen la remisión y las que impongan las medidas. Éstas deberán ser proporcionales al hecho realizado y tendrán como fin la reinserción y la reintegración social y familiar del adolescente, así como el pleno desarrollo de su persona y capacidades. El internamiento se utilizará sólo como medida extrema y por el tiempo más breve que proceda, y podrá aplicarse únicamente a los adolescentes mayores de catorce años de edad, por la comisión o participación en un hecho que la ley señale como delito.

Párrafo reformado DOF 02-07-2015

Cooperación penitenciaria

Los sentenciados de nacionalidad mexicana que se encuentren compurgando penas en países extranjeros, podrán ser trasladados a la República para que cumplan sus condenas con base en los sistemas de reinserción social previstos en este artículo, y los sentenciados de nacionalidad extranjera por delitos del orden federal o del fuero común, podrán ser trasladados al país de su origen o residencia, sujetándose a los Tratados Internacionales que se hayan celebrado para ese efecto. El traslado de los reclusos sólo podrá efectuarse con su consentimiento expreso.

Cercanía con el domicilio

Los sentenciados, en los casos y condiciones que establezca la ley, podrán compurgar sus penas en los centros penitenciarios más cercanos a su domicilio, a fin de propiciar su reintegración a la comunidad como forma de reinserción social. Esta disposición no aplicará en caso de delincuencia organizada y respecto de otros internos que requieran medidas especiales de seguridad.

Sanciones por delincuencia organizada

Para la reclusión preventiva y la ejecución de sentencias en materia de delincuencia organizada se destinarán centros especiales. Las autoridades competentes podrán restringir las comunicaciones de los inculpados y sentenciados por delincuencia organizada con terceros, salvo el acceso a su defensor, e imponer medidas de vigilancia especial a quienes se encuentren internos en estos establecimientos. Lo anterior podrá aplicarse a otros internos que requieran medidas especiales de seguridad, en términos de la ley.

Artículo reformado DOF 23-02-1965, 04-02-1977, 14-08-2001, 12-12-2005, 18-06-2008

Plazo máximo de la detención

Artículo 19. Ninguna detención ante autoridad judicial podrá exceder del plazo de setenta y dos horas, a partir de que el indiciado sea puesto a su disposición, sin que se justifique con un auto de vinculación a proceso en el que se expresará: el delito que se impute al acusado; el lugar, tiempo y circunstancias de ejecución, así como los datos que establezcan que se ha cometido un hecho que la ley señale como delito y que exista la probabilidad de que el indiciado lo cometió o participó en su comisión.

Prisión preventiva

El Ministerio Público sólo podrá solicitar al juez la prisión preventiva cuando otras medidas cautelares no sean suficientes para garantizar la comparecencia del imputado en el juicio, el desarrollo de la investigación, la protección de la víctima, de los testigos y de la comunidad, así como cuando el imputado esté siendo procesado o haya sido sentenciado previamente por la comisión de un delito doloso. El juez ordenará la prisión preventiva oficiosamente, en los casos de abuso o violencia sexual contra menores, delincuencia organizada, extorsión, delitos previstos en las leyes aplicables cometidos para la ilegal introducción y desvío, producción, preparación, enajenación, adquisición, importación, exportación, transportación, almacenamiento y distribución de precursores químicos y sustancias químicas esenciales, drogas sintéticas, fentanilo y derivados, homicidio doloso, feminicidio, violación, secuestro, trata de personas, robo de casa habitación, uso de programas sociales con fines electorales, corrupción tratándose de los delitos de enriquecimiento ilícito y ejercicio abusivo de funciones, robo al transporte de carga en cualquiera de sus modalidades, delitos en materia de hidrocarburos, petrolíferos o petroquímicos, delitos en materia de desaparición forzada de personas y desaparición cometida por particulares, delitos cometidos con medios violentos como armas y explosivos, delitos en materia de armas de fuego y explosivos de uso exclusivo del Ejército, la Armada y la Fuerza Aérea, delito de terrorismo y de los delitos graves que determine la ley en contra de la seguridad de la nación, de la salud, del libre desarrollo de la personalidad, contrabando y cualquier actividad relacionada con falsos comprobantes fiscales, en los términos fijados por la ley. A cualquier nacional o extranjero involucrado en la fabricación, distribución, enajenación, traslado o internación al territorio nacional de manera ilícita de armas, y a cualquier extranjero que realice actividades al margen de la ley vinculadas con los párrafos segundo y tercero del artículo 40 de esta Constitución, se le impondrá la pena más severa posible, así como la medida cautelar de prisión preventiva oficiosa. Para la interpretación y aplicación de las normas previstas en este párrafo, los órganos del Estado deberán atenerse a su literalidad, quedando prohibida cualquier interpretación análoga o extensiva que pretenda inaplicar, suspender, modificar o hacer nugatorios sus términos o su vigencia, ya sea de manera total o parcial.

Párrafo reformado DOF 01-04-2025

Auto de vinculación a proceso

La ley determinará los casos en los cuales el juez podrá revocar la libertad de los individuos vinculados a proceso.

El plazo para dictar el auto de vinculación a proceso podrá prorrogarse únicamente a petición del indiciado, en la forma que señale la ley. La prolongación de la detención en su perjuicio será sancionada por la ley penal. La autoridad responsable del establecimiento en el que se encuentre internado el indiciado, que dentro del plazo antes señalado no reciba copia autorizada del auto de vinculación a proceso y del que decrete la prisión preventiva, o de la solicitud de prórroga del plazo constitucional, deberá llamar la atención del juez sobre dicho particular en el acto mismo de concluir el plazo y, si no recibe la constancia mencionada dentro de las tres horas siguientes, pondrá al indiciado en libertad.

Todo proceso se seguirá forzosamente por el hecho o hechos delictivos señalados en el auto de vinculación a proceso. Si en la secuela de un proceso apareciere que se ha cometido un delito distinto del que se persigue, deberá ser objeto de investigación separada, sin perjuicio de que después pueda decretarse la acumulación, si fuere conducente.

Si con posterioridad a la emisión del auto de vinculación a proceso por delincuencia organizada el inculpado evade la acción de la justicia o es puesto a disposición de otro juez que lo reclame en el extranjero, se suspenderá el proceso junto con los plazos para la prescripción de la acción penal.

Todo mal tratamiento en la aprehensión o en las prisiones, toda molestia que se infiera sin motivo legal, toda gabela o contribución, en las cárceles, son abusos que serán corregidos por las leyes y reprimidos por las autoridades.

Artículo reformado DOF 03-09-1993, 08-03-1999, 18-06-2008

Principios del proceso penal

Artículo 20. El proceso penal será acusatorio y oral. Se regirá por los principios de publicidad, contradicción, concentración, continuidad e inmediación.

A. De los principios generales:

Objeto del proceso

I. El proceso penal tendrá por objeto el esclarecimiento de los hechos, proteger al inocente, procurar que el culpable no quede impune y que los daños causados por el delito se reparen;

Inmediación judicial

II. Toda audiencia se desarrollará en presencia del juez, sin que pueda delegar en ninguna persona el desahogo y la valoración de las pruebas, la cual deberá realizarse de manera libre y lógica;

Prueba

III. Para los efectos de la sentencia sólo se considerarán como prueba aquellas que hayan sido desahogadas en la audiencia de juicio. La ley establecerá las excepciones y los requisitos para admitir en juicio la prueba anticipada, que por su naturaleza requiera desahogo previo;

Oralidad

IV. El juicio se celebrará ante un juez que no haya conocido del caso previamente. La presentación de los argumentos y los elementos probatorios se desarrollará de manera pública, contradictoria y oral;

Carga de la prueba

V. La carga de la prueba para demostrar la culpabilidad corresponde a la parte acusadora, conforme lo establezca el tipo penal. Las partes tendrán igualdad procesal para sostener la acusación o la defensa, respectivamente;

Contradicción

VI. Ningún juzgador podrá tratar asuntos que estén sujetos a proceso con cualquiera de las partes sin que esté presente la otra, respetando en todo momento el principio de contradicción, salvo las excepciones que establece esta Constitución;

Terminación anticipada

VII. Una vez iniciado el proceso penal, siempre y cuando no exista oposición del inculpado, se podrá decretar su terminación anticipada en los supuestos y bajo las modalidades que determine la ley. Si el imputado reconoce ante la autoridad judicial, voluntariamente y con conocimiento de las consecuencias, su participación en el delito y existen medios de convicción suficientes para corroborar la imputación, el juez citará a audiencia de sentencia. La ley establecerá los beneficios que se podrán otorgar al inculpado cuando acepte su responsabilidad;

Convicción judicial

VIII. El juez sólo condenará cuando exista convicción de la culpabilidad del procesado;

Nulidad de pruebas

IX. Cualquier prueba obtenida con violación de derechos fundamentales será nula;

Fracción reformada DOF 15-09-2024

Resguardo de identidad

X. Tratándose de delincuencia organizada, el órgano de administración judicial podrá disponer las medidas necesarias para preservar la seguridad y resguardar la identidad de las personas juzgadoras, conforme al procedimiento que establezca la ley, y

Fracción adicionada DOF 15-09-2024

XI. Los principios previstos en este artículo, se observarán también en las audiencias preliminares al juicio.

Fracción recorrida DOF 15-09-2024

B. De los derechos de toda persona imputada:

Presunción de inocencia

I. A que se presuma su inocencia mientras no se declare su responsabilidad mediante sentencia emitida por el juez de la causa;

Derecho a guardar silencio

II. A declarar o a guardar silencio. Desde el momento de su detención se le harán saber los motivos de la misma y su derecho a guardar silencio, el cual no podrá ser utilizado en su perjuicio. Queda prohibida y será sancionada por la ley penal, toda incomunicación, intimidación o tortura. La confesión rendida sin la asistencia del defensor carecerá de todo valor probatorio;

Información de hechos y derechos

III. A que se le informe, tanto en el momento de su detención como en su comparecencia ante el Ministerio Público o el juez, los hechos que se le imputan y los derechos que le asisten. Tratándose de delincuencia organizada, la autoridad judicial podrá autorizar que se mantenga en reserva el nombre y datos del acusador.

Beneficios

La ley establecerá beneficios a favor del inculpado, procesado o sentenciado que preste ayuda eficaz para la investigación y persecución de delitos en materia de delincuencia organizada;

Recepción de pruebas

IV. Se le recibirán los testigos y demás pruebas pertinentes que ofrezca, concediéndosele el tiempo que la ley estime necesario al efecto y auxiliándosele para obtener la comparecencia de las personas cuyo testimonio solicite, en los términos que señale la ley;

Audiencia pública

V. Será juzgado en audiencia pública por un juez o tribunal. La publicidad sólo podrá restringirse en los casos de excepción que determine la ley, por razones de seguridad nacional, seguridad pública, protección de las víctimas, testigos y menores, cuando se ponga en riesgo la revelación de datos legalmente protegidos, o cuando el tribunal estime que existen razones fundadas para justificarlo.

Pruebas en delincuencia organizada

En delincuencia organizada, las actuaciones realizadas en la fase de investigación podrán tener valor probatorio, cuando no puedan ser reproducidas en juicio o exista riesgo para testigos o víctimas. Lo anterior sin perjuicio del derecho del inculpado de objetarlas o impugnarlas y aportar pruebas en contra;

Plazo del juicio

VI. Le serán facilitados todos los datos que solicite para su defensa y que consten en el proceso.

Acceso a registros

El imputado y su defensor tendrán acceso a los registros de la investigación cuando el primero se encuentre detenido y cuando pretenda recibírsele declaración o entrevistarlo. Asimismo, antes de su primera comparecencia ante juez podrán consultar dichos registros, con la oportunidad debida para preparar la defensa. A partir de este momento no podrán mantenerse en reserva las actuaciones de la investigación, salvo los casos excepcionales expresamente señalados en la ley cuando ello sea imprescindible para salvaguardar el éxito de la investigación y siempre que sean oportunamente revelados para no afectar el derecho de defensa;

Plazo del juicio

VII. Será juzgado antes de cuatro meses si se tratare de delitos cuya pena máxima no exceda de dos años de prisión, y antes de un año si la pena excediere de ese tiempo, salvo que solicite mayor plazo para su defensa;

En caso de cumplirse con el plazo señalado en el párrafo que antecede y que no se haya dictado sentencia, el órgano jurisdiccional que conozca del asunto deberá dar aviso inmediato al Tribunal de Disciplina Judicial y justificar las razones de dicha demora, en los términos que establezca la ley;

Párrafo adicionado DOF 15-09-2024

Defensa

VIII. Tendrá derecho a una defensa adecuada por abogado, al cual elegirá libremente incluso desde el momento de su detención. Si no quiere o no puede nombrar un abogado, después de haber sido requerido para hacerlo, el juez le designará un defensor público. También tendrá derecho a que su defensor comparezca en todos los actos del proceso y éste tendrá obligación de hacerlo cuantas veces se le requiera, y

IX. En ningún caso podrá prolongarse la prisión o detención, por falta de pago de honorarios de defensores o por cualquiera otra prestación de dinero, por causa de responsabilidad civil o algún otro motivo análogo.

Plazo de prisión preventiva

La prisión preventiva no podrá exceder del tiempo que como máximo de pena fije la ley al delito que motivare el proceso y en ningún caso será superior a dos años, salvo que su prolongación se deba al ejercicio del derecho de defensa del imputado. Si cumplido este término no se ha pronunciado sentencia, el imputado será puesto en libertad de inmediato mientras se sigue el proceso, sin que ello obste para imponer otras medidas cautelares.

En toda pena de prisión que imponga una sentencia, se computará el tiempo de la detención.

C. De los derechos de la víctima o del ofendido:

Asesoría victimal

I. Recibir asesoría jurídica; ser informado de los derechos que en su favor establece la Constitución y, cuando lo solicite, ser informado del desarrollo del procedimiento penal;

Coadyuvancia

II. Coadyuvar con el Ministerio Público; a que se le reciban todos los datos o elementos de prueba con los que cuente, tanto en la investigación como en el proceso, a que se desahoguen las diligencias correspondientes, y a intervenir en el juicio e interponer los recursos en los términos que prevea la ley.

Cuando el Ministerio Público considere que no es necesario el desahogo de la diligencia, deberá fundar y motivar su negativa;

Atención médica y psicológica

III. Recibir, desde la comisión del delito, atención médica y psicológica de urgencia;

Reparación del daño

IV. Que se le repare el daño. En los casos en que sea procedente, el Ministerio Público estará obligado a solicitar la reparación del daño, sin menoscabo de que la víctima u ofendido lo pueda solicitar directamente, y el juzgador no podrá absolver al sentenciado de dicha reparación si ha emitido una sentencia condenatoria.

La ley fijará procedimientos ágiles para ejecutar las sentencias en materia de reparación del daño;

Protección de identidad

V. Al resguardo de su identidad y otros datos personales en los siguientes casos: cuando sean menores de edad; cuando se trate de delitos de violación, trata de personas, secuestro o delincuencia organizada; y cuando a juicio del juzgador sea necesario para su protección, salvaguardando en todo caso los derechos de la defensa.

Párrafo reformado DOF 14-07-2011

El Ministerio Público deberá garantizar la protección de víctimas, ofendidos, testigos y en general todas los sujetos que intervengan en el proceso. Los jueces deberán vigilar el buen cumplimiento de esta obligación;

Medidas cautelares

VI. Solicitar las medidas cautelares y providencias necesarias para la protección y restitución de sus derechos, y

Impugnación

VII. Impugnar ante autoridad judicial las omisiones del Ministerio Público en la investigación de los delitos, así como las resoluciones de reserva, no ejercicio, desistimiento de la acción penal o suspensión del procedimiento cuando no esté satisfecha la reparación del daño.

Fe de erratas al artículo DOF 06-02-1917. Artículo reformado DOF 02-12-1948, 14-01-1985, 03-09-1993, 03-07-1996, 21-09-2000, 18-06-2008

Investigación de delitos

Artículo 21. La investigación de los delitos corresponde al Ministerio Público, a la secretaría del ramo de seguridad pública del Ejecutivo Federal, a la Guardia Nacional y a las policías, en el ámbito de su competencia, las cuales actuarán bajo la conducción y mando de aquél en el ejercicio de esta función.

Párrafo reformado DOF 31-12-2024

Acción Penal

El ejercicio de la acción penal ante los tribunales corresponde al Ministerio Público. La ley determinará los casos en que los particulares podrán ejercer la acción penal ante la autoridad judicial.

Imposición de penas

La imposición de las penas, su modificación y duración son propias y exclusivas de la autoridad judicial.

Sanciones administrativas

Compete a la autoridad administrativa la aplicación de sanciones por las infracciones de los reglamentos gubernativos y de policía, las que únicamente consistirán en multa, arresto hasta por treinta y seis horas o en trabajo a favor de la comunidad; pero si el infractor no pagare la multa que se le hubiese impuesto, se permutará esta por el arresto correspondiente, que no excederá en ningún caso de treinta y seis horas.

Si el infractor de los reglamentos gubernativos y de policía fuese jornalero, obrero o trabajador, no podrá ser sancionado con multa mayor del importe de su jornal o salario de un día.

Tratándose de trabajadores no asalariados, la multa que se imponga por infracción de los reglamentos gubernativos y de policía, no excederá del equivalente a un día de su ingreso.

Criterio de oportunidad

El Ministerio Público podrá considerar criterios de oportunidad para el ejercicio de la acción penal, en los supuestos y condiciones que fije la ley.

Corte Penal Internacional

El Ejecutivo Federal podrá, con la aprobación del Senado en cada caso, reconocer la jurisdicción de la Corte Penal Internacional.

Seguridad pública

La seguridad pública es una función del Estado a cargo de la Federación, las entidades federativas y los Municipios, cuyos fines son salvaguardar la vida, las libertades, la integridad y el patrimonio de las personas, de conformidad con lo dispuesto en el artículo 4o. de esta Constitución que garantiza los deberes reforzados de protección del Estado con las mujeres, adolescentes, niñas y niños; así como contribuir a la generación y preservación del orden público y la paz social, de conformidad con lo previsto en esta Constitución y las leyes en la materia. La seguridad pública comprende la prevención, investigación y persecución de los delitos, así como la sanción de las infracciones administrativas, en los términos de la ley, en las respectivas competencias que esta Constitución señala. La actuación de las instituciones de seguridad pública se regirá por los principios de legalidad, objetividad, eficiencia, profesionalismo y honradez, así como por la perspectiva de género y el respeto a los derechos humanos reconocidos en esta Constitución.

Párrafo reformado DOF 29-01-2016, 26-03-2019, 15-11-2024

Las instituciones de seguridad pública serán disciplinadas, profesionales y de carácter civil.

Párrafo adicionado DOF 30-09-2024

Sistema nacional de seguridad pública

El Ministerio Público y las instituciones policiales de los tres órdenes de gobierno, incluida la Guardia Nacional, deben coordinarse entre sí para cumplir los fines de la seguridad pública y conformarán el Sistema Nacional de Seguridad Pública, que estará sujeto a las siguientes bases mínimas:

Párrafo reformado DOF 26-03-2019, 30-09-2024

Certificación

a) La regulación de la selección, ingreso, formación, permanencia, evaluación, reconocimiento y certificación de los integrantes de las instituciones de seguridad pública. La operación y desarrollo de estas acciones será competencia de la Federación, las entidades federativas y los Municipios en el ámbito de sus respectivas atribuciones.

Inciso reformado DOF 29-01-2016

Bases de datos

b) El establecimiento de un sistema nacional de información en seguridad pública a cargo de la Federación al que ésta, las entidades federativas y los Municipios, a través de las dependencias responsables de la seguridad pública, proporcionarán la información de que dispongan en la materia, conforme a la ley. El sistema contendrá también las bases de datos criminalísticos y de personal para las instituciones de seguridad pública. Ninguna persona podrá ingresar a las instituciones de seguridad pública si no ha sido debidamente certificada y registrada en el sistema.

Inciso reformado DOF 26-03-2019

Prevención

c) La formulación de políticas públicas tendientes a prevenir la comisión de delitos.

Participación social

d) Se determinará la participación de la comunidad que coadyuvará, entre otros, en los procesos de evaluación de las políticas de prevención del delito así como de las instituciones de seguridad pública.

Fondo de ayuda

e) Los fondos de ayuda federal para la seguridad pública, a nivel nacional serán aportados a las entidades federativas y municipios para ser destinados exclusivamente a estos fines. Estos fondos serán auditados y su debido ejercicio vigilado por el Sistema a través de su Secretariado Ejecutivo.

Párrafo reformado DOF 31-12-2024

f) El Sistema contará con un Secretariado Ejecutivo, el cual podrá ampliar las bases, emitir acuerdos y lineamientos, así como realizar las acciones necesarias para lograr la homologación de estándares y criterios, así como una coordinación eficiente, transparente y responsable, en el ejercicio de las atribuciones concurrentes de los tres órdenes de gobierno; en todo momento en atención a los fines del Sistema y los objetivos de la Estrategia Nacional de Seguridad Pública.

Párrafo adicionado DOF 31-12-2024

Guardia Nacional

La Federación contará con la Guardia Nacional, fuerza de seguridad pública, profesional, de carácter permanente e integrada por personal militar con formación policial, dependiente de la secretaría del ramo de defensa nacional, para ejecutar la Estrategia Nacional de Seguridad Pública en el ámbito de su competencia. Los fines de la Guardia Nacional son los señalados en el párrafo noveno de este artículo, la coordinación y colaboración con las entidades federativas y Municipios, así como la salvaguarda de los bienes y recursos de la Nación. La ley determinará la estructura orgánica y de dirección de la Guardia Nacional.

Párrafo adicionado DOF 26-03-2019. Reformado DOF 30-09-2024

Estrategia nacional

La secretaría del ramo de seguridad pública formulará, coordinará y dirigirá la Estrategia Nacional de Seguridad Pública, así como los programas, las políticas y acciones respectivos; auxiliará a la persona titular de la Presidencia de la República en el ejercicio de las funciones en materia de seguridad nacional; le corresponderá la coordinación del Sistema Nacional de Inteligencia en materia de seguridad pública, en los términos que señale la ley, y podrá coordinar las acciones de colaboración de los tres órdenes de gobierno, a través de las instituciones de seguridad pública, los cuales además deberán de proporcionar la información de que dispongan o que recaben en la materia conforme a la ley. Podrá solicitar información a las instituciones y dependencias del Estado para la identificación y esclarecimiento de los hechos presuntamente constitutivos de delitos.

Párrafo adicionado DOF 26-03-2019.
Reformado DOF 30-09-2024, 31-12-2024

Doctrina policial

La formación y el desempeño de los integrantes de la Guardia Nacional y de las demás instituciones policiales se regirán por una doctrina policial fundada en el servicio a la sociedad, la disciplina, el respeto a los derechos humanos, al imperio de la ley, al mando superior, y en lo conducente a la perspectiva de género.

Párrafo adicionado DOF 26-03-2019

Artículo reformado DOF 03-02-1983, 31-12-1994, 03-07-1996, 20-06-2005, 18-06-2008

Prohibición de penas

Artículo 22. Quedan prohibidas las penas de muerte, de mutilación, de infamia, la marca, los azotes, los palos, el tormento de cualquier especie, la multa excesiva, la confiscación de bienes y cualesquiera otras penas inusitadas y trascendentales. Toda pena deberá ser proporcional al delito que sancione y al bien jurídico afectado.

Confiscación y extinción de dominio

No se considerará confiscación la aplicación de bienes de una persona cuando sea decretada para el pago de multas o impuestos, ni cuando la decrete la autoridad judicial para el pago de responsabilidad civil derivada de la comisión de un delito. Tampoco se considerará confiscación el decomiso que ordene la autoridad judicial de los bienes en caso de enriquecimiento ilícito en los términos del artículo 109, la aplicación a favor del Estado de bienes asegurados que causen abandono en los términos de las disposiciones aplicables, ni de aquellos bienes cuyo dominio se declare extinto en sentencia.

Párrafo reformado DOF 27-05-2015, 14-03-2019

La acción de extinción de dominio se ejercitará por el Ministerio Público a través de un procedimiento jurisdiccional de naturaleza civil y autónomo del penal. Las autoridades competentes de los distintos órdenes de gobierno le prestarán auxilio en el cumplimiento de esta función. La ley establecerá los mecanismos para que las autoridades administren los bienes sujetos al proceso de extinción de dominio, incluidos sus productos, rendimientos, frutos y accesorios, para que la autoridad lleve a cabo su disposición, uso, usufructo, enajenación y monetización, atendiendo al interés público, y defina con criterios de oportunidad el destino y, en su caso, la destrucción de los mismos.

Párrafo adicionado DOF 14-03-2019

Será procedente sobre bienes de carácter patrimonial cuya legítima procedencia no pueda acreditarse y se encuentren relacionados con las investigaciones derivadas de hechos de corrupción, encubrimiento, delitos cometidos por servidores públicos, delincuencia organizada, robo de vehículos, recursos de procedencia ilícita, delitos contra la salud, secuestro, extorsión, trata de personas y delitos en materia de hidrocarburos, petrolíferos y petroquímicos.

Párrafo adicionado DOF 14-03-2019

A toda persona que se considere afectada, se le deberá garantizar el acceso a los medios de defensa adecuados para demostrar la procedencia legítima del bien sujeto al procedimiento.

Párrafo adicionado DOF 14-03-2019

Artículo reformado DOF 28-12-1982, 03-07-1996, 08-03-1999, 09-12-2005, 18-06-2008

Ne bis in idem

Artículo 23. Ningún juicio criminal deberá tener más de tres instancias. Nadie puede ser juzgado dos veces por el mismo delito, ya sea que en el juicio se le absuelva o se le condene. Queda prohibida la práctica de absolver de la instancia.

Artículo original DOF 05-02-1917

Libertad de conciencia y religiosa

Artículo 24. Toda persona tiene derecho a la libertad de convicciones éticas, de conciencia y de religión, y a tener o adoptar, en su caso, la de su agrado. Esta libertad incluye el derecho de participar, individual o colectivamente, tanto en público como en privado, en las ceremonias, devociones o actos del culto respectivo, siempre que no constituyan un delito o falta penados por la ley. Nadie podrá utilizar los actos públicos de expresión de esta libertad con fines políticos, de proselitismo o de propaganda política.

Párrafo reformado DOF 19-07-2013

El Congreso no puede dictar leyes que establezcan o prohiban religión alguna.

Lugar de celebraciones religiosas

Los actos religiosos de culto público se celebrarán ordinariamente en los templos. Los que extraordinariamente se celebren fuera de éstos se sujetarán a la ley reglamentaria.

Artículo reformado DOF 28-01-1992

Rectoría del desarrollo nacional

Artículo 25. Corresponde al Estado la rectoría del desarrollo nacional para garantizar que éste sea integral y sustentable, que fortalezca la Soberanía de la Nación y su régimen democrático y que, mediante la competitividad, el fomento del crecimiento económico y el empleo y una más justa distribución del ingreso y la riqueza, permita el pleno ejercicio de la libertad y la dignidad de los individuos, grupos y clases sociales, cuya seguridad protege esta Constitución. La competitividad se entenderá como el conjunto de condiciones necesarias para generar un mayor crecimiento económico, promoviendo la inversión y la generación de empleo.

Párrafo reformado DOF 28-06-1999, 05-06-2013

Planeación del desarrollo

El Estado velará por la estabilidad de las finanzas públicas y del sistema financiero para coadyuvar a generar condiciones favorables para el crecimiento económico y el empleo. El Plan Nacional de Desarrollo y los planes estatales y municipales deberán observar dicho principio.

Párrafo adicionado DOF 26-05-2015

Sectores que intervienen

El Estado planeará, conducirá, coordinará y orientará la actividad económica nacional, y llevará al cabo la regulación y fomento de las actividades que demande el interés general en el marco de libertades que otorga esta Constitución.

Al desarrollo económico nacional concurrirán, con responsabilidad social, el sector público, el sector social y el sector privado, sin menoscabo de otras formas de actividad económica que contribuyan al desarrollo de la Nación.

Áreas estratégicas

El sector público tendrá a su cargo, de manera exclusiva, las áreas estratégicas que se señalan en el artículo 28, párrafo cuarto de la Constitución, manteniendo siempre el Gobierno Federal la propiedad y el control sobre los organismos y empresas públicas del Estado que en su caso se establezcan. Tratándose de la planeación y el control del sistema eléctrico nacional, y del servicio público de transmisión y distribución de energía eléctrica, así como de la exploración y extracción de petróleo y demás hidrocarburos, la Nación llevará a cabo dichas actividades en términos de lo dispuesto por los párrafos sexto y séptimo del artículo 27 de esta Constitución. En las actividades citadas la ley establecerá las normas relativas a la administración, organización, funcionamiento, procedimientos de contratación y demás actos jurídicos que celebren las empresas públicas del Estado, así como el régimen de remuneraciones de su personal, para garantizar su eficacia, eficiencia, honestidad, productividad, transparencia y rendición de cuentas, y determinará las demás actividades que podrán realizar.

Párrafo reformado DOF 20-12-2013, 31-10-2024

Asimismo podrá participar por sí o con los sectores social y privado, de acuerdo con la ley, para impulsar y organizar las áreas prioritarias del desarrollo.

Apoyo a empresas

Bajo criterios de equidad social, productividad y sustentabilidad se apoyará e impulsará a las empresas de los sectores social y privado de la economía, sujetándolos a las modalidades que dicte el interés público y al uso, en beneficio general, de los recursos productivos, cuidando su conservación y el medio ambiente.

Párrafo reformado DOF 20-12-2013

Sector social

La ley establecerá los mecanismos que faciliten la organización y la expansión de la actividad económica del sector social: de los ejidos, organizaciones de trabajadores, cooperativas, comunidades, empresas que pertenezcan mayoritaria o exclusivamente a los trabajadores y, en general, de todas las formas de organización social para la producción, distribución y consumo de bienes y servicios socialmente necesarios.

Sector privado

La ley alentará y protegerá la actividad económica que realicen los particulares y proveerá las condiciones para que el desenvolvimiento del sector privado contribuya al desarrollo económico nacional, promoviendo la competitividad e implementando una política nacional para el desarrollo industrial sustentable que incluya vertientes sectoriales y regionales, en los términos que establece esta Constitución.

Párrafo reformado DOF 05-06-2013, 20-12-2013

Mejora regulatoria

A fin de contribuir al desarrollo y bienestar de las personas, grupos, comunidades y sectores sociales y económicos, las autoridades de todos los órdenes de gobierno deberán implementar políticas públicas de simplificación administrativa y digitalización de trámites y servicios, buenas prácticas regulatorias, desarrollo y fortalecimiento de capacidades tecnológicas públicas y los demás objetivos que establezca la ley nacional en la materia.

Párrafo adicionado DOF 05-02-2017

Artículo reformado DOF 15-04-2025

Artículo 26.

A. El Estado organizará un sistema de planeación democrática del desarrollo nacional que imprima solidez, dinamismo, competitividad, permanencia y equidad al crecimiento de la economía para la independencia y la democratización política, social y cultural de la nación.

Párrafo reformado DOF 05-06-2013

Planeación democrática

Los fines del proyecto nacional contenidos en esta Constitución determinarán los objetivos de la planeación. La planeación será democrática y deliberativa. Mediante los mecanismos de participación que establezca la ley, recogerá las aspiraciones y demandas de la sociedad para incorporarlas al plan y los programas de desarrollo. Habrá un plan nacional de desarrollo al que se sujetarán obligatoriamente los programas de la Administración Pública Federal.

Párrafo reformado DOF 10-02-2014

Proceso de planeación

La ley facultará al Ejecutivo para que establezca los procedimientos de participación y consulta popular en el sistema nacional de planeación democrática, y los criterios para la formulación, instrumentación, control y evaluación del plan y los programas de desarrollo. Asimismo, determinará los órganos responsables del proceso de planeación y las bases para que el Ejecutivo Federal coordine mediante convenios con los gobiernos de las entidades federativas e induzca y concierte con los particulares las acciones a realizar para su elaboración y ejecución. El plan nacional de desarrollo considerará la continuidad y adaptaciones necesarias de la política nacional para el desarrollo industrial, con vertientes sectoriales y regionales.

Párrafo reformado DOF 05-06-2013

En el sistema de planeación democrática y deliberativa, el Congreso de la Unión tendrá la intervención que señale la ley.

Párrafo reformado DOF 10-02-2014

Sistema de información estadística y geográfica

B. El Estado contará con un Sistema Nacional de Información Estadística y Geográfica cuyos datos serán considerados oficiales. Para la Federación, las entidades federativas, los Municipios y las demarcaciones territoriales de la Ciudad de México, los datos contenidos en el Sistema serán de uso obligatorio en los términos que establezca la ley.

Párrafo reformado DOF 29-01-2016

Organismo autónomo

La responsabilidad de normar y coordinar dicho Sistema estará a cargo de un organismo con autonomía técnica y de gestión, personalidad jurídica y patrimonio propios, con las facultades necesarias para regular la captación, procesamiento y publicación de la información que se genere y proveer a su observancia.

El organismo también estará a cargo de la medición de la pobreza y la evaluación de los programas, objetivos, metas y acciones de la política de desarrollo social, así como de emitir recomendaciones en los términos que disponga la ley, la cual establecerá las formas de coordinación con las autoridades federales, locales y municipales para el ejercicio de estas funciones.

Párrafo adicionado DOF 20-12-2024

El organismo tendrá una Junta de Gobierno integrada por cinco miembros, uno de los cuales fungirá como Presidente de ésta y del propio organismo; serán designados por el Presidente de la República con la aprobación de la Cámara de Senadores o en sus recesos por la Comisión Permanente del Congreso de la Unión.

Principios del Sistema

La ley establecerá las bases de organización y funcionamiento del Sistema Nacional de Información Estadística y Geográfica, de acuerdo con los principios de accesibilidad a la información, transparencia, objetividad e independencia; los requisitos que deberán cumplir los miembros de la Junta de Gobierno, la duración y escalonamiento de su encargo.

Remoción

Los miembros de la Junta de Gobierno sólo podrán ser removidos por causa grave y no podrán tener ningún otro empleo, cargo o comisión, con excepción de los no remunerados en instituciones docentes, científicas, culturales o de beneficencia; y estarán sujetos a lo dispuesto por el Título Cuarto de esta Constitución.

Unidad de medida y actualización (UMA)

El organismo calculará en los términos que señale la ley, el valor de la Unidad de Medida y Actualización que será utilizada como unidad de cuenta, índice, base, medida o referencia para determinar la cuantía del pago de las obligaciones y supuestos previstos en las leyes federales, de las entidades federativas y del Distrito Federal, así como en las disposiciones jurídicas que emanen de todas las anteriores.

Párrafo adicionado DOF 27-01-2016

Las obligaciones y supuestos denominados en Unidades de Medida y Actualización se considerarán de monto determinado y se solventarán entregando su equivalente en moneda nacional. Al efecto, deberá multiplicarse el monto de la obligación o supuesto, expresado en las citadas unidades, por el valor de dicha unidad a la fecha correspondiente.

Párrafo adicionado DOF 27-01-2016

C. Se deroga.

Párrafo derogado DOF 20-12-2024

Propiedad originaria

Artículo 27. La propiedad de las tierras y aguas comprendidas dentro de los límites del territorio nacional, corresponde originariamente a la Nación, la cual ha tenido y tiene el derecho de transmitir el dominio de ellas a los particulares, constituyendo la propiedad privada.

Expropiación

Las expropiaciones sólo podrán hacerse por causa de utilidad pública y mediante indemnización.

Modalidades a la propiedad privada

La nación tendrá en todo tiempo el derecho de imponer a la propiedad privada las modalidades que dicte el interés público, así como el de regular, en beneficio social, el aprovechamiento de los elementos naturales susceptibles de apropiación, con objeto de hacer una distribución equitativa de la riqueza pública, cuidar de su conservación, lograr el desarrollo equilibrado del país y el mejoramiento de las condiciones de vida de la población rural y urbana. En consecuencia, se dictarán las medidas necesarias para ordenar los asentamientos humanos y establecer adecuadas provisiones, usos, reservas y destinos de tierras, aguas y bosques, a efecto de ejecutar obras públicas y de planear y regular la fundación, conservación, mejoramiento y crecimiento de los centros de población; para preservar y restaurar el equilibrio ecológico; para el fraccionamiento de los latifundios; para disponer, en los términos de la ley reglamentaria, la organización y explotación colectiva de los ejidos y comunidades; para el desarrollo de la pequeña propiedad rural; para el fomento de la agricultura, de la ganadería, de la silvicultura y de las demás actividades económicas en el medio rural, y para evitar la destrucción de los elementos naturales y los daños que la propiedad pueda sufrir en perjuicio de la sociedad.

Párrafo reformado DOF 06-02-1976, 10-08-1987, 06-01-1992

Propiedad de la nación

Corresponde a la Nación el dominio directo de todos los recursos naturales de la plataforma continental y los zócalos submarinos de las islas; de todos los minerales o substancias que en vetas, mantos, masas o yacimientos, constituyan depósitos cuya naturaleza sea distinta de los componentes de los terrenos, tales como los minerales de los que se extraigan metales y metaloides utilizados en la industria; los yacimientos de piedras preciosas, de sal de gema y las salinas formadas directamente por las aguas marinas; los productos derivados de la descomposición de las rocas, cuando su explotación necesite trabajos subterráneos; los yacimientos minerales u orgánicos de materias susceptibles de ser utilizadas como fertilizantes; los combustibles minerales sólidos; el petróleo y todos los carburos de hidrógeno sólidos, líquidos o gaseosos;

y el espacio situado sobre el territorio nacional, en la extensión y términos que fije el Derecho Internacional.

Párrafo reformado DOF 20-01-1960

Propiedad de aguas y mares

Son propiedad de la Nación las aguas de los mares territoriales en la extensión y términos que fije el Derecho Internacional; las aguas marinas interiores; las de las lagunas y esteros que se comuniquen permanente o intermitentemente con el mar; las de los lagos interiores de formación natural que estén ligados directamente a corrientes constantes; las de los ríos y sus afluentes directos o indirectos, desde el punto del cauce en que se inicien las primeras aguas permanentes, intermitentes o torrenciales, hasta su desembocadura en el mar, lagos, lagunas o esteros de propiedad nacional; las de las corrientes constantes o intermitentes y sus afluentes directos o indirectos, cuando el cauce de aquéllas en toda su extensión o en parte de ellas, sirva de límite al territorio nacional o a dos entidades federativas, o cuando pase de una entidad federativa a otra o cruce la línea divisoria de la República; la de los lagos, lagunas o esteros cuyos vasos, zonas o riberas, estén cruzadas por líneas divisorias de dos o más entidades o entre la República y un país vecino, o cuando el límite de las riberas sirva de lindero entre dos entidades federativas o a la República con un país vecino; las de los manantiales que broten en las playas, zonas marítimas, cauces, vasos o riberas de los lagos, lagunas o esteros de propiedad nacional, y las que se extraigan de las minas; y los cauces, lechos o riberas de los lagos y corrientes interiores en la extensión que fija la ley. Las aguas del subsuelo pueden ser libremente alumbradas mediante obras artificiales y apropiarse por el dueño del terreno, pero cuando lo exija el interés público o se afecten otros aprovechamientos, el Ejecutivo Federal podrá reglamentar su extracción y utilización y aún establecer zonas vedadas, al igual que para las demás aguas de propiedad nacional. Cualesquiera otras aguas no incluidas en la enumeración anterior, se considerarán como parte integrante de la propiedad de los terrenos por los que corran o en los que se encuentren sus depósitos, pero si se localizaren en dos o más predios, el aprovechamiento de estas aguas se considerará de utilidad pública, y quedará sujeto a las disposiciones que dicten las entidades federativas.

Párrafo reformado DOF 21-04-1945, 20-01-1960, 29-01-2016

Dominio inalienable e impredecible

En los casos a que se refieren los dos párrafos anteriores, el dominio de la Nación es inalienable e imprescriptible y la explotación, el uso o el aprovechamiento de los recursos de que se trata, por los particulares o por sociedades constituidas conforme a las leyes mexicanas, no podrá realizarse sino mediante concesiones, otorgadas por el Ejecutivo Federal, de acuerdo con las reglas y condiciones que establezcan las leyes. Las normas legales relativas a obras o trabajos de explotación de los minerales y substancias a que se refiere el párrafo cuarto, regularán la ejecución y comprobación de los que se efectúen o deban efectuarse a partir de su vigencia, independientemente de la fecha de otorgamiento de las concesiones, y su inobservancia dará lugar a la cancelación de éstas. El Gobierno Federal tiene la facultad de establecer reservas nacionales y suprimirlas. Las declaratorias correspondientes se harán por el Ejecutivo en los casos y condiciones que las leyes prevean. Tratándose de minerales radiactivos y litio no se otorgarán concesiones. Corresponde exclusivamente a la Nación la planeación y el control del sistema eléctrico nacional en los términos del artículo 28 de esta Constitución, así como el servicio público de transmisión y distribución de energía eléctrica; en estas actividades no se otorgarán concesiones. Las leyes determinarán la forma en que los particulares podrán participar en las demás actividades de la industria eléctrica, que en ningún caso tendrán prevalencia sobre la empresa pública del Estado, cuya esencia es cumplir con su responsabilidad social y garantizar la continuidad y accesibilidad del servicio público de electricidad.

Sistema eléctrico nacional

Fracción reformada DOF 20-12-2024

Hidrocarburos

Tratándose del petróleo y de los hidrocarburos sólidos, líquidos o gaseosos, en el subsuelo, la propiedad de la Nación es inalienable e imprescriptible y no se otorgarán concesiones. Con el propósito de obtener ingresos para el Estado que contribuyan al desarrollo de largo plazo de la Nación, ésta llevará a cabo las actividades de exploración y extracción del petróleo y demás hidrocarburos mediante asignaciones a empresas públicas del Estado o a través de contratos con éstas o con particulares, en los términos de la Ley Reglamentaria. Para cumplir con el objeto de dichas asignaciones o contratos las empresas públicas del Estado podrán contratar con particulares. En cualquier caso, los hidrocarburos en el subsuelo son propiedad de la Nación y así deberá afirmarse en las asignaciones o contratos.

Párrafo adicionado DOF 20-12-2013. Reformado DOF 31-10-2024

Combustibles nucleares

Corresponde también a la Nación el aprovechamiento de los combustibles nucleares para la generación de energía nuclear y la regulación de sus aplicaciones en otros propósitos. El uso de la energía nuclear sólo podrá tener fines pacíficos.

Párrafo adicionado DOF 29-12-1960. Fe de erratas al párrafo DOF 07-01-1961. Reformado DOF 06-02-1975

Zona económica exclusiva

La Nación ejerce en una zona económica exclusiva situada fuera del mar territorial y adyacente a éste, los derechos de soberanía y las jurisdicciones que determinen las leyes del Congreso. La zona económica exclusiva se extenderá a doscientas millas náuticas, medidas a partir de la línea de base desde la cual se mide el mar territorial. En aquellos casos en que esa extensión produzca superposición con las zonas económicas exclusivas de otros Estados, la delimitación de las respectivas zonas se hará en la medida en que resulte necesario, mediante acuerdo con estos Estados.

Párrafo adicionado DOF 06-02-1976

La capacidad para adquirir el dominio de las tierras y aguas de la Nación, se regirá por las siguientes prescripciones:

Párrafo reformado DOF 02-12-1948, 20-01-1960

I. Sólo los mexicanos por nacimiento o por naturalización y las sociedades mexicanas tienen derecho para adquirir el dominio de las tierras, aguas y sus accesiones o para obtener concesiones de explotación de minas o aguas. El Estado podrá conceder el mismo derecho a los extranjeros, siempre que convengan ante la Secretaría de Relaciones en considerarse como nacionales respecto de dichos bienes y en no invocar por lo mismo la protección de sus gobiernos por lo que se refiere a aquéllos; bajo la pena, en caso de faltar al convenio, de perder en beneficio de la Nación, los bienes que hubieren adquirido en virtud del mismo. En una faja de cien kilómetros a lo largo de las fronteras y de cincuenta en las playas, por ningún motivo podrán los extranjeros adquirir el dominio directo sobre tierras y aguas.

Derecho a la propiedad de mexicanos y extranjeros

El Estado de acuerdo con los intereses públicos internos y los principios de reciprocidad, podrá, a juicio de la Secretaría de Relaciones, conceder autorización a los Estados extranjeros para que adquieran, en el lugar permanente de la residencia de los Poderes Federales, la propiedad privada de bienes inmuebles necesarios para el servicio directo de sus embajadas o legaciones.

Fracción reformada DOF 02-12-1948, 20-01-1960

Propiedad de asociaciones religiosas

II. Las asociaciones religiosas que se constituyan en los términos del artículo 130 y su ley reglamentaria tendrán capacidad para adquirir, poseer o administrar, exclusivamente, los bienes que sean indispensables para su objeto, con los requisitos y limitaciones que establezca la ley reglamentaria;

Fracción reformada DOF 28-01-1992

Propiedad de instituciones de beneficencia

III. Las instituciones de beneficencia, pública o privada, que tengan por objeto el auxilio de los necesitados, la investigación científica, la difusión de la enseñanza, la ayuda recíproca de los asociados, o cualquier otro objeto lícito, no podrán adquirir más bienes raíces que los indispensables para su objeto, inmediata o directamente destinados a él, con sujeción a lo que determine la ley reglamentaria;

Fracción reformada DOF 28-01-1992

Propiedad de sociedades mercantiles

IV. Las sociedades mercantiles por acciones podrán ser propietarias de terrenos rústicos pero únicamente en la extensión que sea necesaria para el cumplimiento de su objeto.

Propiedad de rústicas

En ningún caso las sociedades de esta clase podrán tener en propiedad tierras dedicadas a actividades agrícolas, ganaderas o forestales en mayor extensión que la respectiva equivalente a veinticinco veces los límites señalados en la fracción XV de este artículo. La ley reglamentaria regulará la estructura de capital y el número mínimo de socios de estas sociedades, a efecto de que las tierras propiedad de la sociedad no excedan en relación con cada socio los límites de la pequeña propiedad. En este caso, toda propiedad accionaria individual, correspondiente a terrenos rústicos, será acumulable para efectos de cómputo. Asimismo, la ley señalará las condiciones para la participación extranjera en dichas sociedades.

La propia ley establecerá los medios de registro y control necesarios para el cumplimiento de lo dispuesto por esta fracción;

Fracción reformada DOF 06-01-1992

Propiedades de bancos

V. Los bancos debidamente autorizados, conforme a las leyes de instituciones de crédito, podrán tener capitales impuestos, sobre propiedades urbanas y rústicas de acuerdo con las prescripciones de dichas leyes, pero no podrán tener en propiedad o en administración más bienes raíces que los enteramente necesarios para su objeto directo.

Propiedad de organismos públicos

VI. Las entidades federativas, lo mismo que los Municipios de toda la República, tendrán plena capacidad para adquirir y poseer todos los bienes raíces necesarios para los servicios públicos.

Párrafo reformado DOF 08-10-1974, 06-01-1992, 29-01-2016

Expropiación

Las leyes de la Federación y de las entidades federativas en sus respectivas jurisdicciones, determinarán los casos en que sea de utilidad pública la ocupación de la propiedad privada, y de acuerdo con dichas leyes la autoridad administrativa hará la declaración correspondiente. El precio que se fijará como indemnización a la cosa expropiada, se basará en la cantidad que como valor fiscal de ella figure en las oficinas catastrales o recaudadoras, ya sea que este valor haya sido manifestado por el propietario o simplemente aceptado por él de un modo tácito por haber pagado sus contribuciones con esta base. El exceso de valor o el demérito que haya tenido la propiedad particular por las mejoras o deterioros ocurridos con posterioridad a la fecha de la asignación del valor fiscal, será lo único que deberá quedar sujeto a juicio pericial y a resolución judicial. Esto mismo se observará cuando se trate de objetos cuyo valor no esté fijado en las oficinas rentísticas.

Párrafo reformado DOF 29-01-2016

Procedimiento en caso de expropiación

El ejercicio de las acciones que corresponden a la Nación, por virtud de las disposiciones del presente artículo, se hará efectivo por el procedimiento judicial; pero dentro de este procedimiento y por orden de los tribunales correspondientes, que se dictará en el plazo máximo de un mes, las autoridades administrativas procederán desde luego a la ocupación, administración, remate o venta de las tierras o aguas de que se trate y todas sus accesiones, sin que en ningún caso pueda revocarse lo hecho por las mismas autoridades antes que se dicte sentencia ejecutoriada.

Propiedad ejidal y comunal

VII. Se reconoce la personalidad jurídica de los núcleos de población ejidales y comunales y se protege su propiedad sobre la tierra, tanto para el asentamiento humano como para actividades productivas.

La ley protegerá la integridad de las tierras de los grupos indígenas.

Régimen de la propiedad ejidal

La ley, considerando el respeto y fortalecimiento de la vida comunitaria de los ejidos y comunidades, protegerá la tierra para el asentamiento humano y regulará el aprovechamiento de tierras, bosques y aguas de uso común y la provisión de acciones de fomento necesarias para elevar el nivel de vida de sus pobladores.

La ley, con respeto a la voluntad de los ejidatarios y comuneros para adoptar las condiciones que más les convengan en el aprovechamiento de sus recursos productivos, regulará el ejercicio de los derechos de los comuneros sobre la tierra y de cada ejidatario sobre su parcela. Asimismo establecerá los procedimientos por los cuales ejidatarios y comuneros podrán asociarse entre sí, con el Estado o con terceros y otorgar el uso de sus tierras; y, tratándose de ejidatarios, transmitir sus derechos parcelarios entre los miembros del núcleo de población; igualmente fijará los requisitos y procedimientos conforme a los cuales la asamblea ejidal otorgará al ejidatario el dominio sobre su parcela. En caso de enajenación de parcelas se respetará el derecho de preferencia que prevea la ley.

Dentro de un mismo núcleo de población, ningún ejidatario podrá ser titular de más tierra que la equivalente al 5% del total de las tierras ejidales. En todo caso, la titularidad de tierras en favor de un solo ejidatario deberá ajustarse a los límites señalados en la fracción XV.

Asamblea ejidal

La asamblea general es el órgano supremo del núcleo de población ejidal o comunal, con la organización y funciones que la ley señale. El comisariado ejidal o de bienes comunales, electo democráticamente en los términos de la ley, es el órgano de representación del núcleo y el responsable de ejecutar las resoluciones de la asamblea.

La restitución de tierras, bosques y aguas a los núcleos de población se hará en los términos de la ley reglamentaria;

Fracción reformada DOF 06-12-1937, 06-01-1992

VIII. Se declaran nulas:

a) Todas las enajenaciones de tierras, aguas y montes pertenecientes a los pueblos, rancherías, congregaciones o comunidades, hechas por los jefes políticos, Gobernadores de los

Estados, o cualquiera otra autoridad local en contravención a lo dispuesto en la Ley de 25 de junio de 1856 y demás leyes y disposiciones relativas;

b) Todas las concesiones: composiciones o ventas de tierras, aguas y montes, hechas por las Secretarías de Fomento, Hacienda o cualquiera otra autoridad federal, desde el día primero de diciembre de 1876, hasta la fecha, con las cuales se hayan invadido y ocupado ilegalmente los ejidos, terrenos de común repartimiento o cualquiera otra clase, pertenecientes a los pueblos, rancherías, congregaciones o comunidades, y núcleos de población.

c) Todas las diligencias de apeo o deslinde, transacciones, enajenaciones o remates practicados durante el período de tiempo a que se refiere la fracción anterior, por compañías, jueces u otras autoridades de los Estados o de la Federación, con los cuales se hayan invadido u ocupado ilegalmente tierras, aguas y montes de los ejidos, terrenos de común repartimiento, o de cualquiera otra clase, pertenecientes a núcleos de población.

Quedan exceptuadas de la nulidad anterior, únicamente las tierras que hubieren sido tituladas en los repartimientos hechos con apego a la Ley de 25 de junio de 1856 y poseídas en nombre propio a título de dominio por más de diez años cuando su superficie no exceda de cincuenta hectáreas.

Nulidad de reparto de tierras

IX. La división o reparto que se hubiere hecho con apariencia de legítima entre los vecinos de algún núcleo de población y en la que haya habido error o vicio, podrá ser nulificada cuando así lo soliciten las tres cuartas partes de los vecinos que estén en posesión de una cuarta parte de los terrenos, materia de la división, o una cuarta parte de los mismos vecinos cuando estén en posesión de las tres cuartas partes de los terrenos.

X. (Se deroga)

Fe de erratas a la fracción DOF 03-03-1934. Reformada DOF 12-02-1947. Derogada DOF 06-01-1992

XI. (Se deroga)

Fracción reformada DOF 08-10-1974. Derogada DOF 06-01-1992

XII. (Se deroga)

Fracción reformada DOF 08-10-1974. Derogada DOF 06-01-1992

XIII. (Se deroga)

Fracción derogada DOF 06-01-1992

XIV. (Se deroga)

Fracción reformada DOF 12-02-1947. Derogada DOF 06-01-1992

Prohibición de latifundios pequeña propiedad agrícola

XV. En los Estados Unidos Mexicanos quedan prohibidos los latifundios.

Se considera pequeña propiedad agrícola la que no exceda por individuo de cien hectáreas de riego o humedad de primera o sus equivalentes en otras clases de tierras.

Para los efectos de la equivalencia se computará una hectárea de riego por dos de temporal, por cuatro de agostadero de buena calidad y por ocho de bosque, monte o agostadero en terrenos áridos.

Pequeña propiedad

Se considerará, asimismo, como pequeña propiedad, la superficie que no exceda por individuo de ciento cincuenta hectáreas cuando las tierras se dediquen al cultivo de algodón, si reciben riego; y de trescientas, cuando se destinen al cultivo del plátano, caña de azúcar, café, henequén, hule, palma, vid, olivo, quina, vainilla, cacao, agave, nopal o árboles frutales.

Pequeña propiedad ganadera

Se considerará pequeña propiedad ganadera la que no exceda por individuo la superficie necesaria para mantener hasta quinientas cabezas de ganado mayor o su equivalente en ganado menor, en los términos que fije la ley, de acuerdo con la capacidad forrajera de los terrenos.

Cuando debido a obras de riego, drenaje o cualesquiera otras ejecutadas por los dueños o poseedores de una pequeña propiedad se hubiese mejorado la calidad de sus tierras, seguirá siendo considerada como pequeña propiedad, aún cuando, en virtud de la mejoría obtenida, se rebasen los máximos señalados por esta fracción, siempre que se reúnan los requisitos que fije la ley.

Cuando dentro de una pequeña propiedad ganadera se realicen mejoras en sus tierras y éstas se destinen a usos agrícolas, la superficie utilizada para este fin no podrá exceder, según el caso, los límites a que se refieren los párrafos segundo y tercero de esta fracción que correspondan a la calidad que hubieren tenido dichas tierras antes de la mejora;

Fracción reformada DOF 12-02-1947, 06-01-1992

XVI. (Se deroga)

Fracción derogada DOF 06-01-1992

XVII. El Congreso de la Unión y las legislaturas de los estados, en sus respectivas jurisdicciones, expedirán leyes que establezcan los procedimientos para el fraccionamiento y enajenación de las extensiones que llegaren a exceder los límites señalados en las fracciones IV y XV de este artículo.

El excedente deberá ser fraccionado y enajenado por el propietario dentro del plazo de un año contado a partir de la notificación correspondiente. Si transcurrido el plazo el excedente no se ha enajenado, la venta deberá hacerse mediante pública almoneda. En igualdad de condiciones, se respetará el derecho de preferencia que prevea la ley reglamentaria.

Patrimonio de familia

Las leyes locales organizarán el patrimonio de familia, determinando los bienes que deben constituirlo, sobre la base de que será inalienable y no estará sujeto a embargo ni a gravamen ninguno;

Fracción reformada DOF 08-10-1974, 06-01-1992

XVIII. Se declaran revisables todos los contratos y concesiones hechas por los Gobiernos anteriores desde el año de 1876, que hayan traído por consecuencia el acaparamiento de tierras, aguas y riquezas naturales de la Nación, por una sola persona o sociedad, y se faculta al Ejecutivo de la Unión para declararlos nulos cuando impliquen perjuicios graves para el interés público.

XIX. Con base en esta Constitución, el Estado dispondrá las medidas para la expedita y honesta impartición de la justicia agraria, con objeto de garantizar la seguridad jurídica en la tenencia de le (sic DOF 03-02-1983) tierra ejidal, comunal y de la pequeña propiedad, y apoyará la asesoría legal de los campesinos.

Justicia agraria

Son de jurisdicción federal todas las cuestiones que por límites de terrenos ejidales y comunales, cualquiera que sea el origen de éstos, se hallen pendientes o se susciten entre dos o más núcleos de población; así como las relacionadas con la tenencia de la tierra de los ejidos y comunidades. Para estos efectos y, en general, para la administración de justicia agraria, la ley instituirá tribunales dotados de autonomía y plena jurisdicción, integrados por magistrados propuestos por el Ejecutivo Federal y designados por la Cámara de Senadores o, en los recesos de ésta, por la Comisión Permanente.

Tribunales agrarios

Párrafo adicionado DOF 06-01-1992

La ley establecerá un órgano para la procuración de justicia agraria, y

Procuraduría agraria

Párrafo adicionado DOF 06-01-1992

Fracción adicionada DOF 03-02-1983

XX. El Estado promoverá las condiciones para el desarrollo rural, cultural, económico y de salud, con el propósito de generar empleo y garantizar a la población campesina su bienestar y su participación e incorporación en el desarrollo nacional, fomentará la actividad agropecuaria y forestal, cultivos tradicionales con semillas nativas, en especial el sistema milpa, para el óptimo uso de la tierra libre de cultivos de maíz genéticamente modificado, en los términos definidos en el artículo 4o., con obras de infraestructura, insumos, créditos, servicios de capacitación, investigación, innovación, conservación de la agrobiodiversidad y asistencia técnica, fortaleciendo las instituciones públicas nacionales. Asimismo, expedirá la legislación reglamentaria para planear, organizar y

Desarrollo rural

monitorear la producción agropecuaria, su industrialización y comercialización, considerándolas de interés público.

Párrafo reformado DOF 17-03-2025

Abasto de alimentos

El desarrollo rural integral y sustentable a que se refiere el párrafo anterior, también tendrá entre sus fines que el Estado garantice el abasto suficiente y oportuno de los alimentos básicos que la ley establezca.

Párrafo adicionado DOF 13-10-2011

Apoyo a campesinos a pescaderos

El Estado garantizará, en los términos que fije la ley, la entrega de:

a) Un jornal seguro, justo y permanente a campesinos que cultiven sus tierras con árboles frutales, maderables y especies que requieren ser procesadas;

b) Un apoyo anual directo y fertilizantes gratuitos a productores de pequeña escala, y

c) Un apoyo anual directo a pescadores de pequeña escala.

Párrafo con incisos adicionado DOF 02-12-2024

Precios de garantía

El Estado mantendrá precios de garantía para el maíz, frijol, leche, arroz y trigo harinero o panificable, en los términos de las disposiciones aplicables.

Párrafo adicionado DOF 02-12-2024

Fracción adicionada DOF 03-02-1983

Artículo reformado DOF 10-01-1934

Prohibición de monopolios

Artículo 28. En los Estados Unidos Mexicanos quedan prohibidos los monopolios, las prácticas monopólicas, los estancos, las condonaciones de impuestos y las exenciones de impuestos en los términos y condiciones que fijan las leyes. El mismo tratamiento se dará a las prohibiciones a título de protección a la industria.

Párrafo reformado DOF 06-03-2020

Aparcamiento de productos básicos

En consecuencia, la ley castigará severamente, y las autoridades perseguirán con eficacia, toda concentración o acaparamiento en una o pocas manos de artículos de consumo necesario y que tenga por objeto obtener el alza de los precios; todo acuerdo, procedimiento o combinación de los productores, industriales, comerciantes o empresarios de servicios, que de cualquier manera hagan, para evitar la libre concurrencia o la competencia entre sí o para obligar a los consumidores a pagar precios exagerados y, en general, todo lo que constituya una ventaja exclusiva indebida a favor de una o varias personas determinadas y con perjuicio del público en general o de alguna clase social.

Párrafo reformado DOF 11-06-2013

Precios máximos

Las leyes fijarán bases para que se señalen precios máximos a los artículos, materias o productos que se consideren necesarios para la economía nacional o el consumo popular, así como para imponer modalidades a la organización de la distribución de esos artículos, materias o productos, a fin de evitar que intermediaciones innecesarias o excesivas provoquen insuficiencia en el abasto, así como el alza de precios. La ley protegerá a los consumidores y propiciará su organización para el mejor cuidado de sus intereses.

Áreas estratégicas

No constituirán monopolios las funciones que el Estado ejerza de manera exclusiva en las siguientes áreas estratégicas: correos, telégrafos y radiotelegrafía; minerales radiactivos, litio y generación de energía nuclear; el servicio de Internet que provea el Estado; la planeación y el control del sistema eléctrico nacional, cuyos objetivos serán preservar la seguridad y autosuficiencia energética de la Nación y proveer al pueblo de la electricidad al menor precio posible, evitando el lucro, para garantizar la seguridad nacional y soberanía a través de la empresa pública del Estado que se establezca; así como el servicio público de transmisión y distribución de energía eléctrica, y la exploración y extracción del petróleo y de los demás hidrocarburos, en los términos de los párrafos sexto y séptimo del artículo 27 de esta Constitución, respectivamente; así como las actividades que realicen las empresas públicas del Estado y las que expresamente señalen las leyes que expida el Congreso de la Unión. La comunicación vía satélite y los ferrocarriles, tanto para transporte de pasajeros como de carga, son áreas prioritarias para el desarrollo nacional en los términos del artículo 25 de esta Constitución; el Estado al ejercer en ellas su rectoría, protegerá la seguridad y la soberanía de la Nación, y al otorgar asignaciones, concesiones o permisos mantendrá o establecerá el dominio de las respectivas vías de comunicación de acuerdo con las leyes de la materia.

Párrafo reformado DOF 20-08-1993, 02-03-1995, 20-12-2013, 30-10-2024, 31-10-2024

Trenes de pasajeros

El Estado Mexicano retoma el derecho de utilizar las vías ferroviarias para prestar el servicio de transporte de pasajeros. Para ello, el Ejecutivo Federal podrá otorgar asignaciones a empresas públicas o concesiones a particulares.

Párrafo adicionado DOF 30-10-2024

Empresas públicas

El Estado contará con los organismos y empresas que requiera para el eficaz manejo de las áreas estratégicas a su cargo y en las actividades de carácter prioritario donde, de acuerdo con las leyes, participe por sí o con los sectores social y privado.

Banco central

El Estado tendrá un banco central que será autónomo en el ejercicio de sus funciones y en su administración. Su objetivo prioritario será procurar la estabilidad del poder adquisitivo de la moneda nacional, fortaleciendo con ello la rectoría del desarrollo nacional que corresponde al Estado. Ninguna autoridad podrá ordenar al banco conceder financiamiento. El Estado contará con un fideicomiso público denominado Fondo Mexicano del Petróleo para la Estabilización y el Desarrollo, cuya Institución Fiduciaria será el banco central y tendrá por objeto, en los términos que establezca la ley, recibir, administrar y distribuir los ingresos derivados de las asignaciones y

Asociaciones de trabajadores y sociedad cooperativas

contratos a que se refiere el párrafo séptimo del artículo 27 de esta Constitución, con excepción de los impuestos.

Párrafo adicionado DOF 20-08-1993. Reformado DOF 20-12-2013

Monopolios públicos

No constituyen monopolios las funciones que el Estado ejerza de manera exclusiva, a través del banco central en las áreas estratégicas de acuñación de moneda y emisión de billetes. El banco central, en los términos que establezcan las leyes y con la intervención que corresponda a las autoridades competentes, regulará los cambios, así como la intermediación y los servicios financieros, contando con las atribuciones de autoridad necesarias para llevar a cabo dicha regulación y proveer a su observancia. La conducción del banco estará a cargo de personas cuya designación será hecha por el Presidente de la República con la aprobación de la Cámara de Senadores o de la Comisión Permanente, en su caso; desempeñarán su encargo por periodos cuya duración y escalonamiento provean al ejercicio autónomo de sus funciones; sólo podrán ser removidas por causa grave y no podrán tener ningún otro empleo, cargo o comisión, con excepción de aquéllos que actúen en representación del banco y de los no remunerados en asociaciones docentes, científicas, culturales o de beneficiencia (sic DOF 20-08-1993). Las personas encargadas de la conducción del banco central, podrán ser sujetos de juicio político conforme a lo dispuesto por el artículo 110 de esta Constitución.

Párrafo adicionado DOF 20-08-1993. Fe de erratas DOF 23-08-1993

Política energética

El Poder Ejecutivo Federal, por conducto de la dependencia encargada de conducir y supervisar la política energética del país, contará con las atribuciones para llevar a cabo la regulación técnica y económica; así como la facultad sancionadora en materia energética y de hidrocarburos, en los términos que determine la ley.

Párrafo reformado DOF 20-12-2024

Asociaciones de trabajadores y sociedades cooperativas

No constituyen monopolios las asociaciones de trabajadores formadas para proteger sus propios intereses y las asociaciones o sociedades cooperativas de productores para que, en defensa de sus intereses o del interés general, vendan directamente en los mercados extranjeros los productos nacionales o industriales que sean la principal fuente de riqueza de la región en que se produzcan o que no sean artículos de primera necesidad, siempre que dichas asociaciones estén bajo vigilancia o amparo del Gobierno Federal o de las entidades federativas, y previa autorización que al efecto se obtenga de las Legislaturas respectivas en cada caso. Las mismas Legislaturas, por sí o a propuesta del Ejecutivo podrán derogar, cuando así lo exijan las necesidades públicas, las autorizaciones concedidas para la formación de las asociaciones de que se trata.

Párrafo reformado DOF 29-01-2016

Derechos de autor y propiedad industrial

Tampoco constituyen monopolios los privilegios que por determinado tiempo se concedan a los autores y artistas para la producción de sus obras y los que para el uso exclusivo de sus inventos, se otorguen a los inventores y perfeccionadores de alguna mejora.

Concesión de servicios públicos

El Estado, sujetándose a las leyes, podrá en casos de interés general, concesionar la prestación de servicios públicos o la explotación, uso y aprovechamiento de bienes de dominio de la Federación, salvo las excepciones que las mismas prevengan. Las leyes fijarán las modalidades y condiciones que aseguren la eficacia de la prestación de los servicios y la utilización social de los bienes, y evitarán fenómenos de concentración que contraríen el interés público.

La sujeción a regímenes de servicio público se apegará a lo dispuesto por la Constitución y sólo podrá llevarse a cabo mediante ley.

Subsidios

Se podrán otorgar subsidios a actividades prioritarias, cuando sean generales, de carácter temporal y no afecten sustancialmente las finanzas de la Nación. El Estado vigilará su aplicación y evaluará los resultados de ésta.

Combate a monopolios

El Ejecutivo Federal, a través de la autoridad en materia de libre competencia y concurrencia deberá prevenir, investigar y combatir los monopolios, las prácticas monopólicas, las concentraciones y demás restricciones al funcionamiento eficiente de los mercados, en los términos que establecen esta Constitución y las leyes. Para tal efecto, contará con las facultades necesarias para cumplir con dicho objeto, tales como ordenar medidas a fin de eliminar las barreras a la competencia y la libre concurrencia; regular el acceso a insumos esenciales, y ordenar la desincorporación de activos, derechos, partes sociales o acciones de los agentes económicos, en las proporciones necesarias para eliminar efectos anticompetitivos.

Párrafo reformado DOF 20-12-2024

Telecomunicaciones y radiodifusión

El Ejecutivo Federal, a través de la dependencia encargada de elaborar y conducir las políticas de telecomunicaciones y radiodifusión garantizará el desarrollo eficiente de la radiodifusión y las telecomunicaciones, conforme a lo dispuesto en esta Constitución y en los términos que fijen las leyes. Para tal efecto, tendrá a su cargo la regulación, promoción y supervisión del uso, aprovechamiento y explotación del espectro radioeléctrico, las redes y la prestación de los servicios de radiodifusión y telecomunicaciones, así como del acceso a infraestructura activa, pasiva y otros insumos esenciales, garantizando lo establecido en los artículos 6o. y 7o. de esta Constitución. La ley establecerá los principios, las acciones de coordinación y distribuirá competencias entre las autoridades de los tres niveles de gobierno a fin de homologar los trámites para el despliegue de infraestructura de telecomunicaciones y radiodifusión en todo el país.

Párrafo reformado DOF 20-12-2024

Competencia económica

El Ejecutivo Federal, a través de la autoridad en materia de libre competencia y concurrencia, ejercerá en forma exclusiva las facultades de competencia económica para regular de forma asimétrica a los participantes en los mercados de telecomunicaciones y radiodifusión con el objeto de eliminar eficazmente las barreras a la competencia y la libre concurrencia; impondrá límites a la concentración nacional y regional de frecuencias, al concesionamiento y a la propiedad cruzada que controle varios medios de comunicación que sean concesionarios de radiodifusión y telecomunicaciones que sirvan a un mismo mercado o zona de cobertura geográfica, y ordenará la desincorporación de activos, derechos o partes necesarias para asegurar el cumplimiento de estos límites, garantizando lo dispuesto en los artículos 6o. y 7o. de esta Constitución.

Párrafo reformado DOF 20-12-2024

Concesiones de radiodifusión y telecomunicaciones

Corresponde al Ejecutivo Federal a través de la dependencia encargada de elaborar y conducir las políticas de telecomunicaciones y radiodifusión, el otorgamiento, la revocación, así como la autorización de cesiones o cambios de control accionario, titularidad u operación de sociedades relacionadas con concesiones en materia de radiodifusión y telecomunicaciones. Las concesiones podrán ser para uso comercial, público, privado y social que incluyen las comunitarias y las indígenas, las que se sujetarán, de acuerdo con sus fines, a los principios establecidos en los artículos 2o., 3o., 6o. y 7o. de esta Constitución. El Ejecutivo Federal fijará el monto de las contraprestaciones por el otorgamiento de las concesiones, así como por la autorización de servicios vinculados a éstas.

Párrafo reformado DOF 20-12-2024

Licitaciones

Las concesiones del espectro radioeléctrico serán otorgadas mediante licitación pública, a fin de asegurar la máxima concurrencia, previniendo fenómenos de concentración que contraríen el interés público y asegurando el menor precio de los servicios al usuario final; en ningún caso el factor determinante para definir al ganador de la licitación será meramente económico. Las concesiones para uso público y social serán sin fines de lucro y se otorgarán bajo el mecanismo de asignación directa conforme a lo previsto por la ley y en condiciones que garanticen la transparencia del procedimiento. Para ese efecto habrá un registro público de concesiones y un Sistema Nacional de Información de Infraestructura a cargo de la dependencia responsable de elaborar y conducir las políticas de telecomunicaciones y radiodifusión del Gobierno Federal. La ley establecerá un esquema efectivo de sanciones que señale como causal de revocación del título de concesión el incumplimiento de las resoluciones que hayan quedado firmes en casos de conductas vinculadas con prácticas monopólicas. En la revocación de las concesiones, el Ejecutivo Federal ejercerá, en su caso, las atribuciones necesarias que garanticen la continuidad en la prestación del servicio.

Párrafo reformado DOF 20-12-2024

Reglamentos

El Gobierno Federal contará con las concesiones, autorizaciones y asignaciones en radiodifusión y telecomunicaciones, necesarias para el ejercicio de sus funciones.

Párrafo reformado DOF 20-12-2024

Procedencia del amparo

El Ejecutivo Federal proveerá en la esfera administrativa las disposiciones de carácter general para regular las telecomunicaciones y radiodifusión, así como la materia de competencia económica.

Párrafo reformado DOF 20-12-2024

Las normas generales y actos emitidos en materia de libre competencia y concurrencia, así como en materia de telecomunicaciones y radiodifusión, en cumplimiento de las facultades atribuidas en los párrafos décimo quinto al décimo noveno de este artículo, o las omisiones en las que incurran, podrán ser impugnados únicamente mediante el juicio de amparo indirecto y no serán objeto de suspensión. Solamente en los casos en que se impongan multas o la desincorporación de activos, derechos, partes sociales o acciones, éstas se ejecutarán hasta que se resuelva el juicio que, en su caso, se promueva. Cuando se trate de resoluciones emanadas de un procedimiento seguido en forma de juicio sólo podrá impugnarse la que ponga fin al mismo por violaciones cometidas en la resolución o durante el procedimiento; las normas generales aplicadas durante el procedimiento sólo podrán reclamarse en el amparo promovido contra la resolución referida. Los juicios de amparo serán sustanciados por jueces y tribunales especializados en los términos del artículo 94 de esta Constitución. En ningún caso se admitirán recursos ordinarios o constitucionales contra actos intraprocesales.

Párrafo reformado DOF 20-12-2024

Suspensión de derechos y garantías

Artículo 29. En los casos de invasión, perturbación grave de la paz pública, o de cualquier otro que ponga a la sociedad en grave peligro o conflicto, solamente el Presidente de los Estados Unidos Mexicanos, con la aprobación del Congreso de la Unión o de la Comisión Permanente cuando aquel no estuviere reunido, podrá restringir o suspender en todo el país o en lugar determinado el ejercicio de los derechos y las garantías que fuesen obstáculo para hacer frente, rápida y fácilmente a la situación; pero deberá hacerlo por un tiempo limitado, por medio de prevenciones generales y sin que la restricción o suspensión se contraiga a determinada persona. Si la restricción o suspensión tuviese lugar hallándose el Congreso reunido, éste concederá las autorizaciones que estime necesarias para que el Ejecutivo haga frente a la situación; pero si se verificase en tiempo de receso, se convocará de inmediato al Congreso para que las acuerde.

Párrafo reformado DOF 10-02-2014

Derechos no suspendibles

En los decretos que se expidan, no podrá restringirse ni suspenderse el ejercicio de los derechos a la no discriminación, al reconocimiento de la personalidad jurídica, a la vida, a la integridad personal, a la protección a la familia, al nombre, a la nacionalidad; los derechos de la niñez; los derechos políticos; las libertades de pensamiento, conciencia y de profesar creencia religiosa alguna; el principio de legalidad y retroactividad; la prohibición de la pena de muerte; la prohibición de la esclavitud y la servidumbre; la prohibición de la desaparición forzada y la tortura; ni las garantías judiciales indispensables para la protección de tales derechos.

Fundamentación y motivación

La restricción o suspensión del ejercicio de los derechos y garantías debe estar fundada y motivada en los términos establecidos por esta Constitución y ser proporcional al peligro a que se hace frente, observando en todo momento los principios de legalidad, racionalidad, proclamación, publicidad y no discriminación.

Cesación de vigencia

Cuando se ponga fin a la restricción o suspensión del ejercicio de los derechos y garantías, bien sea por cumplirse el plazo o porque así lo decrete el Congreso, todas las medidas legales y administrativas adoptadas durante su vigencia quedarán sin efecto de forma inmediata. El Ejecutivo no podrá hacer observaciones al decreto mediante el cual el Congreso revoque la restricción o suspensión.

Revisión judicial de oficio

Los decretos expedidos por el Ejecutivo durante la restricción o suspensión, serán revisados de oficio e inmediatamente por la Suprema Corte de Justicia de la Nación, la que deberá pronunciarse con la mayor prontitud sobre su constitucionalidad y validez.

Artículo reformado DOF 21-04-1981, 02-08-2007, 10-06-2011

CAPÍTULO II
DE LOS MEXICANOS

Nacionalidad mexicana por nacimiento

Artículo 30. La nacionalidad mexicana se adquiere por nacimiento o por naturalización.

A) Son mexicanos por nacimiento:

I. Los que nazcan en territorio de la República, sea cual fuere la nacionalidad de sus padres.

II. Los que nazcan en el extranjero, hijos de padres mexicanos, de madre mexicana o de padre mexicano;

Fracción reformada DOF 26-12-1969, 20-03-1997, 17-05-2021

III. Los que nazcan en el extranjero, hijos de padres mexicanos por naturalización, de padre mexicano por naturalización, o de madre mexicana por naturalización, y

Fracción adicionada DOF 20-03-1997

IV. Los que nazcan a bordo de embarcaciones o aeronaves mexicanas, sean de guerra o mercantes.

Fracción recorrida DOF 20-03-1997

Naturalización

B) Son mexicanos por naturalización:

I. Los extranjeros que obtengan de la Secretaría de Relaciones carta de naturalización.

II. La mujer o el varón extranjeros que contraigan matrimonio con varón o con mujer mexicanos, que tengan o establezcan su domicilio dentro del territorio nacional y cumplan con los demás requisitos que al efecto señale la ley.

Fracción reformada DOF 31-12-1974, 20-03-1997

Artículo reformado DOF 18-01-1934

Artículo 31. Son obligaciones de los mexicanos:

Obligaciones de los mexicanos

I. Ser responsables de que sus hijas, hijos o pupilos menores de dieciocho años concurran a las escuelas, para recibir la educación obligatoria y, en su caso, reciban la militar, en los términos que establezca la ley, así como participar en su proceso educativo, al revisar su progreso y desempeño, velando siempre por su bienestar y desarrollo;

Fracción reformada DOF 05-03-1993, 12-11-2002, 09-02-2012, 15-05-2019

II. Asistir en los días y horas designados por el Ayuntamiento del lugar en que residan, para recibir instrucción cívica y militar que los mantenga aptos en el ejercicio de los derechos de ciudadano, diestros en el manejo de las armas, y conocedores de la disciplina militar.

III. Alistarse y servir en los cuerpos de reserva, conforme a la ley, para asegurar y defender la independencia, el territorio, el honor, los derechos e intereses de la Patria, y

Fracción reformada DOF 26-03-2019

IV. Contribuir para los gastos públicos, así de la Federación, como de los Estados, de la Ciudad de México y del Municipio en que residan, de la manera proporcional y equitativa que dispongan las leyes.

Fracción reformada DOF 25-10-1993, 29-01-2016

Doble nacionalidad

Artículo 32. La Ley regulará el ejercicio de los derechos que la legislación mexicana otorga a los mexicanos que posean otra nacionalidad y establecerá normas para evitar conflictos por doble nacionalidad.

Reserva de cargos

El ejercicio de los cargos y funciones para los cuales, por disposición de la presente Constitución, se requiera ser mexicano por nacimiento, se reserva a quienes tengan esa calidad y no adquieran otra nacionalidad. Esta reserva también será aplicable a los casos que así lo señalen otras leyes del Congreso de la Unión.

En tiempo de paz, ningún extranjero podrá servir en la Fuerza Armada permanente, ni en las fuerzas de policía o seguridad pública. Para pertenecer al activo del Ejército en tiempo de paz y al de la Armada o al de la Fuerza Aérea o al de la Guardia Nacional en todo momento, o desempeñar cualquier cargo o comisión en ellos, se requiere ser mexicano por nacimiento.

Párrafo reformado DOF 30-09-2024

Esta misma calidad será indispensable en capitanes, pilotos, patrones, maquinistas, mecánicos y, de una manera general, para todo el personal que tripule cualquier embarcación o aeronave que se ampare con la bandera o insignia mercante mexicana. Será también necesaria para desempeñar los cargos de capitán de puerto y todos los servicios de practicaje y comandante de aeródromo.

Los mexicanos serán preferidos a los extranjeros en igualdad de circunstancias, para toda clase de concesiones y para todos los empleos, cargos o comisiones de gobierno en que no sea indispensable la calidad de ciudadano.

Artículo reformado DOF 15-12-1934, 10-02-1944, 20-03-1997

CAPÍTULO III
DE LOS EXTRANJEROS

Concepto de personas extranjeros

Artículo 33. Son personas extranjeras las que no posean las calidades determinadas en el artículo 30 constitucional y gozarán de los derechos humanos y garantías que reconoce esta Constitución.

Párrafo reformado DOF 10-06-2011

Audiencia previa

El Ejecutivo de la Unión, previa audiencia, podrá expulsar del territorio nacional a personas extranjeras con fundamento en la ley, la cual regulará el procedimiento administrativo, así como el lugar y tiempo que dure la detención.

Párrafo adicionado DOF 10-06-2011

Los extranjeros no podrán de ninguna manera inmiscuirse en los asuntos políticos del país.

CAPÍTULO IV
DE LOS CIUDADANOS MEXICANOS

Ciudadanía

Artículo 34. Son ciudadanos de la República los varones y mujeres que, teniendo la calidad de mexicanos, reúnan, además, los siguientes requisitos:

I. Haber cumplido 18 años, y

II. Tener un modo honesto de vivir.

Artículo reformado DOF 17-10-1953, 22-12-1969

Derechos de personas ciudadanas

Artículo 35. Son derechos de la ciudadanía:

Párrafo reformado DOF 09-08-2012, 06-06-2019

I. Votar en las elecciones populares;

II. Poder ser votada en condiciones de paridad para todos los cargos de elección popular, teniendo las calidades que establezca la ley. El derecho de solicitar el registro de candidatos y candidatas ante la autoridad electoral corresponde a los partidos políticos, así como a los ciudadanos y las ciudadanas que soliciten su registro de manera independiente y cumplan con los requisitos, condiciones y términos que determine la legislación;

Fracción reformada DOF 09-08-2012, 06-06-2019

III. Asociarse individual y libremente para tomar parte en forma pacífica en los asuntos políticos del país;

Fracción reformada DOF 06-04-1990, 22-08-1996

IV. Tomar las armas en la Fuerza Armada permanente o en los cuerpos de reserva, para la defensa de la República y de sus instituciones, en los términos que prescriben las leyes;

Fracción reformada DOF 09-08-2012, 26-03-2019

V. Ejercer en toda clase de negocios el derecho de petición.

VI. Poder ser nombrado para cualquier empleo o comisión del servicio público, teniendo las calidades que establezca la ley;

Fracción adicionada DOF 09-08-2012

VII. Iniciar leyes, en los términos y con los requisitos que señalen esta Constitución y la Ley del Congreso. El Instituto Nacional Electoral tendrá las facultades que en esta materia le otorgue la ley;

Fracción adicionada DOF 09-08-2012. Reformada DOF 10-02-2014, 20-12-2019

Consulta popular

VIII. Votar en las consultas populares sobre temas de trascendencia nacional o regional, las que se sujetarán a lo siguiente:

Párrafo reformado DOF 20-12-2019

1o. Serán convocadas por el Congreso de la Unión a petición de:

a) El Presidente de la República;

b) El equivalente al treinta y tres por ciento de los integrantes de cualquiera de las Cámaras del Congreso de la Unión; o

c) Para el caso de las consultas populares de temas de trascendencia nacional, los ciudadanos, en un número equivalente, al menos, al dos por ciento de los inscritos en la lista nominal de electores, en los términos que determine la ley.

Para el caso de las consultas populares de temas de trascendencia regional competencia de la Federación, los ciudadanos de una o más entidades federativas, en un número equivalente, al menos, al dos por ciento de los inscritos en la lista nominal de electores de la entidad o entidades federativas que correspondan, en los términos que determine la ley.

Inciso reformado DOF 20-12-2019

Con excepción de las hipótesis previstas en el inciso c) anterior, la petición deberá ser aprobada por la mayoría de cada Cámara del Congreso de la Unión;

Párrafo reformado DOF 20-12-2019

2o. Cuando la participación total corresponda, al menos, al cuarenta por ciento de los ciudadanos inscritos en la lista nominal de electores, el resultado será vinculatorio para los poderes Ejecutivo y Legislativo federales y para las autoridades competentes;

Revocación de mandato

3o. No podrán ser objeto de consulta popular la restricción de los derechos humanos reconocidos por esta Constitución y en los tratados internacionales de los que el Estado Mexicano sea parte, ni las garantías para su protección; los principios consagrados en el artículo 40 de la misma; la permanencia o continuidad en el cargo de los servidores públicos de elección popular; la materia electoral; el sistema financiero, ingresos, gastos y el Presupuesto de Egresos de la Federación; las obras de infraestructura en ejecución; la seguridad nacional y la organización, funcionamiento y disciplina de la

Fuerza Armada permanente. La Suprema Corte de Justicia de la Nación resolverá, previo a la convocatoria que realice el Congreso de la Unión, sobre la constitucionalidad de la materia de la consulta;

Apartado reformado DOF 20-12-2019

4o. El Instituto Nacional Electoral tendrá a su cargo, en forma directa, la verificación del requisito establecido en el inciso c) del apartado 1o. de la presente fracción, así como la organización, difusión, desarrollo, cómputo y declaración de resultados.

El Instituto promoverá la participación de los ciudadanos en las consultas populares y será la única instancia a cargo de la difusión de las mismas. La promoción deberá ser imparcial y de ninguna manera podrá estar dirigida a influir en las preferencias de la ciudadanía, sino que deberá enfocarse en promover la discusión informada y la reflexión de los ciudadanos. Ninguna otra persona física o moral, sea a título propio o por cuenta de terceros, podrá contratar propaganda en radio y televisión dirigida a influir en la opinión de los ciudadanos sobre las consultas populares.

Durante el tiempo que comprende el proceso de consulta popular, desde la convocatoria y hasta la conclusión de la jornada, deberá suspenderse la difusión en los medios de comunicación de toda propaganda gubernamental de cualquier orden de gobierno, salvo aquellas que tengan como fin difundir campañas de información de las autoridades electorales, las relativas a los servicios educativos y de salud, o las necesarias para la protección civil en casos de emergencia;

Apartado reformado DOF 10-02-2014, 20-12-2019

5o. Las consultas populares convocadas conforme a la presente fracción, se realizarán el primer domingo de agosto;

Apartado reformado DOF 20-12-2019

6o. Las resoluciones del Instituto Nacional Electoral podrán ser impugnadas en los términos de lo dispuesto en la fracción VI del artículo 41, así como de la fracción III del artículo 99 de esta Constitución; y

Apartado reformado DOF 10-02-2014

7o. Las leyes establecerán lo conducente para hacer efectivo lo dispuesto en la presente fracción.

Fracción adicionada DOF 09-08-2012

IX. Participar en los procesos de revocación de mandato.

El que se refiere a la revocación de mandato del Presidente de la República, se llevará a cabo conforme a lo siguiente:

1o. Será convocado por el Instituto Nacional Electoral a petición de los ciudadanos y ciudadanas, en un número equivalente, al menos, al tres por ciento de los inscritos en la lista nominal de electores, siempre y cuando en la solicitud correspondan a por lo menos diecisiete entidades federativas y que representen, como mínimo, el tres por ciento de la lista nominal de electores de cada una de ellas.

El Instituto, dentro de los siguientes treinta días a que se reciba la solicitud, verificará el requisito establecido en el párrafo anterior y emitirá inmediatamente la convocatoria al proceso para la revocación de mandato.

2o. Se podrá solicitar en una sola ocasión y durante los tres meses posteriores a la conclusión del tercer año del periodo constitucional.

Los ciudadanos y ciudadanas podrán recabar firmas para la solicitud de revocación de mandato durante el mes previo a la fecha prevista en el párrafo anterior. El Instituto emitirá, a partir de esta fecha, los formatos y medios para la recopilación de firmas, así como los lineamientos para las actividades relacionadas.

3o. Se realizará mediante votación libre, directa y secreta de ciudadanos y ciudadanas inscritos en la lista nominal, el domingo siguiente a los noventa días posteriores a la convocatoria y en fecha no coincidente con las jornadas electorales, federal o locales.

4o. Para que el proceso de revocación de mandato sea válido deberá haber una participación de, por lo menos, el cuarenta por ciento de las personas inscritas en la lista nominal de electores. La revocación de mandato sólo procederá por mayoría absoluta.

5o. El Instituto Nacional Electoral tendrá a su cargo, en forma directa, la organización, desarrollo y cómputo de la votación. Emitirá los resultados de los procesos de revocación de mandato del titular del Poder Ejecutivo Federal, los cuales podrán ser impugnados ante la Sala Superior del Tribunal Electoral del Poder Judicial de la Federación, en los términos de lo dispuesto en la fracción VI del artículo 41, así como en la fracción III del artículo 99.

6o. La Sala Superior del Tribunal Electoral del Poder Judicial de la Federación realizará el cómputo final del proceso de revocación de mandato, una vez resueltas las impugnaciones que se hubieren interpuesto. En su caso, emitirá la declaratoria de revocación y se estará a lo dispuesto en el artículo 84.

7o. Queda prohibido el uso de recursos públicos para la recolección de firmas, así como con fines de promoción y propaganda relacionados con los procesos de revocación de mandato.

El Instituto y los organismos públicos locales, según corresponda, promoverán la participación ciudadana y serán la única instancia a cargo de la difusión de los mismos. La promoción será objetiva, imparcial y con fines informativos.

Ninguna otra persona física o moral, sea a título propio o por cuenta de terceros, podrá contratar propaganda en radio y televisión dirigida a influir en la opinión de los ciudadanos y ciudadanas.

Durante el tiempo que comprende el proceso de revocación de mandato, desde la convocatoria y hasta la conclusión de la jornada, deberá suspenderse la difusión en los medios de comunicación de toda propaganda gubernamental de cualquier orden de gobierno.

Los poderes públicos, los órganos autónomos, las dependencias y entidades de la administración pública y cualquier otro ente de los tres órdenes de gobierno, sólo podrán difundir las campañas de información relativas a los servicios educativos y de salud o las necesarias para la protección civil.

8o. El Congreso de la Unión emitirá la ley reglamentaria.

Fracción con apartados adicionada DOF 20-12-2019

Obligaciones de la ciudadanía

Artículo 36. Son obligaciones del ciudadano de la República:

I. Inscribirse en el catastro de la municipalidad, manifestando la propiedad que el mismo ciudadano tenga, la industria, profesión o trabajo de que subsista; así como también inscribirse en el Registro Nacional de Ciudadanos, en los términos que determinen las leyes.

La organización y el funcionamiento permanente del Registro Nacional de Ciudadanos y la expedición del documento que acredite la ciudadanía mexicana son servicios de interés público, y por tanto, responsabilidad que corresponde al Estado y a los ciudadanos en los términos que establezca la ley,

Fracción reformada DOF 06-04-1990

II. Formar parte de los cuerpos de reserva en términos de ley;

Fracción reformada DOF 26-03-2019

III. Votar en las elecciones, las consultas populares y los procesos de revocación de mandato, en los términos que señale la ley;

Fracción reformada DOF 22-08-1996, 09-08-2012, 20-12-2019

IV. Desempeñar los cargos de elección popular de la Federación o de las entidades federativas, que en ningún caso serán gratuitos; y

Fracción reformada DOF 29-01-2016

V. Desempeñar los cargos concejiles del municipio donde resida, las funciones electorales y las de jurado.

Artículo 37.

Pérdida de la nacionalidad

A) Ningún mexicano por nacimiento podrá ser privado de su nacionalidad.

B) La nacionalidad mexicana por naturalización se perderá en los siguientes casos:

I. Por adquisición voluntaria de una nacionalidad extranjera, por hacerse pasar en cualquier instrumento público como extranjero, por usar un pasaporte extranjero, o por aceptar o usar títulos nobiliarios que impliquen sumisión a un Estado extranjero, y

II. Por residir durante cinco años continuos en el extranjero.

Pérdida de la ciudadanía

C) La ciudadanía mexicana se pierde:

I. Por aceptar o usar títulos nobiliarios de gobiernos extranjeros;

II. Por prestar voluntariamente servicios o funciones oficiales a un gobierno extranjero, sin permiso del Ejecutivo Federal;

Fracción reformada DOF 30-09-2013

III. Por aceptar o usar condecoraciones extranjeras sin permiso del Ejecutivo Federal.

El Presidente de la República, los senadores y diputados al Congreso de la Unión y los ministros de la Suprema Corte de Justicia de la Nación podrán libremente aceptar y usar condecoraciones extranjeras;

Fracción reformada DOF 30-09-2013

IV. Por admitir del gobierno de otro país títulos o funciones sin previo permiso del Ejecutivo Federal, exceptuando los títulos literarios, científicos o humanitarios que pueden aceptarse libremente;

Fracción reformada DOF 30-09-2013

V. Por ayudar, en contra de la Nación, a un extranjero, o a un gobierno extranjero, en cualquier reclamación diplomática o ante un tribunal internacional, y

VI. En los demás casos que fijan las leyes.

Reforma DOF 30-09-2013: Derogó del Apartado C el entonces último párrafo

Fe de erratas al artículo DOF 06-02-1917. Artículo reformado DOF 18-01-1934, 20-03-1997

Suspensión de los derechos de ciudadanía

Artículo 38. Los derechos o prerrogativas de los ciudadanos se suspenden:

I. Por falta de cumplimiento, sin causa justificada, de cualquiera de las obligaciones que impone el artículo 36. Esta suspensión durará un año y se impondrá además de las otras penas que por el mismo hecho señalare la ley;

II. Por estar sujeto a un proceso criminal por delito que merezca pena corporal, a contar desde la fecha del auto de formal prisión;

III. Durante la extinción de una pena corporal;

IV. Por vagancia o ebriedad consuetudinaria, declarada en los términos que prevengan las leyes;

V. Por estar prófugo de la justicia, desde que se dicte la orden de aprehensión hasta que prescriba la acción penal;

Fracción reformada DOF 29-05-2023

VI. Por sentencia ejecutoria que imponga como pena esa suspensión, y

Fracción reformada DOF 29-05-2023

VII. Por tener sentencia firme por la comisión intencional de delitos contra la vida y la integridad corporal; contra la libertad y seguridad sexuales, el normal desarrollo psicosexual; por violencia familiar, violencia familiar equiparada o doméstica, violación a la intimidad sexual; por violencia política contra las mujeres en razón de género, en cualquiera de sus modalidades y tipos.

Por ser declarada como persona deudora alimentaria morosa.

En los supuestos de esta fracción, la persona no podrá ser registrada como candidata para cualquier cargo de elección popular, ni ser nombrada para empleo, cargo o comisión en el servicio público.

Fracción adicionada DOF 29-05-2023

La ley fijará los casos en que se pierden, y los demás en que se suspenden los derechos de ciudadano, y la manera de hacer la rehabilitación.

TÍTULO SEGUNDO

CAPÍTULO I
DE LA SOBERANÍA NACIONAL Y DE LA FORMA DE GOBIERNO

Soberanía nacional

Artículo 39. La soberanía nacional reside esencial y originariamente en el pueblo. Todo poder público dimana del pueblo y se instituye para beneficio de éste. El pueblo tiene en todo tiempo el inalienable derecho de alterar o modificar la forma de su gobierno.

Artículo original DOF 05-02-1917

Forma de estado y de gobierno

Artículo 40. Es voluntad del pueblo mexicano constituirse en una República representativa, democrática, laica y federal, compuesta por Estados libres y soberanos en todo lo concerniente a su régimen interior, y por la Ciudad de México, unidos en una federación establecida según los principios de esta ley fundamental.

El pueblo de México, bajo ninguna circunstancia, aceptará intervenciones, intromisiones o cualquier otro acto desde el extranjero, que sea lesivo de la integridad, independencia y soberanía de la Nación, tales como golpes de Estado, injerencias en elecciones o la violación del territorio mexicano, sea ésta por tierra, agua, mar o espacio aéreo.

Párrafo adicionado DOF 01-04-2025

Tampoco consentirá intervención en investigación y persecución alguna sin la autorización y colaboración expresa del Estado Mexicano, en el marco de las leyes aplicables.

Párrafo adicionado DOF 01-04-2025

Artículo reformado DOF 30-11-2012, 29-01-2016

Autoridades federales y locales

Artículo 41. El pueblo ejerce su soberanía por medio de los Poderes de la Unión, en los casos de la competencia de éstos, y por los de los Estados y la Ciudad de México, en lo que toca a sus regímenes interiores, en los términos respectivamente establecidos por la presente Constitución Federal y las particulares de cada Estado y de la Ciudad de México, las que en ningún caso podrán contravenir las estipulaciones del Pacto Federal.

Párrafo reformado DOF 29-01-2016

Partida de género

Los nombramientos de las personas titulares en la administración pública del Poder Ejecutivo Federal y sus equivalentes en las entidades federativas y Municipios, deberán observar el principio de paridad de género. Las leyes determinarán las formas y modalidades que correspondan.

Párrafo adicionado DOF 06-06-2019. Reformado DOF 15-11-2024

La renovación de los poderes Legislativo y Ejecutivo se realizará mediante elecciones libres, auténticas y periódicas, conforme a las siguientes bases:

Partidos políticos

I. Los partidos políticos son entidades de interés público; la ley determinará las normas y requisitos para su registro legal, las formas específicas de su intervención en el proceso electoral y los derechos, obligaciones y prerrogativas que les corresponden. En la postulación de sus candidaturas, se observará el principio de paridad de género.

Párrafo reformado DOF 10-02-2014, 06-06-2019

Fines de los partidos

Los partidos políticos tienen como fin promover la participación del pueblo en la vida democrática, fomentar el principio de paridad de género, contribuir a la integración de los órganos de representación política, y como organizaciones ciudadanas, hacer posible su acceso al ejercicio del poder público, de acuerdo con los programas, principios e ideas que postulan y mediante el sufragio universal, libre, secreto y directo, así como con las reglas que marque la ley electoral para garantizar la paridad de género, en las candidaturas a los distintos cargos de elección popular. Sólo los ciudadanos y ciudadanas podrán formar partidos políticos y afiliarse libre e individualmente a ellos; por tanto, quedan prohibidas la intervención de organizaciones gremiales o con objeto social diferente en la creación de partidos y cualquier forma de afiliación corporativa.

Párrafo reformado DOF 10-02-2014, 06-06-2019

Asuntos internos

Las autoridades electorales solamente podrán intervenir en los asuntos internos de los partidos políticos en los términos que señalen esta Constitución y la ley.

Cancelación de registro

Los partidos políticos nacionales tendrán derecho a participar en las elecciones de las entidades federativas y municipales. El partido político nacional que no obtenga, al menos, el tres por ciento del total de la votación válida emitida en cualquiera de las elecciones que se celebren para la renovación del Poder Ejecutivo o de las Cámaras del Congreso de la Unión, le será cancelado el registro.

Párrafo adicionado DOF 10-02-2014

Información electoral

El Instituto Nacional Electoral tendrá competencia para conocer de los asuntos relacionados con el acceso a la información pública y la protección de datos personales a cargo de los partidos políticos; también conocerá de los recursos de revisión que interpongan los particulares respecto de las resoluciones de los partidos políticos en los términos que establezca la ley.

Párrafo adicionado DOF 20-12-2024

Prerrogativas de los partidos

II. La ley garantizará que los partidos políticos nacionales cuenten de manera equitativa con elementos para llevar a cabo sus actividades y señalará las reglas a que se sujetará el financiamiento de los propios partidos y sus campañas electorales, debiendo garantizar que los recursos públicos prevalezcan sobre los de origen privado.

Financiamiento

El financiamiento público para los partidos políticos que mantengan su registro después de cada elección, se compondrá de las ministraciones destinadas al sostenimiento de sus actividades ordinarias permanentes, las tendientes a la obtención del voto durante los procesos electorales y las de carácter específico. Se otorgará conforme a lo siguiente y a lo que disponga la ley:

a) El financiamiento público para el sostenimiento de sus actividades ordinarias permanentes se fijará anualmente, multiplicando el número total de ciudadanos inscritos en el padrón electoral por el sesenta y cinco por ciento del valor diario de la Unidad de Medida y Actualización. El treinta por ciento de la cantidad que resulte de acuerdo a lo señalado anteriormente, se distribuirá entre los partidos políticos en forma igualitaria y el setenta por ciento restante de acuerdo con el porcentaje de votos que hubieren obtenido en la elección de diputados inmediata anterior.

Inciso reformado DOF 27-01-2016, 29-01-2016

b) El financiamiento público para las actividades tendientes a la obtención del voto durante el año en que se elijan Presidente de la República, senadores y diputados federales, equivaldrá al cincuenta por ciento del financiamiento público que le corresponda a cada partido político por actividades ordinarias en ese mismo año; cuando sólo se elijan diputados federales, equivaldrá al treinta por ciento de dicho financiamiento por actividades ordinarias.

c) El financiamiento público por actividades específicas, relativas a la educación, capacitación, investigación socioeconómica y política, así como a las tareas editoriales, equivaldrá al tres por ciento del monto total del financiamiento público que corresponda en cada año por actividades ordinarias. El treinta por ciento de la cantidad que resulte de acuerdo a lo señalado anteriormente, se distribuirá entre los partidos políticos en forma igualitaria y el setenta por ciento restante de acuerdo con el porcentaje de votos que hubieren obtenido en la elección de diputados inmediata anterior.

La ley fijará los límites a las erogaciones en los procesos internos de selección de candidatos y en las campañas electorales. La propia ley establecerá el monto máximo que tendrán las aportaciones de sus militantes y simpatizantes; ordenará los procedimientos para el control, fiscalización oportuna y vigilancia, durante la campaña, del origen y uso de todos los recursos con que cuenten; asimismo, dispondrá las sanciones que deban imponerse por el incumplimiento de estas disposiciones.

Párrafo reformado DOF 10-02-2014

De igual manera, la ley establecerá el procedimiento para la liquidación de las obligaciones de los partidos que pierdan su registro y los supuestos en los que sus bienes y remanentes serán adjudicados a la Federación.

III. Los partidos políticos nacionales tendrán derecho al uso de manera permanente de los medios de comunicación social. Los candidatos independientes tendrán derecho de acceso a prerrogativas para las campañas electorales en los términos que establezca la ley.

Párrafo reformado DOF 10-02-2014

Instituto Nacional Electoral

Apartado A. El Instituto Nacional Electoral será autoridad única para la administración del tiempo que corresponda al Estado en radio y televisión destinado a sus propios fines y al ejercicio del derecho de los partidos políticos nacionales, de acuerdo con lo siguiente y a lo que establezcan las leyes:

Párrafo reformado DOF 10-02-2014

Acceso a medios

a) A partir del inicio de las precampañas y hasta el día de la jornada electoral quedarán a disposición del Instituto Nacional Electoral cuarenta y ocho minutos diarios, que serán distribuidos en dos y hasta tres minutos por cada hora de transmisión en cada estación de radio y canal de televisión, en el horario referido en el inciso d) de este apartado. En el período comprendido entre el fin de las precampañas y el inicio de las campañas, el cincuenta por ciento de los tiempos en radio y televisión se destinará a los fines propios de las autoridades electorales, y el resto a la difusión de mensajes genéricos de los partidos políticos, conforme a lo que establezca la ley;

Inciso reformado DOF 10-02-2014

b) Durante sus precampañas, los partidos políticos dispondrán en conjunto de un minuto por cada hora de transmisión en cada estación de radio y canal de televisión; el tiempo restante se utilizará conforme a lo que determine la ley;

c) Durante las campañas electorales deberá destinarse para cubrir el derecho de los partidos políticos y los candidatos al menos el ochenta y cinco por ciento del tiempo total disponible a que se refiere el inciso a) de este apartado;

Inciso reformado DOF 10-02-2014

d) Las transmisiones en cada estación de radio y canal de televisión se distribuirán dentro del horario de programación comprendido entre las seis y las veinticuatro horas;

e) El tiempo establecido como derecho de los partidos políticos y, en su caso, de los candidatos independientes, se distribuirá entre los mismos conforme a lo siguiente: el setenta por ciento será distribuido entre los partidos políticos de acuerdo a los resultados de la elección para diputados federales inmediata anterior y el treinta por ciento restante será dividido en partes iguales, de las cuales, hasta una de ellas podrá ser asignada a los candidatos independientes en su conjunto;

Inciso reformado DOF 10-02-2014

f) A cada partido político nacional sin representación en el Congreso de la Unión se le asignará para radio y televisión solamente la parte correspondiente al porcentaje igualitario establecido en el inciso anterior, y

g) Con independencia de lo dispuesto en los apartados A y B de esta base y fuera de los periodos de precampañas y campañas electorales federales, al Instituto Nacional Electoral le será asignado hasta el doce por ciento del tiempo total de que el Estado disponga en radio y televisión, conforme a las leyes y bajo cualquier modalidad; del total asignado, el Instituto distribuirá entre los partidos políticos nacionales en forma igualitaria un cincuenta por ciento; el tiempo restante lo utilizará para fines propios o de otras autoridades electorales, tanto federales como de las entidades federativas. Cada partido político nacional utilizará el tiempo que por este concepto le corresponda en los formatos que establezca la ley. En todo caso, las transmisiones a que se refiere este inciso se harán en el horario que determine el Instituto conforme a lo señalado en el inciso d) del presente Apartado. En situaciones especiales, el Instituto podrá disponer de los tiempos correspondientes a mensajes partidistas a favor de un partido político, cuando así se justifique.

Inciso reformado DOF 10-02-2014

Propaganda

Los partidos políticos y los candidatos en ningún momento podrán contratar o adquirir, por sí o por terceras personas, tiempos en cualquier modalidad de radio y televisión.

Párrafo reformado DOF 10-02-2014

Ninguna otra persona física o moral, sea a título propio o por cuenta de terceros, podrá contratar propaganda en radio y televisión dirigida a influir en las preferencias electorales de los ciudadanos, ni a favor o en contra de partidos políticos o de candidatos a cargos de elección popular. Queda prohibida la transmisión en territorio nacional de este tipo de mensajes contratados en el extranjero.

Las disposiciones contenidas en los dos párrafos anteriores deberán ser cumplidas en el ámbito de las entidades federativas conforme a la legislación aplicable.

Párrafo reformado DOF 29-01-2016

Administración del tiempo en medios

Apartado B. Para fines electorales en las entidades federativas, el Instituto Nacional Electoral administrará los tiempos que correspondan al Estado en radio y televisión en las estaciones y canales de cobertura en la entidad de que se trate, conforme a lo siguiente y a lo que determine la ley:

Párrafo reformado DOF 10-02-2014

a) Para los casos de los procesos electorales locales con jornadas comiciales coincidentes con la federal, el tiempo asignado en cada entidad federativa estará comprendido dentro del total disponible conforme a los incisos a), b) y c) del apartado A de esta base;

b) Para los demás procesos electorales, la asignación se hará en los términos de la ley, conforme a los criterios de esta base constitucional, y

c) La distribución de los tiempos entre los partidos políticos, incluyendo a los de registro local, y los candidatos independientes se realizará de acuerdo con los criterios señalados en el apartado A de esta base y lo que determine la legislación aplicable.

Inciso reformado DOF 10-02-2014

Cuando a juicio del Instituto Nacional Electoral el tiempo total en radio y televisión a que se refieren este apartado y el anterior fuese insuficiente para sus propios fines, los de otras autoridades electorales o para los candidatos independientes, determinará lo conducente para cubrir el tiempo faltante, conforme a las facultades que la ley le confiera.

Párrafo reformado DOF 10-02-2014

Propaganda

Apartado C. En la propaganda política o electoral que difundan los partidos y candidatos deberán abstenerse de expresiones que calumnien a las personas.

Párrafo reformado DOF 10-02-2014

Durante el tiempo que comprendan las campañas electorales federales y locales y hasta la conclusión de la respectiva jornada comicial, deberá suspenderse la difusión en los medios de comunicación social de toda propaganda gubernamental, tanto de los poderes federales, como de las entidades federativas, así como de los Municipios, de las demarcaciones territoriales de la Ciudad de México y cualquier otro ente público. Las únicas excepciones a lo anterior serán las campañas de información de las autoridades electorales, las relativas a servicios educativos y de salud, o las necesarias para la protección civil en casos de emergencia.

Párrafo reformado DOF 29-01-2016

Procedimiento sancionador

Apartado D. El Instituto Nacional Electoral, mediante procedimientos expeditos en los términos de la ley, investigará las infracciones a lo dispuesto en esta base e integrará el expediente para someterlo al conocimiento y resolución del Tribunal Electoral del Poder Judicial de la Federación. En el procedimiento, el Instituto podrá imponer, entre otras medidas cautelares, la orden de suspender o cancelar de manera inmediata las transmisiones en radio y televisión, de conformidad con lo que disponga la ley.

Apartado reformado DOF 10-02-2014

IV. La ley establecerá los requisitos y las formas de realización de los procesos de selección y postulación de candidatos a cargos de elección popular, así como las reglas para las precampañas y las campañas electorales.

Párrafo reformado DOF 10-02-2014

Duración de campañas

La duración de las campañas en el año de elecciones para Presidente de la República, senadores y diputados federales será de noventa días; en el año en que sólo se elijan diputados federales, las campañas durarán sesenta días. En ningún caso las precampañas excederán las dos terceras partes del tiempo previsto para las campañas electorales.

La violación a estas disposiciones por los partidos o cualquier otra persona física o moral será sancionada conforme a la ley.

V. La organización de las elecciones es una función estatal que se realiza a través del Instituto Nacional Electoral y de los organismos públicos locales, en los términos que establece esta Constitución.

Integración del INE

Apartado A. El Instituto Nacional Electoral es un organismo público autónomo dotado de personalidad jurídica y patrimonio propios, en cuya integración participan el Poder Legislativo de la Unión, los partidos políticos nacionales y los ciudadanos, en los términos que ordene la ley. En el ejercicio de esta función estatal, la certeza, legalidad, independencia, imparcialidad, máxima publicidad y objetividad serán principios rectores.

El Instituto Nacional Electoral será autoridad en la materia, independiente en sus decisiones y funcionamiento, y profesional en su desempeño; contará en su estructura con órganos de dirección, ejecutivos, técnicos y de vigilancia. El Consejo General será su órgano superior de dirección y se integrará por un consejero Presidente y diez consejeros electorales, y concurrirán, con voz pero sin voto, los consejeros del Poder Legislativo, los representantes de los partidos políticos y un Secretario Ejecutivo; la ley determinará las reglas para la organización y funcionamiento de los órganos, las relaciones de mando entre éstos, así como la relación con los organismos públicos locales. Los órganos ejecutivos y técnicos dispondrán del personal calificado necesario para el ejercicio de sus atribuciones. Un órgano interno de control tendrá a su cargo, con autonomía técnica y de gestión, la fiscalización de todos los ingresos y egresos del Instituto. Las disposiciones de la ley electoral y del Estatuto que con base en ella apruebe el Consejo General, regirán las relaciones de trabajo con los servidores del organismo público. Los órganos de vigilancia del padrón electoral se integrarán mayoritariamente por representantes de los partidos políticos nacionales. Las mesas directivas de casilla estarán integradas por ciudadanos.

Párrafo reformado DOF 27-05-2015

Las sesiones de todos los órganos colegiados de dirección serán públicas en los términos que señale la ley.

El Instituto contará con una oficialía electoral investida de fé pública para actos de naturaleza electoral, cuyas atribuciones y funcionamiento serán reguladas por la ley.

Nombramiento de personas consejeras

El consejero Presidente y los consejeros electorales durarán en su cargo nueve años y no podrán ser reelectos. Serán electos por el voto de las dos terceras partes de los miembros presentes de la Cámara de Diputados, mediante el siguiente procedimiento:

a) La Cámara de Diputados emitirá el acuerdo para la elección del consejero Presidente y los consejeros electorales, que contendrá la convocatoria pública, las etapas completas para el procedimiento, sus fechas límites y plazos improrrogables, así como el proceso para la designación de un comité técnico de evaluación, integrado por cinco personas de reconocido prestigio, de las cuales tres serán nombradas por el órgano de dirección política de la Cámara de Diputados y dos por la Comisión Nacional de los Derechos Humanos;

Párrafo reformado DOF 20-12-2024

b) El comité recibirá la lista completa de los aspirantes que concurran a la convocatoria pública, evaluará el cumplimiento de los requisitos constitucionales y legales, así como su idoneidad para desempeñar el cargo; seleccionará a los mejor evaluados en una proporción de cinco personas por cada cargo vacante, y remitirá la relación correspondiente al órgano de dirección política de la Cámara de Diputados;

c) El órgano de dirección política impulsará la construcción de los acuerdos para la elección del consejero Presidente y los consejeros electorales, a fin de que una vez realizada la votación por este órgano en los términos de la ley, se remita al Pleno de la Cámara la propuesta con las designaciones correspondientes;

d) Vencido el plazo que para el efecto se establezca en el acuerdo a que se refiere el inciso a), sin que el órgano de dirección política de la Cámara haya realizado la votación o remisión previstas en el inciso anterior, o habiéndolo hecho, no se alcance la votación requerida en el Pleno, se deberá convocar a éste a una sesión en la que se realizará la elección mediante insaculación de la lista conformada por el comité de evaluación;

e) Al vencimiento del plazo fijado en el acuerdo referido en el inciso a), sin que se hubiere concretado la elección en los términos de los incisos c) y d), el Pleno de la Suprema Corte de Justicia de la Nación realizará, en sesión pública, la designación mediante insaculación de la lista conformada por el comité de evaluación.

De darse la falta absoluta del consejero Presidente o de cualquiera de los consejeros electorales durante los primeros seis años de su encargo, se elegirá un sustituto para concluir el período de la vacante. Si la falta ocurriese dentro de los últimos tres años, se elegirá a un consejero para un nuevo periodo.

El consejero Presidente y los consejeros electorales no podrán tener otro empleo, cargo o comisión, con excepción de aquellos en que actúen en representación del Consejo General y los no remunerados que desempeñen en asociaciones docentes, científicas, culturales, de investigación o de beneficencia.

El titular del órgano interno de control del Instituto será designado por la Cámara de Diputados con el voto de las dos terceras partes de sus miembros presentes a propuesta de instituciones públicas de educación superior, en la forma y términos que determine la ley. Durará seis años en el cargo y podrá ser reelecto por una sola vez. Estará adscrito administrativamente a la presidencia del Consejo General y mantendrá la coordinación técnica necesaria con la Auditoría Superior de la Federación.

Párrafo reformado DOF 27-05-2015

El Secretario Ejecutivo será nombrado con el voto de las dos terceras partes del Consejo General a propuesta de su Presidente.

La ley establecerá los requisitos que deberán reunir para su designación el consejero Presidente del Consejo General, los consejeros electorales, el titular del órgano interno de control y el Secretario Ejecutivo del Instituto Nacional Electoral. Quienes hayan fungido como consejero Presidente, consejeros electorales y Secretario Ejecutivo no podrán desempeñar cargos en los poderes públicos en cuya elección hayan participado, de dirigencia partidista, ni ser postulados a cargos de elección popular, durante los dos años siguientes a la fecha de conclusión de su encargo.

Párrafo reformado DOF 27-05-2015

Los consejeros del Poder Legislativo serán propuestos por los grupos parlamentarios con afiliación de partido en alguna de las Cámaras. Sólo habrá un consejero por cada grupo parlamentario no obstante su reconocimiento en ambas Cámaras del Congreso de la Unión.

Competencia del INE

Apartado B. Corresponde al Instituto Nacional Electoral en los términos que establecen esta Constitución y las leyes:

a) Para los procesos electorales federales y locales:

1. La capacitación electoral;

2. La geografía electoral, así como el diseño y determinación de los distritos electorales y división del territorio en secciones electorales;

3. El padrón y la lista de electores;

4. La ubicación de las casillas y la designación de los funcionarios de sus mesas directivas;

5. Las reglas, lineamientos, criterios y formatos en materia de resultados preliminares; encuestas o sondeos de opinión; observación electoral; conteos rápidos; impresión de documentos y producción de materiales electorales;

6. La fiscalización de los ingresos y egresos de los partidos políticos y candidatos, y

7. Las demás que determine la ley.

b) Para los procesos electorales federales:

1. Los derechos y el acceso a las prerrogativas de los candidatos y partidos políticos;

2. La preparación de la jornada electoral;

3. La impresión de documentos y la producción de materiales electorales;

4. Los escrutinios y cómputos en los términos que señale la ley;

5. La declaración de validez y el otorgamiento de constancias en las elecciones de diputados y senadores;

6. El cómputo de la elección de Presidente de los Estados Unidos Mexicanos en cada uno de los distritos electorales uninominales, y

7. Las demás que determine la ley.

c) Para los procesos de revocación de mandato, en los términos del artículo 35, fracción IX, el Instituto Nacional Electoral deberá realizar aquellas funciones que correspondan para su debida implementación.

Inciso adicionado DOF 20-12-2019

El Instituto Nacional Electoral asumirá mediante convenio con las autoridades competentes de las entidades federativas que así lo soliciten la organización de procesos electorales, de consulta popular y de revocación de mandato en el ámbito de aquéllas, en los términos que disponga su Constitución y la legislación aplicable. A petición de los partidos políticos y con cargo a sus prerrogativas, en los términos que establezca la ley, podrá organizar las elecciones de sus dirigentes.

Párrafo reformado DOF 20-12-2019

Fiscalización

La fiscalización de las finanzas de los partidos políticos y de las campañas de los candidatos estará a cargo del Consejo General del Instituto Nacional Electoral. La ley desarrollará las atribuciones del Consejo para la realización de dicha función, así como la definición de los órganos técnicos dependientes del mismo, responsables de realizar las revisiones e instruir los procedimientos para la aplicación de las sanciones correspondientes. En el cumplimiento de sus atribuciones, el Consejo General no estará limitado por los secretos bancario, fiduciario y fiscal, y contará con el apoyo de las autoridades federales y locales.

En caso de que el Instituto Nacional Electoral delegue la función de fiscalización, su órgano técnico será el conducto para superar la limitación a que se refiere el párrafo anterior.

Competencia de órganos locales

Apartado C. En las entidades federativas, las elecciones locales y, en su caso, las consultas populares y los procesos de revocación de mandato, estarán a cargo de organismos públicos locales en los términos de esta Constitución, que ejercerán funciones en las siguientes materias:

Párrafo reformado DOF 20-12-2019

1. Derechos y el acceso a las prerrogativas de los candidatos y partidos políticos;

2. Educación cívica;

3. Preparación de la jornada electoral;

4. Impresión de documentos y la producción de materiales electorales;

5. Escrutinios y cómputos en los términos que señale la ley;

6. Declaración de validez y el otorgamiento de constancias en las elecciones locales;

7. Cómputo de la elección del titular del poder ejecutivo;

8. Resultados preliminares; encuestas o sondeos de opinión; observación electoral, y conteos rápidos, conforme a los lineamientos establecidos en el Apartado anterior;

9. Organización, desarrollo, cómputo y declaración de resultados en los mecanismos de participación ciudadana que prevea la legislación local;

10. Todas las no reservadas al Instituto Nacional Electoral, y

11. Las que determine la ley.

En los supuestos que establezca la ley y con la aprobación de una mayoría de cuando menos ocho votos del Consejo General, el Instituto Nacional Electoral podrá:

a) Asumir directamente la realización de las actividades propias de la función electoral que corresponden a los órganos electorales locales;

b) Delegar en dichos órganos electorales las atribuciones a que se refiere el inciso a) del Apartado B de esta Base, sin perjuicio de reasumir su ejercicio directo en cualquier momento, o

c) Atraer a su conocimiento cualquier asunto de la competencia de los órganos electorales locales, cuando su trascendencia así lo amerite o para sentar un criterio de interpretación.

Corresponde al Instituto Nacional Electoral designar y remover a los integrantes del órgano superior de dirección de los organismos públicos locales, en los términos de esta Constitución.

Servicio electoral de carrera

Apartado D. El Servicio Profesional Electoral Nacional comprende la selección, ingreso, capacitación, profesionalización, promoción, evaluación, rotación, permanencia y disciplina, de los servidores públicos de los órganos ejecutivos y técnicos del Instituto Nacional Electoral y de los organismos públicos locales de las entidades federativas en materia electoral. El Instituto Nacional Electoral regulará la organización y funcionamiento de este Servicio.

Fracción reformada DOF 10-02-2014

Medios de impugnación

VI. Para garantizar los principios de constitucionalidad y legalidad de los actos y resoluciones electorales, incluidos los relativos a los procesos de consulta popular y de revocación de mandato, se establecerá un sistema de medios de impugnación en los términos que señalen esta Constitución y la ley. Dicho sistema dará definitividad a las distintas etapas de los procesos electorales, de consulta popular y de revocación de mandato, y garantizará la protección de los derechos políticos de los ciudadanos de votar, ser votados y de asociación, en los términos del artículo 99 de esta Constitución.

Párrafo reformado DOF 20-12-2019

En materia electoral la interposición de los medios de impugnación, constitucionales o legales, no producirá efectos suspensivos sobre la resolución o el acto impugnado.

La ley establecerá el sistema de nulidades de las elecciones federales o locales por violaciones graves, dolosas y determinantes en los siguientes casos:

a) Se exceda el gasto de campaña en un cinco por ciento del monto total autorizado;

b) Se compre o adquiera cobertura informativa o tiempos en radio y televisión, fuera de los supuestos previstos en la ley;

Inciso reformado DOF 07-07-2014

c) Se reciban o utilicen recursos de procedencia ilícita o recursos públicos en las campañas.

Párrafo con incisos adicionado DOF 10-02-2014

Dichas violaciones deberán acreditarse de manera objetiva y material. Se presumirá que las violaciones son determinantes cuando la diferencia entre la votación obtenida entre el primero y el segundo lugar sea menor al cinco por ciento.

Párrafo adicionado DOF 10-02-2014

En caso de nulidad de la elección, se convocará a una elección extraordinaria, en la que no podrá participar la persona sancionada.

Párrafo adicionado DOF 10-02-2014

Artículo reformado DOF 06-12-1977, 06-04-1990, 03-09-1993, 19-04-1994, 22-08-1996, 13-11-2007

CAPÍTULO II
DE LAS PARTES INTEGRANTES DE LA FEDERACIÓN Y DEL TERRITORIO NACIONAL

Territorio nacional

Artículo 42. El territorio nacional comprende:

I. El de las partes integrantes de la Federación;

II. El de las islas, incluyendo los arrecifes y cayos en los mares adyacentes;

III. El de las islas de Guadalupe y las de Revillagigedo situadas en el Océano Pacífico;

IV. La plataforma continental y los zócalos submarinos de las islas, cayos y arrecifes;

V. Las aguas de los mares territoriales en la extensión y términos que fija el Derecho Internacional y las marítimas interiores;

VI. El espacio situado sobre el territorio nacional, con la extensión y modalidades que establezca el propio Derecho Internacional.

Artículo reformado DOF 18-01-1934, 20-01-1960

Entidades federativas

Artículo 43. Las partes integrantes de la Federación son los Estados de Aguascalientes, Baja California, Baja California Sur, Campeche, Coahuila de Zaragoza, Colima, Chiapas, Chihuahua, Durango, Guanajuato, Guerrero, Hidalgo, Jalisco, México, Michoacán de Ocampo, Morelos, Nayarit, Nuevo León, Oaxaca, Puebla, Querétaro, Quintana Roo, San Luis Potosí, Sinaloa, Sonora, Tabasco, Tamaulipas, Tlaxcala, Veracruz de Ignacio de la Llave, Yucatán y Zacatecas; así como la Ciudad de México.

Artículo reformado DOF 07-02-1931, 19-12-1931, 16-01-1935, 16-01-1952, 08-10-1974, 13-04-2011, 29-01-2016, 17-05-2021

Capitalidad

Artículo 44. La Ciudad de México es la entidad federativa sede de los Poderes de la Unión y Capital de los Estados Unidos Mexicanos; se compondrá del territorio que actualmente tiene y, en caso de que los poderes federales se trasladen a otro lugar, se erigirá en un Estado de la Unión con la denominación de Ciudad de México.

Artículo reformado DOF 25-10-1993, 29-01-2016

Extensión y límites

Artículo 45. Los Estados de la Federación conservan la extensión y límites que hasta hoy han tenido, siempre que no haya dificultad en cuanto a éstos.

Artículo reformado DOF 07-02-1931, 19-12-1931, 22-03-1934, 16-01-1935, 16-01-1952, 08-10-1974

Arreglo de límites

Artículo 46. Las entidades federativas pueden arreglar entre sí y en cualquier momento, por convenios amistosos, sus respectivos límites; pero no se llevarán a efecto esos arreglos sin la aprobación de la Cámara de Senadores.

De no existir el convenio a que se refiere el párrafo anterior, y a instancia de alguna de las partes en conflicto, la Suprema Corte de Justicia de la Nación conocerá, sustanciará y resolverá con carácter de inatacable, las controversias sobre límites territoriales que se susciten entre las entidades federativas, en los términos de la fracción I del artículo 105 de esta Constitución.

Artículo reformado DOF 17-03-1987, 08-12-2005, 15-10-2012

Nayarit

Artículo 47. El Estado del (sic DOF 05-02-1917) Nayarit tendrá la extensión territorial y límites que comprende actualmente el Territorio de Tepic.

Artículo original DOF 05-02-1917

Jurisdicción federal

Artículo 48. Las islas, los cayos y arrecifes de los mares adyacentes que pertenezcan al territorio nacional, la plataforma continental, los zócalos submarinos de las islas, de los cayos y arrecifes, los mares territoriales, las aguas marítimas interiores y el espacio situado sobre el territorio nacional, dependerán directamente del Gobierno de la Federación, con excepción de aquellas islas sobre las que hasta la fecha hayan ejercido jurisdicción los Estados.

Artículo reformado DOF 20-01-1960

TÍTULO TERCERO

CAPÍTULO I
DE LA DIVISIÓN DE PODERES

División de poderes

Artículo 49. El Supremo Poder de la Federación se divide para su ejercicio en Legislativo, Ejecutivo y Judicial.

Excepciones

No podrán reunirse dos o más de estos Poderes en una sola persona o corporación, ni depositarse el Legislativo en un individuo, salvo el caso de facultades extraordinarias al Ejecutivo de la Unión, conforme a lo dispuesto en el artículo 29. En ningún otro caso, salvo lo dispuesto en el segundo párrafo del artículo 131, se otorgarán facultades extraordinarias para legislar.

Artículo reformado DOF 12-08-1938, 28-03-1951

CAPÍTULO II
DEL PODER LEGISLATIVO

Integración del Poder Legislativo Federal

Artículo 50. El poder legislativo de los Estados Unidos Mexicanos se deposita en un Congreso general, que se dividirá en dos Cámaras, una de diputados y otra de senadores.

Artículo original DOF 05-02-1917

SECCIÓN I
DE LA ELECCIÓN E INSTALACIÓN DEL CONGRESO

Duración de personas

Diputados

Artículo 51. La Cámara de Diputados se compondrá de representantes de la Nación, electos en su totalidad cada tres años. Por cada diputado propietario, se elegirá un suplente.

Artículo reformado DOF 29-04-1933, 06-12-1977

Integración

Artículo 52. La Cámara de Diputados estará integrada por 300 diputadas y diputados electos según el principio de votación mayoritaria relativa, mediante el sistema de distritos electorales uninominales, así como por 200 diputadas y diputados que serán electos según el principio de representación proporcional, mediante el Sistema de Listas Regionales, votadas en circunscripciones plurinominales.

Artículo reformado DOF 20-08-1928, 30-12-1942, 11-06-1951, 20-12-1960, 14-02-1972, 08-10-1974, 06-12-1977, 15-12-1986, 06-06-2019

Distritos Electorales

Artículo 53. La demarcación territorial de los 300 distritos electorales uninominales será la que resulte de dividir la población total del país entre los distritos señalados. La distribución de los distritos electorales uninominales entre las entidades federativas se hará teniendo en cuenta el último censo general de población, sin que en ningún caso la representación de una entidad federativa pueda ser menor de dos diputados o diputadas de mayoría.

Representación proporcional

Para la elección de los 200 diputados y diputadas según el principio de representación proporcional y el Sistema de Listas Regionales, se constituirán cinco circunscripciones electorales plurinominales en el país conformadas de acuerdo con el principio de paridad, y encabezadas alternadamente entre mujeres y hombres cada periodo electivo. La Ley determinará la forma de establecer la demarcación territorial de estas circunscripciones.

Artículo reformado DOF 06-12-1977, 15-12-1986, 29-01-2016, 06-06-2019

Reglas electorales

Artículo 54. La elección de los 200 diputados según el principio de representación proporcional y el sistema de asignación por listas regionales, se sujetará a las siguientes bases y a lo que disponga la ley:

Párrafo reformado DOF 03-09-1993

I. Un partido político, para obtener el registro de sus listas regionales, deberá acreditar que participa con candidatos a diputados por mayoría relativa en por lo menos doscientos distritos uninominales;

II. Todo partido político que alcance por lo menos el tres por ciento del total de la votación válida emitida para las listas regionales de las circunscripciones plurinominales, tendrá derecho a que le sean atribuidos diputados según el principio de representación proporcional;

Fracción reformada DOF 22-08-1996, 10-02-2014

III. Al partido político que cumpla con las dos bases anteriores, independiente y adicionalmente a las constancias de mayoría relativa que hubiesen obtenido sus candidatos, le serán asignados por el principio de representación proporcional, de acuerdo con su votación nacional emitida, el número de diputados de su lista regional que le corresponda en cada circunscripción plurinominal. En la asignación se seguirá el orden que tuviesen los candidatos en las listas correspondientes.

Fracción reformada DOF 03-09-1993. Reformada DOF 22-08-1996

IV. Ningún partido político podrá contar con más de 300 diputados por ambos principios.

Fracción reformada DOF 03-09-1993. Reformada DOF 22-08-1996

V. En ningún caso, un partido político podrá contar con un número de diputados por ambos principios que representen un porcentaje del total de la Cámara que exceda en ocho puntos a su porcentaje de votación nacional emitida. Esta base no se aplicará al partido político que, por sus triunfos en distritos uninominales, obtenga un porcentaje de curules del total de la Cámara, superior a la suma del porcentaje de su votación nacional emitida más el ocho por ciento; y

Fracción adicionada DOF 03-09-1993. Reformada DOF 22-08-1996

VI. En los términos de lo establecido en las fracciones III, IV y V anteriores, las diputaciones de representación proporcional que resten después de asignar las que correspondan al partido político que se halle en los supuestos de las fracciones IV o V, se adjudicarán a los demás partidos políticos con derecho a ello en cada una de las circunscripciones plurinominales, en proporción directa con las respectivas votaciones nacionales efectivas de estos últimos. La ley desarrollará las reglas y fórmulas para estos efectos.

Fracción adicionada DOF 03-09-1993. Reformada DOF 22-08-1996

Reforma DOF 22-08-1996: Eliminó del artículo la entonces fracción VII (antes adicionada DOF 03-09-1993)

Artículo reformado DOF 22-06-1963, 14-02-1972, 06-12-1977, 15-12-1986, 06-04-1990

Requisitos

Artículo 55. Para ser diputado se requiere:

Párrafo reformado DOF 29-01-2016

I. Ser ciudadano mexicano, por nacimiento, en el ejercicio de sus derechos.

II. Tener dieciocho años cumplidos el día de la elección;

Fracción reformada DOF 14-02-1972, 06-06-2023

III. Ser originario de la entidad federativa en que se haga la elección o vecino de esta con residencia efectiva de más de seis meses anteriores a la fecha de ella.

Párrafo reformado DOF 29-01-2016

Para poder figurar en las listas de las circunscripciones electorales plurinominales como candidato a diputado, se requiere ser originario de alguna de las entidades federativas que comprenda la circunscripción en la que se realice la elección, o vecino de ella con residencia efectiva de más de seis meses anteriores a la fecha en que la misma se celebre.

La vecindad no se pierde por ausencia en el desempeño de cargos públicos de elección popular.

Fracción reformada DOF 08-10-1974, 06-12-1977

IV. No estar en servicio activo en el Ejército, Fuerza Aérea, Armada o Guardia Nacional, ni tener mando en la policía o gendarmería rural en el Distrito donde se haga la elección, cuando menos noventa días antes de ella.

Fracción reformada DOF 30-09-2024

V. No ser titular de alguno de los organismos a los que esta Constitución otorga autonomía, ni ser Secretario o Subsecretario de Estado, ni titular de alguno de los organismos descentralizados o desconcentrados de la administración pública federal, a menos que se separe definitivamente de sus funciones 90 días antes del día de la elección.

No ser Ministro de la Suprema Corte de Justicia de la Nación, ni Magistrado, ni Secretario del Tribunal Electoral del Poder Judicial de la Federación, ni Consejero Presidente o consejero electoral en los consejos General, locales o distritales del Instituto Nacional Electoral, ni Secretario Ejecutivo, Director Ejecutivo o personal profesional directivo del propio Instituto, salvo que se hubiere separado de su encargo, de manera definitiva, tres años antes del día de la elección.

Párrafo reformado DOF 10-02-2014

Los Gobernadores de los Estados y el Jefe de Gobierno de la Ciudad de México no podrán ser electos en las entidades de sus respectivas jurisdicciones durante el periodo de su encargo, aun cuando se separen definitivamente de sus puestos.

Párrafo reformado DOF 29-01-2016

Los Secretarios del Gobierno de las entidades federativas, los Magistrados y Jueces Federales y locales, así como los Presidentes Municipales y Alcaldes en el caso de la Ciudad de México, no podrán ser electos en las entidades de sus respectivas jurisdicciones, si no se separan definitivamente de sus cargos noventa días antes del día de la elección;

Párrafo reformado DOF 29-01-2016

Fracción reformada DOF 29-04-1933, 31-12-1994, 19-06-2007

VI. No ser persona ministra de algún culto religioso;

Fracción reformada DOF 01-04-2025

VII. No estar comprendido en alguno de los impedimentos que señala el artículo 59 de esta Constitución, y

Fracción adicionada DOF 29-04-1933. Reformada DOF 01-04-2025

VIII. No tener o haber tenido en los últimos tres años anteriores al día de la elección un vínculo de matrimonio o concubinato o unión de hecho, o de parentesco por consanguinidad o civil en línea recta sin limitación de grado y en línea colateral hasta el cuarto grado o de afinidad hasta el segundo grado, con la persona que está ejerciendo la titularidad de la diputación.

Fracción adicionada DOF 01-04-2025

Integración del Senado

Artículo 56. La Cámara de Senadores se integrará por ciento veintiocho senadoras y senadores, de los cuales, en cada Estado y en la Ciudad de México, dos serán elegidos según el principio de votación mayoritaria relativa y uno será asignado a la primera minoría. Para estos efectos, los partidos políticos deberán registrar una lista con dos fórmulas de candidatos. La senaduría de primera minoría le será asignada a la fórmula de candidaturas que encabece la lista del partido político que, por sí mismo, haya ocupado el segundo lugar en número de votos en la entidad de que se trate.

Párrafo reformado DOF 29-01-2016, 06-06-2019

Representación proporcional

Las treinta y dos senadurías restantes serán elegidas según el principio de representación proporcional, mediante el sistema de listas votadas en una sola circunscripción plurinominal nacional, conformadas de acuerdo con el principio de paridad, y encabezadas alternadamente entre mujeres y hombres cada periodo electivo. La ley establecerá las reglas y fórmulas para estos efectos.

Párrafo reformado DOF 06-06-2019

Duración

La Cámara de Senadores se renovará en su totalidad cada seis años.

Artículo reformado DOF 29-04-1933, 15-12-1986, 03-09-1993, 22-08-1996

Suplencia

Artículo 57. Por cada senador propietario se elegirá un suplente.

Artículo original DOF 05-02-1917

Requisitos

Artículo 58. Para ser senador se requieren los mismos requisitos que para ser diputado, excepto el de la edad, que será la de 25 años cumplidos el día de la elección.

Artículo reformado DOF 29-04-1933, 14-02-1972, 29-07-1999

Reelección

Artículo 59. Las personas senadoras y diputadas al Congreso de la Unión no podrán ser reelectas para el periodo inmediato posterior al ejercicio de su mandato.

Las personas senadoras y diputadas suplentes podrán ser electas para el período inmediato con el carácter de propietarias, siempre que no hubieren estado en ejercicio; pero las personas senadoras y diputadas propietarias no podrán ser electas para el período inmediato con el carácter de suplentes.

Artículo reformado DOF 29-04-1933, 10-02-2014, 01-04-2025

Validez electoral

Artículo 60. El organismo público previsto en el artículo 41 de esta Constitución, de acuerdo con lo que disponga la ley, declarará la validez de las elecciones de diputados y senadores en cada uno de los distritos electorales uninominales y en cada una de las entidades federativas; otorgará las constancias respectivas a las fórmulas de candidatos que hubiesen obtenido mayoría de votos y hará la asignación de senadores de primera minoría de conformidad con lo dispuesto en el artículo 56 de esta Constitución y en la ley. Asimismo, hará la declaración de validez y la asignación de diputados según el principio de representación proporcional de conformidad con el artículo 54 de esta Constitución y la ley.

Impugnación

Las determinaciones sobre la declaración de validez, el otorgamiento de las constancias y la asignación de diputados o senadores podrán ser impugnadas ante las salas regionales del Tribunal Electoral del Poder Judicial de la Federación, en los términos que señale la ley.

Párrafo reformado DOF 22-08-1996

Las resoluciones de las salas a que se refiere el párrafo anterior, podrán ser revisadas exclusivamente por la Sala Superior del propio Tribunal, a través del medio de impugnación que los partidos políticos podrán interponer únicamente cuando por los agravios esgrimidos se pueda modificar el resultado de la elección. Los fallos de la Sala serán definitivos e inatacables. La ley establecerá los presupuestos, requisitos de procedencia y el trámite para este medio de impugnación.

Párrafo reformado DOF 22-08-1996

Artículo reformado DOF 06-12-1977, 22-04-1981, 15-12-1986, 06-04-1990, 03-09-1993

Inviolabilidad parlamentaria

Artículo 61. Los diputados y senadores son inviolables por las opiniones que manifiesten en el desempeño de sus cargos, y jamás podrán ser reconvenidos por ellas.

El Presidente de cada Cámara velará por el respeto al fuero constitucional de los miembros de la misma y por la inviolabilidad del recinto donde se reúnan a sesionar.

Párrafo adicionado DOF 06-12-1977

Incompatibilidades legislativas

Artículo 62. Los diputados y senadores propietarios durante el período de su encargo, no podrán desempeñar ninguna otra comisión o empleo de la Federación o de las entidades federativas por los cuales se disfrute sueldo, sin licencia previa de la Cámara respectiva; pero entonces cesarán en sus funciones representativas, mientras dure la nueva ocupación. La misma regla se observará con los diputados y senadores suplentes, cuando estuviesen en ejercicio. La infracción de esta disposición será castigada con la pérdida del carácter de diputado o senador.

Artículo reformado DOF 29-01-2016

Quórum legislativo

Artículo 63. Las Cámaras no pueden abrir sus sesiones ni ejercer su cargo sin la concurrencia, en cada una de ellas, de más de la mitad del número total de sus miembros; pero los presentes de una y otra deberán reunirse el día señalado por la ley y compeler a los ausentes a que concurran dentro de los treinta días siguientes, con la advertencia de que si no lo hiciesen se entenderá por ese solo hecho, que no aceptan su encargo, llamándose luego a los suplentes, los que deberán presentarse en un plazo igual, y si tampoco lo hiciesen, se declarará vacante el puesto. Tanto las vacantes de diputados y senadores del Congreso de la Unión que se presenten al inicio de la legislatura, como las que ocurran durante su ejercicio, se cubrirán: la vacante de diputados y senadores del Congreso de la Unión por el principio de mayoría relativa, la Cámara respectiva convocará a elecciones extraordinarias de conformidad con lo que dispone la fracción IV del artículo 77 de esta Constitución; la vacante de miembros de la Cámara de Diputados electos por el principio de representación proporcional, será cubierta por la fórmula de candidatos del mismo partido que siga en el orden de la lista regional respectiva, después de habérsele asignado los diputados que le hubieren correspondido; la vacante de miembros de la Cámara de Senadores electos por el principio de representación proporcional, será cubierta por aquella fórmula de candidatos del mismo partido que siga en el orden de lista nacional, después de habérsele asignado los senadores que le hubieren correspondido; y la vacante de miembros de la Cámara de Senadores electos por el principio de primera minoría, será cubierta por la fórmula de candidatos del mismo partido que para la entidad federativa de que se trate se haya registrado en segundo lugar de la lista correspondiente.

Vacantes

Párrafo reformado DOF 03-09-1993, 29-10-2003

Suplencia

Se entiende también que los diputados o senadores que falten diez días consecutivos, sin causa justificada o sin previa licencia del presidente de su respectiva Cámara, con la cual se dará conocimiento a ésta, renuncian a concurrir hasta el período inmediato, llamándose desde luego a los suplentes.

Si no hubiese quórum para instalar cualquiera de las Cámaras o para que ejerzan sus funciones una vez instaladas, se convocará inmediatamente a los suplentes para que se presenten a la mayor brevedad a desempeñar su cargo, entre tanto transcurren los treinta días de que antes se habla.

Incurrirán en responsabilidad, y se harán acreedores a las sanciones que la ley señale, quienes habiendo sido electos diputados o senadores, no se presenten, sin causa justificada a juicio de la Cámara respectiva, a desempeñar el cargo dentro del plazo señalado en el primer párrafo de este artículo. También incurrirán en responsabilidad, que la misma ley sancionará, los Partidos Políticos Nacionales que habiendo postulado candidatos en una elección para diputados o senadores, acuerden que sus miembros que resultaren electos no se presenten a desempeñar sus funciones.

Párrafo adicionado DOF 22-06-1963

Inasistencia a sesiones

Artículo 64. Los diputados y senadores que no concurran a una sesión, sin causa justificada o sin permiso de la Cámara respectiva, no tendrán derecho a la dieta correspondiente al día en que falten.

Artículo original DOF 05-02-1917

Períodos ordinarios de sesiones

Artículo 65. El Congreso se reunirá a partir del 1o. de septiembre de cada año para celebrar un primer periodo de sesiones ordinarias, y a partir del 1o. de febrero para celebrar un segundo periodo de sesiones ordinarias.

Párrafo reformado DOF 03-09-1993, 02-08-2004, 10-02-2014, 24-01-2024

En ambos Períodos de Sesiones el Congreso se ocupará del estudio, discusión y votación de las Iniciativas de Ley que se le presenten y de la resolución de los demás asuntos que le correspondan conforme a esta Constitución.

En cada Período de Sesiones Ordinarias el Congreso se ocupará de manera preferente de los asuntos que señale su Ley Orgánica.

Artículo reformado DOF 06-12-1977, 07-04-1986

Duración de períodos

Artículo 66. Cada período de sesiones ordinarias durará el tiempo necesario para tratar todos los asuntos mencionados en el artículo anterior. El primer período no podrá prolongarse sino hasta el 15 de diciembre del mismo año, excepto cuando el Presidente de la República inicie su encargo en la fecha prevista por el artículo 83, en cuyo caso las sesiones podrán extenderse hasta el 31 de diciembre de ese mismo año. El segundo período no podrá prolongarse más allá del 30 de abril del mismo año.

Párrafo reformado DOF 03-09-1993

Si las dos Cámaras no estuvieren de acuerdo para poner término a las Sesiones antes de las fechas indicadas, resolverá el Presidente de la República.

Artículo reformado DOF 07-04-1986

Períodos extraordinarios

Artículo 67. El Congreso o una sola de las Cámaras, cuando se trate de asunto exclusivo de ella, se reunirán en sesiones extraordinarias cada vez que los convoque para ese objeto la Comisión Permanente; pero en ambos casos sólo se ocuparán del asunto o asuntos que la propia Comisión sometiese a su conocimiento, los cuales se expresarán en la convocatoria respectiva.

Artículo reformado DOF 24-11-1923

Residencia de las cámaras

Artículo 68. Las dos Cámaras residirán en un mismo lugar y no podrán trasladarse a otro sin que antes convengan en la traslación y en el tiempo y modo de verificarla, designando un mismo punto para la reunión de ambas. Pero si conviniendo las dos en la traslación, difieren en cuanto al tiempo, modo y lugar, el Ejecutivo terminará la diferencia, eligiendo uno de los dos extremos en cuestión. Ninguna Cámara podrá suspender sus sesiones por más de tres días, sin consentimiento de la otra.

Artículo original DOF 05-02-1917

Informe de poder ejecutivo

Artículo 69. En la apertura de Sesiones Ordinarias del Primer Periodo de cada año de ejercicio del Congreso, el Presidente de la República presentará un informe por escrito, en el que manifieste el estado general que guarda la administración pública del país. En la apertura de las sesiones extraordinarias del Congreso de la Unión, o de una sola de sus cámaras, el Presidente de la Comisión Permanente informará acerca de los motivos o razones que originaron la convocatoria.

Cada una de las Cámaras realizará el análisis del informe y podrá solicitar al Presidente de la República ampliar la información mediante pregunta por escrito y citar a los Secretarios de Estado y a los directores de las entidades paraestatales, quienes comparecerán y rendirán informes bajo protesta de decir verdad. La Ley del Congreso y sus reglamentos regularán el ejercicio de esta facultad.

Párrafo reformado DOF 10-02-2014

Estrategia de seguridad

En el primer año de su mandato, en la apertura del segundo periodo de sesiones ordinarias del Congreso, el Presidente de la República presentará ante la Cámara de Senadores, para su aprobación, la Estrategia Nacional de Seguridad Pública e informará anualmente sobre el estado que guarde.

Párrafo adicionado DOF 10-02-2014

Artículo reformado DOF 24-11-1923, 07-04-1986, 15-08-2008

Resoluciones parlamentarias

Artículo 70. Toda resolución del Congreso tendrá el carácter de ley o decreto. Las leyes o decretos se comunicarán al Ejecutivo firmados por los presidentes de ambas Cámaras y por un secretario de cada una de ellas, y se promulgarán en esta forma: "El Congreso de los Estados Unidos Mexicanos decreta: (texto de la ley o decreto)".

El Congreso expedirá la Ley que regulará su estructura y funcionamiento internos.

Párrafo adicionado DOF 06-12-1977

Grupos parlamentarios

La ley determinará, las formas y procedimientos para la agrupación de los diputados, según su afiliación de partido, a efecto de garantizar la libre expresión de las corrientes ideológicas representadas en la Cámara de Diputados.

Párrafo adicionado DOF 06-12-1977

Prohibición de veto

Esta ley no podrá ser vetada ni necesitará de promulgación del Ejecutivo Federal para tener vigencia.

Párrafo adicionado DOF 06-12-1977

SECCIÓN II
DE LA INICIATIVA Y FORMACIÓN DE LAS LEYES

Iniciativas legislativas

Artículo 71. El derecho de iniciar leyes o decretos compete:

I. Al Presidente de la República;

II. A los Diputados y Senadores al Congreso de la Unión;

Fracción reformada DOF 09-08-2012

III. A las Legislaturas de los Estados y de la Ciudad de México; y

Fracción reformada DOF 09-08-2012, 29-01-2016

IV. A los ciudadanos en un número equivalente, por lo menos, al cero punto trece por ciento de la lista nominal de electores, en los términos que señalen las leyes.

Fracción adicionada DOF 09-08-2012

La Ley del Congreso determinará el trámite que deba darse a las iniciativas.

Párrafo reformado DOF 17-08-2011, 09-08-2012

Iniciativas preferentes

El día de la apertura de cada periodo ordinario de sesiones el Presidente de la República podrá presentar hasta dos iniciativas para trámite preferente, o señalar con tal carácter hasta dos que hubiere presentado en periodos anteriores, cuando estén pendientes de dictamen. Cada iniciativa deberá ser discutida y votada por el Pleno de la Cámara de su origen en un plazo máximo de treinta días naturales. Si no fuere así, la iniciativa, en sus términos y sin mayor trámite, será el primer asunto que deberá ser discutido y votado en la siguiente sesión del Pleno. En caso de ser aprobado o modificado por la Cámara de su origen, el respectivo proyecto de ley o decreto pasará de inmediato a la Cámara revisora, la cual deberá discutirlo y votarlo en el mismo plazo y bajo las condiciones antes señaladas.

Párrafo adicionado DOF 09-08-2012

No podrán tener carácter preferente las iniciativas de adición o reforma a esta Constitución.

Párrafo adicionado DOF 09-08-2012

Procedimiento legislativo

Artículo 72. Todo proyecto de ley o decreto, cuya resolución no sea exclusiva de alguna de las Cámaras, se discutirá sucesivamente en ambas, observándose la Ley del Congreso y sus reglamentos respectivos, sobre la forma, intervalos y modo de proceder en las discusiones y votaciones:

Párrafo reformado DOF 17-08-2011

A. Aprobado un proyecto en la Cámara de su origen, pasará para su discusión a la otra. Si ésta lo aprobare, se remitirá al Ejecutivo, quien, si no tuviere observaciones que hacer, lo publicará inmediatamente.

Veto presidencial

B. Se reputará aprobado por el Poder Ejecutivo todo proyecto no devuelto con observaciones a la Cámara de su origen dentro de los treinta días naturales siguientes a su recepción; vencido este plazo el Ejecutivo dispondrá de diez días naturales para promulgar y publicar la ley o decreto. Transcurrido este segundo plazo, la ley o decreto será considerado promulgado y el Presidente de la Cámara de origen ordenará dentro de los diez días naturales siguientes su publicación en el Diario Oficial de la Federación, sin que se requiera refrendo. Los plazos a que se refiere esta fracción no se interrumpirán si el Congreso cierra o suspende sus sesiones, en cuyo caso la devolución deberá hacerse a la Comisión Permanente.

Inciso reformado DOF 17-08-2011

Superación del veto

C. El proyecto de ley o decreto desechado en todo o en parte por el Ejecutivo, será devuelto, con sus observaciones, a la Cámara de su origen. Deberá ser discutido de nuevo por ésta, (sic DOF 05-02-1917) y si fuese confirmado por las dos terceras partes del número total de votos, pasará otra vez a la Cámara revisora. Si por esta fuese sancionado por la misma mayoría, el proyecto será ley o decreto y volverá al Ejecutivo para su promulgación.

Las votaciones de ley o decreto, serán nominales.

D. Si algún proyecto de ley o decreto, fuese desechado en su totalidad por la Cámara de revisión, volverá a la de su origen con las observaciones que aquella le hubiese hecho. Si examinado de nuevo fuese aprobado por la mayoría absoluta de los miembros presentes, volverá a la Cámara que lo desechó, la cual lo tomará otra vez en consideración, y si lo aprobare por la misma mayoría, pasará al Ejecutivo para los efectos de la fracción A; pero si lo reprobase, no podrá volver a presentarse en el mismo período de sesiones.

E. Si un proyecto de ley o decreto fuese desechado en parte, o modificado, o adicionado por la Cámara revisora, la nueva discusión de la Cámara de su origen versará únicamente sobre lo desechado o sobre las reformas o adiciones, sin poder alterarse en manera alguna los artículos aprobados. Si las adiciones o reformas hechas por la Cámara revisora fuesen aprobadas por la mayoría absoluta de los votos presentes en la Cámara de su origen, se pasará todo el proyecto al Ejecutivo, para los efectos de la fracción A. Si las adiciones o reformas hechas por la Cámara revisora fueren reprobadas por la mayoría de votos en la Cámara de su origen, volverán a aquella para que tome en consideración las razones de ésta, y si por mayoría absoluta de votos presentes se desecharen en esta segunda revisión dichas adiciones o reformas, el proyecto, en lo que haya sido aprobado por ambas Cámaras, se pasará al Ejecutivo para los efectos de la fracción A. Si la Cámara revisora insistiere, por la mayoría absoluta de votos presentes, en dichas adiciones o reformas, todo el proyecto no volverá a presentarse sino hasta el siguiente período de sesiones, a no ser que ambas Cámaras acuerden, por la mayoría absoluta de sus miembros presentes, que se expida la ley o decreto sólo con los artículos aprobados, y que se reserven los adicionados o reformados para su examen y votación en las sesiones siguientes.

F. En la interpretación, reforma o derogación de las leyes o decretos, se observarán los mismos trámites establecidos para su formación.

G. Todo proyecto de ley o decreto que fuere desechado en la Cámara de su origen, no podrá volver a presentarse en las sesiones del año.

H. La formación de las leyes o decretos puede comenzar indistintamente en cualquiera de las dos Cámaras, con excepción de los proyectos que versaren sobre empréstitos, contribuciones o impuestos, o sobre reclutamiento de tropas, todos los cuales deberán discutirse primero en la Cámara de Diputados.

I. Las iniciativas de leyes o decretos se discutirán preferentemente en la Cámara en que se presenten, a menos que transcurra un mes desde que se pasen a la Comisión dictaminadora sin que ésta rinda dictamen, pues en tal caso el mismo proyecto de ley o decreto puede presentarse y discutirse en la otra Cámara.

Prohibición de veto

I (sic DOF 24-11-1923). El Ejecutivo de la Unión no puede hacer observaciones a las resoluciones del Congreso o de alguna de las Cámaras, cuando ejerzan funciones de cuerpo electoral o de jurado, lo mismo que cuando la Cámara de Diputados declare que debe acusarse a uno de los altos funcionarios de la Federación por delitos oficiales.

Tampoco podrá hacerlas al Decreto de convocatoria a sesiones extraordinarias que expida la Comisión Permanente.

Inciso reformado DOF 24-11-1923

SECCIÓN III
DE LAS FACULTADES DEL CONGRESO

Facultades del Congreso

Artículo 73. El Congreso tiene facultad:

Párrafo reformado DOF 24-10-1942, 10-02-1944

Nuevos estados

I. Para admitir nuevos Estados a la Unión Federal;

Fracción reformada DOF 08-10-1974

II. Derogada.

Fracción derogada DOF 08-10-1974

Formación de nuevos estados

III. Para formar nuevos Estados dentro de los límites de los existentes, siendo necesario al efecto:

1o. Que la fracción o fracciones que pidan erigirse en Estados, cuenten con una población de ciento veinte mil habitantes, por lo menos.

2o. Que se compruebe ante el Congreso que tiene los elementos bastantes para proveer a su existencia política.

3o. Que sean oídas las Legislaturas de las entidades federativas de cuyo territorio se trate, sobre la conveniencia o inconveniencia de la erección del nuevo Estado, quedando obligadas a dar su informe dentro de seis meses, contados desde el día en que se les remita la comunicación respectiva.

Numeral reformado DOF 29-01-2016

4o. Que igualmente se oiga al Ejecutivo de la Federación, el cual enviará su informe dentro de siete días contados desde la fecha en que le sea pedido.

5o. Que sea votada la erección del nuevo Estado por dos terceras partes de los diputados y senadores presentes en sus respectivas Cámaras.

6o. Que la resolución del Congreso sea ratificada por la mayoría de las Legislaturas de las entidades federativas, previo examen de la copia del expediente, siempre que hayan dado su consentimiento las Legislaturas de las entidades federativas de cuyo territorio se trate.

Numeral reformado DOF 29-01-2016

7o. Si las Legislaturas de las entidades federativas de cuyo territorio se trate, no hubieren dado su consentimiento, la ratificación de que habla la fracción anterior, deberá ser hecha por las dos terceras partes del total de Legislaturas de las demás entidades federativas.

Numeral reformado DOF 29-01-2016

IV. Derogada.

Fe de erratas a la fracción DOF 06-02-1917. Derogada DOF 08-12-2005

Residencia de los poderes

V. Para cambiar la residencia de los Supremos Poderes de la Federación.

VI. Derogada;

Fracción reformada DOF 20-08-1928 (2 reformas), 15-12-1934, 14-12-1940, 21-09-1944, 19-02-1951. Fe de erratas DOF 14-03-1951. Reformada DOF 08-10-1974, 06-12-1977, 28-12-1982, 10-08-1987, 06-04-1990, 25-10-1993. Derogada DOF 22-08-1996

Impuestos deuda pública

VII. Para imponer las contribuciones necesarias a cubrir el Presupuesto.

VIII. En materia de deuda pública, para:

1o. Dar bases sobre las cuales el Ejecutivo pueda celebrar empréstitos y otorgar garantías sobre el crédito de la Nación, para aprobar esos mismos empréstitos y para reconocer y mandar pagar la deuda nacional. Ningún empréstito podrá celebrarse sino para la ejecución de obras que directamente produzcan un incremento en los ingresos públicos o, en términos de la ley de la materia, los que se realicen con propósitos de regulación monetaria, las operaciones de refinanciamiento o reestructura de deuda que deberán realizarse bajo las mejores condiciones de mercado; así como los que se contraten durante alguna emergencia declarada por el Presidente de la República en los términos del artículo 29.

2o. Aprobar anualmente los montos de endeudamiento que deberán incluirse en la ley de ingresos, que en su caso requiera el Gobierno del Distrito Federal y las entidades de su sector público, conforme a las bases de la ley correspondiente. El Ejecutivo Federal informará anualmente al Congreso de la Unión sobre el ejercicio de dicha deuda a cuyo efecto el Jefe de Gobierno le hará llegar el informe que sobre el ejercicio de los recursos correspondientes hubiere realizado. El Jefe de Gobierno informará igualmente a la Asamblea Legislativa del Distrito Federal, al rendir la cuenta pública.

3o. Establecer en las leyes las bases generales, para que los Estados, el Distrito Federal y los Municipios puedan incurrir en endeudamiento; los límites y modalidades bajo los cuales dichos órdenes de gobierno podrán afectar sus respectivas participaciones para cubrir los empréstitos y obligaciones de pago que contraigan; la obligación de dichos órdenes de gobierno de inscribir y publicar la totalidad de sus empréstitos y obligaciones de pago en un registro público único, de manera oportuna y transparente; un sistema de alertas sobre el manejo de la deuda; así como las sanciones aplicables a los servidores públicos que no cumplan sus disposiciones. Dichas leyes deberán discutirse primero en la Cámara de Diputados conforme a lo dispuesto por la fracción H del artículo 72 de esta Constitución.

4o. El Congreso de la Unión, a través de la comisión legislativa bicameral competente, analizará la estrategia de ajuste para fortalecer las finanzas públicas de los Estados, planteada en los convenios que pretendan celebrar con el Gobierno Federal para obtener garantías y, en su caso, emitirá las observaciones que estime pertinentes en un plazo máximo de quince días hábiles, inclusive durante los periodos de receso del Congreso de la Unión. Lo anterior aplicará en el caso de los Estados que tengan niveles elevados de deuda en los términos de la ley. Asimismo, de manera inmediata a la suscripción del convenio correspondiente, será informado de la estrategia de ajuste para los Municipios que se encuentren en el mismo supuesto, así como de los convenios que, en su caso, celebren los Estados que no tengan un nivel elevado de deuda;

Fracción reformada DOF 30-12-1946, 25-10-1993, 26-05-2015

IX. Para impedir que en el comercio entre entidades federativas se establezcan restricciones.

Fracción reformada DOF 24-10-1942, 29-01-2016

X. Para legislar en toda la República sobre hidrocarburos, minería, sustancias químicas, explosivos, pirotecnia, industria cinematográfica, comercio, juegos con apuestas y sorteos, intermediación y servicios financieros, energía eléctrica y nuclear y para expedir las leyes del trabajo reglamentarias del artículo 123;

Fracción reformada DOF 06-09-1929, 27-04-1933, 18-01-1934, 18-01-1935, 14-12-1940, 24-10-1942, 18-11-1942, 29-12-1947, 06-02-1975, 17-11-1982, 20-08-1993, 20-07-2007

Empleos Públicos

XI. Para crear y suprimir empleos públicos de la Federación y señalar, aumentar o disminuir sus dotaciones.

Guerra

XII. Para declarar la guerra, en vista de los datos que le presente el Ejecutivo.

Derecho marítimo

XIII. Para dictar leyes según las cuales deben declararse buenas o malas las presas de mar y tierra, y para expedir leyes relativas al derecho marítimo de paz y guerra.

Fracción reformada DOF 21-10-1966. Fe de erratas DOF 22-10-1966

Instituciones Armadas

XIV. Para levantar y sostener a las instituciones armadas de la Unión, a saber: Ejército, Marina de Guerra y Fuerza Aérea Nacionales, y para reglamentar su organización y servicio.

Fracción reformada DOF 10-02-1944

XV. Derogada.

Fracción reformada DOF 29-01-2016. Derogada DOF 26-03-2019

Nacionalidad y migración

XVI. Para dictar leyes sobre nacionalidad, condición jurídica de los extranjeros, ciudadanía, naturalización, colonización, emigración e inmigración y salubridad general de la República.

Párrafo reformado DOF 18-01-1934

1a. El Consejo de Salubridad General dependerá directamente del Presidente de la República, sin intervención de ninguna Secretaría de Estado, y sus disposiciones generales serán obligatorias en el país.

2a. En caso de epidemias de carácter grave o peligro de invasión de enfermedades exóticas en el país, la Secretaría de Salud tendrá obligación de dictar inmediatamente las medidas preventivas indispensables, a reserva de ser después sancionadas por el Presidente de la República.

Base reformada DOF 02-08-2007

3a. La autoridad sanitaria será ejecutiva y sus disposiciones serán obedecidas por las autoridades administrativas del País.

4a. Las medidas que el Consejo haya puesto en vigor en la Campaña contra el alcoholismo y la venta de sustancias que envenenan al individuo o degeneran la especie humana, así como las adoptadas para prevenir y combatir la contaminación ambiental, serán después revisadas por el Congreso de la Unión en los casos que le competan.

Base reformada DOF 06-07-1971

Vías generales de comunicación

XVII. Para dictar leyes sobre vías generales de comunicación, tecnologías de la información y la comunicación, radiodifusión, telecomunicaciones, incluida la banda ancha e Internet, postas y correos, y sobre el uso y aprovechamiento de las aguas de jurisdicción federal.

Fracción reformada DOF 11-06-2013

Moneda

XVIII. Para establecer casas de moneda, fijar las condiciones que ésta deba tener, dictar reglas para determinar el valor relativo de la moneda extranjera y adoptar un sistema general de pesas y medidas;

Fracción reformada DOF 17-11-1982

XIX. Para fijar las reglas a que debe sujetarse la ocupación y enajenación de terrenos baldíos y el precio de estos.

Diplomacia

XX. Para expedir las leyes de organización del Cuerpo Diplomático y del Cuerpo Consular mexicano.

XXI. Para expedir:

Leyes penales

a) Las leyes generales que establezcan como mínimo, los tipos penales y sus sanciones en las materias de secuestro, desaparición forzada de personas, otras formas de privación de la libertad contrarias a la ley, extorsión, trata de personas, tortura y otros tratos o penas crueles, inhumanos o degradantes, así como electoral.

Párrafo reformado DOF 10-02-2014, 10-07-2015, 09-10-2025

Las leyes generales contemplarán también la distribución de competencias y las formas de coordinación entre la Federación, las entidades federativas y los Municipios;

Párrafo reformado DOF 29-01-2016

b) La legislación que establezca los delitos y las faltas contra la Federación y las penas y sanciones que por ellos deban imponerse; así como legislar en materia de delincuencia organizada;

Legislación única

c) La legislación única en materia procedimental penal, de mecanismos alternativos de solución de controversias en materia penal, de ejecución de penas y de justicia penal para adolescentes, que regirá en la República en el orden federal y en el fuero común.

Inciso reformado DOF 02-07-2015, 05-02-2017

Conexidad

Las autoridades federales podrán conocer de los delitos del fuero común, cuando éstos tengan conexidad con delitos federales o delitos contra periodistas, personas o instalaciones que afecten, limiten o menoscaben el derecho a la información o las libertades de expresión o imprenta. También podrán conocer de las medidas u órdenes de protección que deriven de violencias de género en contra de las mujeres o de delitos del fuero común relacionados con las violencias de género contra las mujeres, en términos de las leyes correspondientes.

Párrafo reformado DOF 15-11-2024

Concurrencia

En las materias concurrentes previstas en esta Constitución, las leyes federales establecerán los supuestos en que las autoridades del fuero común podrán conocer y resolver sobre delitos federales;

Fracción reformada DOF 03-07-1996, 28-11-2005, 18-06-2008, 04-05-2009, 14-07-2011, 25-06-2012, 08-10-2013

Amnistía

XXII. Para conceder amnistías por delitos cuyo conocimiento pertenezca a los tribunales de la Federación.

Seguridad Pública

XXIII. Para expedir leyes que, con respeto a los derechos humanos, establezcan las bases de coordinación entre la Federación, las entidades federativas y los Municipios; organicen la Guardia Nacional y las demás instituciones de seguridad pública en materia federal, de conformidad con lo establecido en el artículo 21 de esta Constitución; así como la Ley Nacional sobre el Uso de la Fuerza, y la Ley Nacional del Registro de Detenciones;

Fracción derogada DOF 06-12-1977. Adicionada DOF 31-12-1994. Reformada DOF 18-06-2008, 29-01-2016, 26-03-2019

Seguridad Privada

XXIII Bis. Para expedir la ley general en materia de seguridad privada, que establezca:

a) Las reglas y la autoridad facultada para autorizar y regular a los prestadores de servicios de seguridad privada en todo el territorio nacional;

b) Las reglas de coordinación entre las personas autorizadas a prestar los servicios de seguridad privada y las autoridades correspondientes de la Federación, las entidades federativas y los municipios, para la adecuada organización y funcionamiento como auxiliares de la seguridad pública;

c) La coordinación de esos prestadores con las instituciones de seguridad pública en situaciones de emergencia y desastre, y

d) Los aspectos vinculados a la coordinación y supervisión de las policías complementarias en el país;

Fracción con incisos adicionada DOF 28-05-2021

Auditoría

XXIV. Para expedir las leyes que regulen la organización y facultades de la Auditoría Superior de la Federación y las demás que normen la gestión, control y evaluación de los Poderes de la Unión y de los entes públicos federales; así como para expedir la ley general que establezca las bases de coordinación del Sistema Nacional Anticorrupción a que se refiere el artículo 113 de esta Constitución;

Fracción reformada DOF 30-07-1999, 27-05-2015

XXV. De establecer el Sistema para la Carrera de las Maestras y los Maestros, en términos del artículo 3o. de esta Constitución; establecer, organizar y sostener en toda la República escuelas rurales, elementales, media superiores, superiores, secundarias y profesionales; de investigación científica, de bellas artes y de enseñanza técnica, escuelas prácticas de agricultura y de minería, de artes y oficios, museos, bibliotecas, observatorios y demás institutos concernientes a la cultura general de los habitantes de la nación y legislar en todo lo que se refiere a dichas instituciones; para legislar sobre vestigios o restos fósiles y sobre monumentos arqueológicos, artísticos e históricos, cuya conservación sea de interés nacional; así como para dictar las leyes encaminadas a distribuir convenientemente entre la Federación, las entidades federativas y los Municipios el ejercicio de la función educativa y las aportaciones económicas correspondientes a ese servicio público, buscando unificar y coordinar la educación en toda la República, y para asegurar el cumplimiento de los fines de la educación y su mejora continua en un marco de inclusión y diversidad. Los Títulos que se expidan por los establecimientos de que se trata surtirán sus efectos en toda la República. Para legislar en materia de derechos de autor y otras figuras de la propiedad intelectual relacionadas con la misma; *Educación*

Fracción reformada DOF 08-07-1921. Recorrida (antes fracción XXVII) por derogación de fracciones XXV y XXVI DOF 20-08-1928. Reformada DOF 13-12-1934, 13-01-1966, 21-09-2000, 30-04-2009, 26-02-2013, 29-01-2016, 15-05-2019

XXVI. Para conceder licencia al Presidente de la República y para constituirse en Colegio Electoral y designar al ciudadano que deba substituir al Presidente de la República, ya sea con el carácter de interino o substituto, en los términos de los artículos 84 y 85 de esta Constitución; *Licencia presidencial*

Fracción recorrida (antes fracción XXVIII) por derogación de fracciones XXV y XXVI DOF 20-08-1928. Reformada DOF 29-04-1933, 09-08-2012

Renuncia

XXVII. Para aceptar la renuncia del cargo de Presidente de la República.

Fracción recorrida (antes fracción XXIX) por derogación de fracciones XXV y XXVI DOF 20-08-1928

Contabilidad gubernamental

XXVIII. Para expedir leyes en materia de contabilidad gubernamental que regirán la contabilidad pública y la presentación homogénea de información financiera, de ingresos y egresos, así como patrimonial, para la Federación, las entidades federativas, los Municipios y las demarcaciones territoriales de la Ciudad de México, a fin de garantizar su armonización a nivel nacional;

Fracción recorrida (antes fracción XXX) por derogación de fracciones XXV y XXVI DOF 20-08-1928. Derogada DOF 06-12-1977. Adicionada DOF 07-05-2008. Reformada DOF 29-01-2016

Contribuciones

XXIX. Para establecer contribuciones:

1o. Sobre el comercio exterior;

2o. Sobre el aprovechamiento y explotación de los recursos naturales comprendidos en los párrafos 4° y 5° del artículo 27;

3o. Sobre instituciones de crédito y sociedades de seguros;

4o. Sobre servicios públicos concesionados o explotados directamente por la Federación; y

5o. Especiales sobre:

a) Energía eléctrica;

b) Producción y consumo de tabacos labrados;

c) Gasolina y otros productos derivados del petróleo;

d) Cerillos y fósforos;

e) Aguamiel y productos de su fermentación; y

f) Explotación forestal.

g) Producción y consumo de cerveza.

Inciso adicionado DOF 10-02-1949

Las entidades federativas participarán en el rendimiento de estas contribuciones especiales, en la proporción que la ley secundaria federal determine. Las legislaturas locales fijarán el porcentaje correspondiente a los Municipios, en sus ingresos por concepto del impuesto sobre energía eléctrica.

Fracción recorrida (antes fracción XXXI) por derogación de fracciones XXV y XXVI DOF 20-08-1928. Fracción reformada DOF 24-10-1942

XXIX-A. Para expedir la ley general que establezca los principios y bases en materia de mecanismos alternativos de solución de controversias, con excepción de la materia penal; *MASC*

Fracción adicionada DOF 05-02-2017

XXIX-B. Para legislar sobre las características y uso de la Bandera, Escudo e Himno Nacionales. *Símbolos patrios*

Fracción adicionada DOF 24-10-1967

XXIX-C. Para expedir las leyes que establezcan la concurrencia del Gobierno Federal, de las entidades federativas, de los Municipios y, en su caso, de las demarcaciones territoriales de la Ciudad de México, en el ámbito de sus respectivas competencias, en materia de asentamientos humanos, con objeto de cumplir los fines previstos en el párrafo tercero del artículo 27 de esta Constitución, así como en materia de movilidad y seguridad vial; *Asentamientos humanos*

Fracción adicionada DOF 06-02-1976. Reformada DOF 29-01-2016, 18-12-2020

XXIX-D. Para expedir leyes sobre planeación nacional del desarrollo económico y social, así como en materia de información estadística y geográfica de interés nacional; *Planeación*

Fracción adicionada DOF 03-02-1983. Reformada DOF 07-04-2006

XXIX-E. Para expedir leyes para la programación, promoción, concertación y ejecución de acciones de orden económico, especialmente las referentes al abasto y otras que tengan como fin la producción suficiente y oportuna de bienes y servicios, social y nacionalmente necesarios. *Regulación económica*

Fracción adicionada DOF 03-02-1983

XXIX-F. Para expedir leyes tendientes a la promoción de la inversión mexicana, la regulación de la inversión extranje- *Inversiones* ra, la transferencia de tecnología y la generación, difusión y aplicación de los conocimientos científicos y tecnológicos que requiere el desarrollo nacional. Asimismo, para legislar en materia de ciencia, tecnología e innovación, estableciendo bases generales de coordinación entre la Federación, las entidades federativas, los Municipios y las demarcaciones territoriales de la Ciudad de México, en el ámbito de sus respectivas competencias, así como la participación de los sectores social y privado, con el objeto de consolidar el Sistema Nacional de Ciencia, Tecnología e Innovación;

Fracción adicionada DOF 03-02-1983. Reformada DOF 15-05-2019

Medio ambiente

XXIX-G. Para expedir leyes que establezcan la concurrencia del Gobierno Federal, de los gobiernos de las entidades federativas, de los Municipios y, en su caso, de las demarcaciones territoriales de la Ciudad de México, en el ámbito de sus respectivas competencias, en materia de protección al ambiente, preservación y restauración del equilibrio ecológico; y de protección y bienestar de los animales;

Fracción adicionada DOF 10-08-1987. Reformada DOF 29-01-2016, 02-12-2024

Tribunales Administrativos

XXIX-H. Para expedir la ley que instituya el Tribunal Federal de Justicia Administrativa, dotado de plena autonomía para dictar sus fallos, y que establezca su organización, su funcionamiento y los recursos para impugnar sus resoluciones.

El Tribunal tendrá a su cargo dirimir las controversias que se susciten entre la administración pública federal y los particulares.

Asimismo, será el órgano competente para imponer las sanciones a los servidores públicos por las responsabilidades administrativas que la ley determine como graves y a los particulares que participen en actos vinculados con dichas responsabilidades, así como fincar a los responsables el pago de las indemnizaciones y sanciones pecuniarias que deriven de los daños y perjuicios que afecten a la Hacienda Pública Federal o al patrimonio de los entes públicos federales.

El Tribunal funcionará en Pleno o en Salas Regionales.

La Sala Superior del Tribunal se compondrá de dieciséis Magistrados y actuará en Pleno o en Secciones, de las cuales a una corresponderá la resolución de los procedimientos a que se refiere el párrafo tercero de la presente fracción.

Los Magistrados de la Sala Superior serán designados por el Presidente de la República y ratificados por el voto de las dos terceras partes de los miembros presentes del Senado de la República o, en sus recesos, por la Comisión Permanente. Durarán en su encargo quince años improrrogables.

Los Magistrados de Sala Regional serán designados por el Presidente de la República y ratificados por mayoría de los miembros presentes del Senado de la República o, en sus recesos, por la Comisión Permanente. Durarán en su encargo diez años pudiendo ser considerados para nuevos nombramientos.

Los Magistrados sólo podrán ser removidos de sus cargos por las causas graves que señale la ley.

Fracción adicionada DOF 10-08-1987. Reformada DOF 25-10-1993, 28-06-1999, 04-12-2006, 27-05-2015

Protección civil

XXIX-I. Para expedir leyes que establezcan las bases sobre las cuales la Federación, las entidades federativas, los Municipios y, en su caso, las demarcaciones territoriales de la Ciudad de México, en el ámbito de sus respectivas competencias, coordinarán sus acciones en materia de protección civil;

Fracción adicionada DOF 28-06-1999. Reformada DOF 29-01-2016

Deporte

XXIX-J. Para legislar en materia de cultura física y deporte con objeto de cumplir lo previsto en el artículo 4o. de esta Constitución, estableciendo la concurrencia entre la Federación, las entidades federativas, los Municipios y, en su caso, las demarcaciones territoriales de la Ciudad de México, en el ámbito de sus respectivas competencias; así como la participación de los sectores social y privado;

Fracción adicionada DOF 28-06-1999. Reformada DOF 12-10-2011, 29-01-2016

Turismo

XXIX-K. Para expedir leyes en materia de turismo, estableciendo las bases generales de coordinación de las facultades concurrentes entre la Federación, las entidades federativas, los Municipios y, en su caso, las demarcaciones territoriales de la Ciudad de México, en el ámbito de sus respectivas competencias, así como la participación de los sectores social y privado;

Fracción adicionada DOF 29-09-2003. Reformada DOF 29-01-2016

Pesca

XXIX-L. Para expedir leyes que establezcan la concurrencia del gobierno federal, de los gobiernos de las entidades federativas y de los municipios, en el ámbito de sus respectivas competencias, en materia de pesca y acuacultura, así como la participación de los sectores social y privado, y

Fracción adicionada DOF 27-09-2004

Seguridad nacional

XXIX-M. Para expedir leyes en materia de seguridad nacional, estableciendo los requisitos y límites a las investigaciones correspondientes.

Fracción adicionada DOF 05-04-2004

Sociedades cooperativas

XXIX-N. Para expedir leyes en materia de constitución, organización, funcionamiento y extinción de las sociedades cooperativas. Estas leyes establecerán las bases para la concurrencia en materia de fomento y desarrollo sustentable de la actividad cooperativa de la Federación, entidades federativas, Municipios y, en su caso, demarcaciones territoriales de la Ciudad de México, en el ámbito de sus respectivas competencias;

Fracción adicionada DOF 15-08-2007. Reformada DOF 29-01-2016

Cultura

XXIX-Ñ. Para expedir leyes que establezcan las bases sobre las cuales la Federación, las entidades federativas, los Municipios y, en su caso, las demarcaciones territoriales de la Ciudad de México, en el ámbito de sus respectivas competencias, coordinarán sus acciones en materia de cultura, salvo lo dispuesto en la fracción XXV de este artículo. Asimismo, establecerán los mecanismos de participación de los sectores social y privado, con objeto de cumplir los fines previstos en el párrafo décimo segundo del artículo 4o. de esta Constitución.

Fracción adicionada DOF 30-04-2009. Reformada DOF 29-01-2016

Datos personales

XXIX-O. Para legislar en materia de protección de datos personales en posesión de particulares.

Fracción adicionada DOF 30-04-2009

Niñez

XXIX-P. Expedir leyes que establezcan la concurrencia de la Federación, las entidades federativas, los Municipios y, en su caso, las demarcaciones territoriales de la Ciudad de México, en el ámbito de sus respectivas competencias, en materia de derechos de niñas, niños y adolescentes, velando en todo momento por el interés superior de los mismos, así como en materia de formación y desarrollo integral de la juventud, cumpliendo con los tratados internacionales de la materia de los que México sea parte;

Fracción adicionada DOF 12-10-2011. Reformada DOF 29-01-2016, 24-12-2020

Iniciativa popular

XXIX-Q. Para legislar sobre iniciativa ciudadana y consultas populares.

Fracción adicionada DOF 09-08-2012

Registros Públicos

XXIX-R. Para expedir las leyes generales que armonicen y homologuen la organización y el funcionamiento de los registros civiles, los registros públicos inmobiliarios y de personas morales de las entidades federativas y los catastros municipales;

Fracción adicionada DOF 27-12-2013. Reformada DOF 05-02-2017

Transparencia

XXIX-S. Para expedir las leyes generales reglamentarias que desarrollen los principios y bases en materia de transparencia gubernamental, acceso a la información y protección de datos personales en posesión de las autoridades, entidades, órganos y organismos gubernamentales de todos los niveles de gobierno.

Fracción adicionada DOF 07-02-2014

Archivos

XXIX-T. Para expedir la ley general que establezca la organización y administración homogénea de los archivos de la Federación, de las entidades federativas, de los Municipios y de las demarcaciones territoriales de la Ciudad de México, y determine las bases de organización y funcionamiento del Sistema Nacional de Archivos.

Fracción adicionada DOF 07-02-2014. Reformada DOF 29-01-2016

Partidos políticos y elecciones

XXIX-U. Para expedir las leyes generales que distribuyan competencias entre la Federación y las entidades federativas en materias de partidos políticos; organismos electorales, y procesos electorales, conforme a las bases previstas en esta Constitución.

Fracción adicionada DOF 10-02-2014

Responsabilidades

XXIX-V. Para expedir la ley general que distribuya competencias entre los órdenes de gobierno para establecer las responsabilidades administrativas de los servidores públicos, sus obligaciones, las sanciones aplicables por los actos u omisiones en que éstos incurran y las que correspondan a los particulares vinculados con faltas administrativas graves que al efecto prevea, así como los procedimientos para su aplicación.

Fracción adicionada DOF 27-05-2015

Responsabilidad hacendaria

XXIX-W. Para expedir leyes en materia de responsabilidad hacendaria que tengan por objeto el manejo sostenible de las finanzas públicas en la Federación, los Estados, Municipios y el Distrito Federal, con base en el principio establecido en el párrafo segundo del artículo 25;

Fracción adicionada DOF 26-05-2015

Víctimas

XXIX-X. Para expedir la ley general que establezca la concurrencia de la federación, las entidades federativas, los municipios y, en su caso, las demarcaciones territoriales de la Ciudad de México, en el ámbito de sus respectivas competencias, en materia de derechos de las víctimas.

Fracción adicionada DOF 25-07-2016

XXIX-Y. Para expedir la ley nacional que establezca los principios y obligaciones a los que deberán sujetarse los órdenes de gobierno, en materia de simplificación administrativa y digitalización de trámites y servicios, buenas prácticas regulatorias, desarrollo y fortalecimiento de capacidades tecnológicas públicas; *Mejora regulatoria*

Fracción adicionada DOF 05-02-2017
Fracción reformada DOF 15-04-2025

XXIX-Z. Para expedir la ley general que establezca los principios y bases a los que deberán sujetarse los órdenes de gobierno, en el ámbito de su respectiva competencia, en materia de justicia cívica e itinerante, y *Justicia cívica*

Fracción adicionada DOF 05-02-2017

XXX. Para expedir la legislación única en materia procesal civil y familiar, así como sobre extinción de dominio en los términos del artículo 22 de esta Constitución; *Proceso civil y familiar*

Fracción adicionada DOF 15-09-2017. Reformada DOF 14-03-2019, 30-09-2024

XXXI. Para expedir leyes que regulen y establezcan requisitos y límites para la participación del Ejército, Armada y Fuerza Aérea en materia de seguridad interior y en tareas de apoyo a la seguridad pública, y *Seguridad interior*

Fracción adicionada DOF 30-09-2024

XXXII. Para expedir todas las leyes que sean necesarias, a objeto de hacer efectivas las facultades anteriores, y todas las otras concedidas por esta Constitución a los Poderes de la Unión. *Facultades implícitas*

Fracción adicionada DOF 24-10-1942. Recorrida DOF 15-09-2017, 30-09-2024

Reforma DOF 20-08-1928: Eliminó del artículo las entonces fracciones XXV y XXVI

Artículo 74. Son facultades exclusivas de la Cámara de Diputados: *Facultades de Cámara de Diputados*

I. Expedir el Bando Solemne para dar a conocer en toda la República la declaración de Presidente Electo que hubiere hecho el Tribunal Electoral del Poder Judicial de la Federación;

Fracción reformada DOF 06-07-1971, 08-10-1974, 03-09-1993, 22-08-1996

II. Coordinar y evaluar, sin perjuicio de su autonomía técnica y de gestión, el desempeño de las funciones de la Auditoría Superior de la Federación, en los términos que disponga la ley;

Fracción reformada DOF 30-07-1999, 27-05-2015

III. Ratificar el nombramiento que el Presidente de la República haga del Secretario del ramo en materia de Hacienda, salvo que se opte por un gobierno de coalición, en cuyo caso se estará a lo dispuesto en la fracción II del artículo 76 de esta Constitución; así como de los demás empleados superiores de Hacienda;

Fracción derogada DOF 30-07-1999. Adicionada DOF 10-02-2014

IV. Aprobar anualmente el Presupuesto de Egresos de la Federación, previo examen, discusión y, en su caso, modificación del Proyecto enviado por el Ejecutivo Federal, una vez aprobadas las contribuciones que, a su juicio, deben decretarse para cubrirlo. Asimismo, podrá autorizar en dicho Presupuesto las erogaciones plurianuales para aquellos proyectos de inversión en infraestructura que se determinen conforme a lo dispuesto en la ley reglamentaria; las erogaciones correspondientes deberán incluirse en los subsecuentes Presupuestos de Egresos.

Párrafo reformado DOF 25-10-1993, 30-07-2004, 07-05-2008

El Ejecutivo Federal hará llegar a la Cámara la Iniciativa de Ley de Ingresos y el Proyecto de Presupuesto de Egresos de la Federación a más tardar el día 8 del mes de septiembre, debiendo comparecer el secretario de despacho correspondiente a dar cuenta de los mismos. La Cámara de Diputados deberá aprobar el Presupuesto de Egresos de la Federación a más tardar el día 15 del mes de noviembre.

Párrafo reformado DOF 17-11-1982, 25-10-1993, 30-07-2004

Cuando inicie su encargo en la fecha prevista por el artículo 83, el Ejecutivo Federal hará llegar a la Cámara la iniciativa de Ley de Ingresos y el proyecto de Presupuesto de Egresos de la Federación a más tardar el día 15 del mes de noviembre.

Párrafo adicionado DOF 30-07-2004. Reformado DOF 10-02-2014

No podrá haber partidas secretas en el Presupuesto de Egresos de la Federación.

Párrafo reformado DOF 17-05-2021

Sólo se podrá ampliar el plazo de presentación de la iniciativa de Ley de Ingresos y del Proyecto de Presupuesto de Egresos, cuando medie solicitud del Ejecutivo suficientemente justificada a juicio de la Cámara o de la Comisión Permanente, debiendo comparecer en todo caso el Secretario del Despacho correspondiente a informar de las razones que lo motiven;

Párrafo reformado DOF 25-10-1993, 07-05-2008

Reforma DOF 07-05-2008: Derogó de la fracción los entonces párrafos quinto, sexto (antes reformado DOF 30-07-1999) y séptimo (antes reformado DOF 17-03-1987)

Fracción reformada DOF 06-12-1977

V. Declarar si ha o no lugar a proceder penalmente contra los servidores públicos que hubieren incurrido en delito en los términos del artículo 111 de esta Constitución.

Conocer de las imputaciones que se hagan a los servidores públicos a que se refiere el artículo 110 de esta Constitución y fungir como órgano de acusación en los juicios políticos que contra éstos se instauren.

Fracción reformada DOF 28-12-1982

VI. Revisar la Cuenta Pública del año anterior, con el objeto de evaluar los resultados de la gestión financiera, comprobar si se ha ajustado a los criterios señalados por el Presupuesto y verificar el cumplimiento de los objetivos contenidos en los programas.

La revisión de la Cuenta Pública la realizará la Cámara de Diputados a través de la Auditoría Superior de la Federación. Si del examen que ésta realice aparecieran discrepancias entre las cantidades correspondientes a los ingresos o a los egresos, con relación a los conceptos y las partidas respectivas o no existiera exactitud o justificación en los ingresos obtenidos o en los gastos realizados, se determinarán las responsabilidades de acuerdo con la Ley. En el caso de la revisión sobre el cumplimiento de los objetivos de los programas, dicha autoridad sólo podrá emitir las recomendaciones para la mejora en el desempeño de los mismos, en los términos de la Ley.

Párrafo reformado DOF 27-05-2015

La Cuenta Pública del ejercicio fiscal correspondiente deberá ser presentada a la Cámara de Diputados a más tardar el 30 de abril del año siguiente. Sólo se podrá ampliar el plazo de presentación en los términos de la fracción IV, último párrafo, de este artículo; la prórroga no deberá exceder de 30 días naturales y, en tal supuesto, la Auditoria Superior de la Federación contará con el mismo tiempo adicional para la presentación del Informe General Ejecutivo del resultado de la Fiscalización Superior de la Cuenta Pública.

Párrafo reformado DOF 27-05-2015

La Cámara concluirá la revisión de la Cuenta Pública a más tardar el 31 de octubre del año siguiente al de su presentación, con base en el análisis de su contenido y en las conclusiones técnicas del Informe General Ejecutivo del resultado de la Fiscalización Superior, a que se refiere el artículo 79 de esta Constitución, sin menoscabo de que el trámite de las observaciones, recomendaciones y acciones promovidas por la Auditoría Superior de la Federación, seguirá su curso en términos de lo dispuesto en dicho artículo.

Párrafo reformado DOF 09-08-2012, 27-05-2015

La Cámara de Diputados evaluará el desempeño de la Auditoría Superior de la Federación y al efecto le podrá requerir que le informe sobre la evolución de sus trabajos de fiscalización;

Párrafo reformado DOF 27-05-2015

Fracción reformada DOF 20-08-1928, 08-10-1974. Derogada DOF 10-08-1987. Adicionada DOF 07-05-2008

VII. Aprobar el Plan Nacional de Desarrollo en el plazo que disponga la ley. En caso de que la Cámara de Diputados no se pronuncie en dicho plazo, el Plan se entenderá aprobado;

Fracción adicionada DOF 20-08-1928. Derogada DOF 28-12-1982. Adicionada DOF 10-02-2014

VIII. Designar, por el voto de las dos terceras partes de sus miembros presentes, a los titulares de los órganos internos de control de los organismos con autonomía reconocida en esta Constitución que ejerzan recursos del Presupuesto de Egresos de la Federación, y

Fracción adicionada DOF 27-05-2015

IX. Las demás que le confiere expresamente esta Constitución.

Fracción adicionada DOF 20-08-1928. Recorrida DOF 27-05-2015

Retribuciones de cargos públicos

Artículo 75. La Cámara de Diputados, al aprobar el Presupuesto de Egresos, no podrá dejar de señalar la retribución que corresponda a un empleo que esté establecido por la ley; y en caso de que por cualquiera circunstancia se omita fijar dicha remuneración, se entenderá por señalada la que hubiere tenido fijada en el Presupuesto anterior o en la ley que estableció el empleo.

En todo caso, dicho señalamiento deberá respetar las bases previstas en el artículo 127 de esta Constitución y en las leyes que en la materia expida el Congreso General.

Párrafo adicionado DOF 24-08-2009

Los poderes federales Legislativo, Ejecutivo y Judicial, así como los organismos con autonomía reconocida en esta Constitución que ejerzan recursos del Presupuesto de Egresos de la Federación, deberán incluir dentro de sus proyectos de presupuestos, los tabuladores desglosados de las remuneraciones que se propone perciban sus servidores públicos. Estas propuestas deberán observar el procedimiento que para la aprobación del presupuesto de egresos, prevé el artículo 74 fracción IV de esta Constitución y demás disposiciones legales aplicables.

Párrafo adicionado DOF 24-08-2009

Facultades del Senado

Artículo 76. Son facultades exclusivas del Senado:

I. Analizar la política exterior desarrollada por la persona titular del Ejecutivo Federal con base en los informes anuales que las personas titulares de la Presidencia de la República y de la Secretaría del Despacho correspondiente rindan al Congreso.

Además, aprobar los tratados internacionales y convenciones diplomáticas que el Ejecutivo Federal suscriba, así como su decisión de terminar, denunciar, suspender, modificar, enmendar, retirar reservas y formular declaraciones interpretativas sobre los mismos;

Fracción reformada DOF 06-12-1977, 12-02-2007, 15-10-2025

II. Ratificar los nombramientos que la persona titular de la Presidencia de la República haga de las personas titulares de las Secretarías de Estado, en caso de que ésta opte por un gobierno de coalición, con excepción de las correspondientes a los ramos de Defensa Nacional y Marina; de las nombradas como Secretario responsable del control interno del Ejecutivo Federal; de la Secretaría de Relaciones Exteriores; de las embajadas y de los consulados generales; empleadas superiores del ramo de Relaciones Exteriores, y Coroneles y demás jefes superiores del Ejército, Armada, Fuerza Aérea Nacionales y Guardia Nacional, en los términos que la ley disponga;

Párrafo reformado DOF 20-12-2024, 15-10-2025

III. Autorizarlo también para que pueda permitir la salida de tropas nacionales fuera de los límites del País, el paso de tropas extranjeras por el territorio nacional y la estación de escuadras de otra potencia, por más de un mes, en aguas mexicanas.

IV. Analizar y aprobar el informe anual que el Ejecutivo Federal le presente sobre las actividades de la Guardia Nacional;

Fracción reformada DOF 08-10-1974, 29-01-2016, 26-03-2019

V. Declarar, cuando hayan desaparecido todos los poderes constitucionales de una entidad federativa, que es llegado el caso de nombrarle una persona titular del poder ejecutivo provisional, quien convocará a elecciones conforme a las leyes constitucionales de la entidad federativa. El nombramiento de la persona titular del poder ejecutivo local se hará por el Senado a propuesta en terna de la persona titular de la Presidencia de la República con aprobación de las dos terceras partes de las personas integrantes presentes, y en los recesos, por la Comisión Permanente, conforme a las mismas reglas. Quien fuere así nombrado, no podrá ser electa persona titular del poder ejecutivo en las elecciones que se verifiquen en virtud de la convocatoria que él expidiere. Esta disposición regirá siempre que las constituciones de las entidades federativas no prevean el caso.

Fracción reformada DOF 29-01-2016, 15-10-2025

VI. Resolver las cuestiones políticas que surjan entre los poderes de una entidad federativa cuando alguno de ellos ocurra con ese fin al Senado, o cuando con motivo de dichas cuestiones se haya interrumpido el orden constitucional, mediando un conflicto de armas. En este caso el Senado dictará su resolución, sujetándose a la Constitución General de la República y a la de la entidad federativa.

Párrafo reformado DOF 29-01-2016

La ley reglamentará el ejercicio de esta facultad y el de la anterior.

Fracción reubicada por aplicación de la reforma DOF 20-08-1928

VII. Erigirse en Jurado de sentencia para conocer en juicio político de las faltas u omisiones que cometan las personas servidoras públicas y que redunden en perjuicio de los intereses públicos fundamentales y de su buen despacho, en los términos del artículo 110 de esta Constitución.

Fracción reformada DOF 28-12-1982, 15-10-2025

VIII. Otorgar o negar las solicitudes de licencia o renuncia de las personas servidoras públicas del Poder Judicial de la Federación conforme al artículo 98 de esta Constitución y en los términos que establezcan las leyes;

Fracción reformada DOF 20-08-1928, 31-12-1994, 15-09-2024

IX. Se deroga.

Fracción adicionada DOF 20-08-1928. Derogada DOF 28-12-1982. Adicionada DOF 25-10-1993. Derogada DOF 29-01-2016

X. Autorizar mediante decreto aprobado por el voto de las dos terceras partes de las personas integrantes presentes, los convenios amistosos que sobre sus respectivos límites celebren las entidades federativas;

Fracción adicionada DOF 08-12-2005. Reformada DOF 15-10-2025

XI. Analizar y aprobar la Estrategia Nacional de Seguridad Pública, en el plazo que disponga la ley, previa comparecencia de la persona titular de la secretaría del ramo. En caso de que el Senado no se pronuncie en dicho plazo, ésta se entenderá aprobada;

Fracción adicionada DOF 08-12-2005. Derogada DOF 15-10-2012. Adicionada DOF 10-02-2014. Reformada DOF 26-03-2019, 15-10-2025

XII. Se deroga.

Fracción derogada DOF 20-12-2024

XIII. Integrar la lista de personas candidatas a ocupar la titularidad de la Fiscalía General de la República; nombrar a dicha persona servidora pública, y formular objeción a la remoción que de la misma haga el Ejecutivo Federal, de conformidad con el artículo 102, Apartado A, de esta Constitución, y

Fracción adicionada DOF 10-02-2014. Reformada DOF 15-10-2025

XIV. Las demás que la misma Constitución le atribuya.

Fracción adicionada DOF 20-08-1928. Reformada y recorrida DOF 08-12-2005. Recorrida DOF 07-02-2014, 10-02-2014

Facultades independientes de ambas cámaras

Artículo 77. Cada una de las Cámaras puede, sin intervención de la otra:

I. Dictar resoluciones económicas relativas a su régimen interior.

II. Comunicarse en la Cámara colegisladora y con el Ejecutivo de la Unión, por medio de comisiones de su seno.

III. Nombrar los empleados de su secretaría y hacer el reglamento interior de la misma.

IV. Expedir convocatoria, dentro del término de 30 días a partir de que ocurra la vacante, para elecciones extraordinarias que deberán celebrarse dentro de los 90 días siguientes, con el fin de cubrir las vacantes de sus miembros a que se refiere el artículo 63 de esta Constitución, en el caso de vacantes de diputados y senadores del Congreso de la Unión por el principio de mayoría relativa, salvo que la vacante ocurra dentro del año final del ejercicio del legislador correspondiente.

Fracción reformada DOF 15-12-1986, 29-10-2003

SECCIÓN IV
DE LA COMISIÓN PERMANENTE

Comisión permanente

Artículo 78. Durante los recesos del Congreso de la Unión habrá una Comisión Permanente compuesta de 37 integrantes de los que 19 serán de la Cámara de Diputados y 18 de la de Senadores, nombrados por sus respectivas Cámaras la víspera de la clausura de los períodos ordinarios de sesiones. Para cada titular las Cámaras nombrarán, de entre sus integrantes en ejercicio, una persona sustituta.

Párrafo reformado DOF 15-10-2025

Facultades La Comisión Permanente, además de las atribuciones que expresamente le confiere esta Constitución, tendrá las siguientes:

I. Derogada.

Fracción derogada DOF 26-03-2019

II. Recibir, en su caso, la protesta de la persona titular de la Presidencia de la República;

Fracción reformada DOF 15-10-2025

III. Resolver los asuntos de su competencia; recibir durante el receso del Congreso de la Unión las iniciativas de ley, las observaciones a los proyectos de ley o decreto que envíe la persona titular del Ejecutivo y proposiciones dirigidas a las Cámaras y turnarlas para dictamen a las comisiones de la Cámara a la que vayan dirigidas, a fin de que se despachen en el inmediato periodo de sesiones;

Fracción reformada DOF 17-08-2011, 15-10-2025

IV. Acordar por sí o a propuesta de la persona titular del Ejecutivo, la convocatoria del Congreso o de una sola Cámara a sesiones extraordinarias, siendo necesario en ambos casos el voto de las dos terceras partes de los individuos presentes. La convocatoria señalará el objeto u objetos de las sesiones extraordinarias. Cuando la convocatoria sea al Congreso General para que se erija en Colegio Electoral y designe presidente interino o substituto, la aprobación de la convocatoria se hará por mayoría;

Fracción reformada DOF 09-08-2012, 15-10-2025

V. Se deroga.

Fracción derogada DOF 10-02-2014

VI. Conceder licencia, hasta por sesenta días naturales, a la persona titular de la Presidencia de la República;

Fracción reformada DOF 09-08-2012, 15-10-2025

VII. Ratificar los nombramientos que la persona titular de la Presidencia de la República haga de las personas titulares de embajadas, consulados generales, empleados superiores de Hacienda, Coroneles y demás jefes superiores del Ejército, Armada y Fuerza Aérea Nacionales, así como de la Guardia Nacional, en los términos que la ley disponga, y

Fracción reformada DOF 20-12-2024, 15-10-2025

VIII. Conocer y resolver sobre las solicitudes de licencia que le sean presentadas por las personas legisladoras.

Párrafo con fracciones adicionado DOF 30-07-1999

Artículo reformado DOF 29-12-1980, 10-08-1987, 15-10-2025

SECCIÓN V
DE LA FISCALIZACIÓN SUPERIOR DE LA FEDERACIÓN

Sección adicionada DOF 30-07-1999

Fiscalización superior

Artículo 79. La Auditoría Superior de la Federación de la Cámara de Diputados, tendrá autonomía técnica y de gestión en el ejercicio de sus atribuciones y para decidir sobre su organización interna, funcionamiento y resoluciones, en los términos que disponga la ley.

Párrafo reformado DOF 27-05-2015

La función de fiscalización será ejercida conforme a los principios de legalidad, definitividad, imparcialidad y confiabilidad.

Párrafo adicionado DOF 07-05-2008. Reformado DOF 27-05-2015

La Auditoría Superior de la Federación podrá iniciar el proceso de fiscalización a partir del primer día hábil del ejercicio fiscal siguiente, sin perjuicio de que las observaciones o recomendaciones que, en su caso realice, deberán referirse a la información definitiva presentada en la Cuenta Pública.

Párrafo adicionado DOF 27-05-2015

Asimismo, por lo que corresponde a los trabajos de planeación de las auditorías, la Auditoría Superior de la Federación podrá solicitar información del ejercicio en curso, respecto de procesos concluidos.

Párrafo adicionado DOF 27-05-2015

Competencia

La Auditoría Superior de la Federación tendrá a su cargo:

Párrafo reformado DOF 27-05-2015

I. Fiscalizar en forma posterior los ingresos, egresos y deuda; las garantías que, en su caso, otorgue el Gobierno Federal respecto a empréstitos de los Estados y Municipios; el manejo, la custodia y la aplicación de fondos y recursos de los Poderes de la Unión y de los entes públicos federales, así como realizar auditorías sobre el desempeño en el cumplimiento de los objetivos contenidos en los programas federales, a través de los informes que se rendirán en los términos que disponga la Ley.

Párrafo reformado DOF 26-05-2015

También fiscalizará directamente los recursos federales que administren o ejerzan las entidades federativas, los municipios y las demarcaciones territoriales de la Ciudad de México. En los términos que establezca la ley fiscalizará, en coordinación con las entidades locales de fiscalización o de manera directa, las participaciones federales. En el caso de los Estados y los Municipios cuyos empréstitos cuenten con la garantía de la Federación, fiscalizará el destino y ejercicio de los recursos correspondientes que hayan realizado los gobiernos locales. Asimismo, fiscalizará los recursos federales que se destinen y se ejerzan por cualquier entidad, persona física o moral, pública o privada, y los transferidos a fideicomisos, fondos y mandatos, públicos o privados, o cualquier otra figura jurídica, de conformidad con los procedimientos establecidos en las leyes y sin perjuicio de la competencia de otras autoridades y de los derechos de los usuarios del sistema financiero.

Párrafo reformado DOF 26-05-2015, 27-05-2015, 29-01-2016

Las entidades fiscalizadas a que se refiere el párrafo anterior deberán llevar el control y registro contable, patrimonial y presupuestario de los recursos de la Federación que les sean transferidos y asignados, de acuerdo con los criterios que establezca la Ley.

La Auditoría Superior de la Federación podrá solicitar y revisar, de manera casuística y concreta, información de ejercicios anteriores al de la Cuenta Pública en revisión, sin que por este motivo se entienda, para todos los efectos legales, abierta nuevamente la Cuenta Pública del ejercicio al que pertenece la información solicitada, exclusivamente cuando el programa, proyecto o la erogación, contenidos en el presupuesto en revisión abarque para su ejecución y pago diversos ejercicios fiscales o se trate de revisiones sobre el cumplimiento de los objetivos de los programas federales. Las observaciones y recomendaciones que, respectivamente, la Auditoría Superior de la Federación emita, sólo podrán referirse al ejercicio de los recursos públicos de la Cuenta Pública en revisión.

Párrafo reformado DOF 27-05-2015

Sin perjuicio de lo previsto en el párrafo anterior, en las situaciones que determine la Ley, derivado de denuncias, la Auditoría Superior de la Federación, previa autorización de su Titular, podrá revisar durante el ejercicio fiscal en curso a las entidades fiscalizadas, así como respecto de ejercicios anteriores. Las entidades fiscalizadas proporcionarán la información que se solicite para la revisión, en los plazos y términos señalados por la Ley y, en caso de incumplimiento, serán aplicables las sanciones previstas en la misma. La Auditoría Superior de la Federación rendirá un informe específico a la Cámara de Diputados y, en su caso, promoverá las acciones que correspondan ante el Tribunal Federal de Justicia Administrativa, la Fiscalía Especializada en Combate a la Corrupción o las autoridades competentes;

Párrafo reformado DOF 27-05-2015

Fracción reformada DOF 07-05-2008

Informes

II. Entregar a la Cámara de Diputados, el último día hábil de los meses de junio y octubre, así como el 20 de febrero del año siguiente al de la presentación de la Cuenta Pública, los informes individuales de auditoría que concluya durante el periodo respectivo. Asimismo, en esta última fecha, entregar el Informe General Ejecutivo del Resultado de la Fiscalización Superior de la Cuenta Pública, el cual se someterá a la consideración del Pleno de dicha Cámara. El Informe General Ejecutivo y los informes individuales serán de carácter público y tendrán el contenido que determine la ley; estos últimos incluirán como mínimo el dictamen de su revisión, un apartado específico con las observaciones de la Auditoría Superior de la Federación, así como las justificaciones y aclaraciones que, en su caso, las entidades fiscalizadas hayan presentado sobre las mismas.

Para tal efecto, de manera previa a la presentación del Informe General Ejecutivo y de los informes individuales de auditoría, se darán a conocer a las entidades fiscalizadas la parte que les corresponda de los resultados de su revisión, a efecto de que éstas presenten las justificaciones y aclaraciones que correspondan, las cuales deberán ser valoradas por la Auditoría Superior de la Federación para la elaboración de los informes individuales de auditoría.

El titular de la Auditoría Superior de la Federación enviará a las entidades fiscalizadas los informes individuales de auditoría que les corresponda, a más tardar a los 10 días hábiles posteriores a que haya sido entregado el informe individual de auditoría respectivo a la Cámara de Diputados, mismos que contendrán las recomendaciones y acciones que correspondan para que, en un plazo de hasta 30 días hábiles, presenten la información y realicen las consideraciones que estimen pertinentes; en caso de no hacerlo se harán acreedores a las sanciones establecidas en Ley. Lo anterior, no aplicará a las promociones de responsabilidades ante el Tribunal Federal de Justicia Administrativa, las cuales se sujetarán a los procedimientos y términos que establezca la Ley.

La Auditoría Superior de la Federación deberá pronunciarse en un plazo de 120 días hábiles sobre las respuestas emitidas por las entidades fiscalizadas, en caso de no hacerlo, se tendrán por atendidas las recomendaciones y acciones promovidas.

En el caso de las recomendaciones, las entidades fiscalizadas deberán precisar ante la Auditoría Superior de la Federación las mejoras realizadas, las acciones emprendidas o, en su caso, justificar su improcedencia.

La Auditoría Superior de la Federación deberá entregar a la Cámara de Diputados, los días 1 de los meses de mayo y noviembre de cada año, un informe sobre la situación que guardan las observaciones, recomendaciones y acciones promovidas, correspondientes a cada uno de los informes individuales de auditoría que haya presentado en los términos de esta fracción. En dicho informe, el cual tendrá carácter público, la Auditoría incluirá los montos efectivamente resarcidos a la Hacienda Pública Federal o al patrimonio de los entes públicos federales, como consecuencia de sus acciones de fiscalización, las denuncias penales presentadas y los procedimientos iniciados ante el Tribunal Federal de Justicia Administrativa.

La Auditoría Superior de la Federación deberá guardar reserva de sus actuaciones y observaciones hasta que rinda los informes individuales de auditoría y el Informe General Ejecutivo a la Cámara de Diputados a que se refiere esta fracción; la Ley establecerá las sanciones aplicables a quienes infrinjan esta disposición;

Fracción reformada DOF 07-05-2008, 27-05-2015

III. Investigar los actos u omisiones que impliquen alguna irregularidad o conducta ilícita en el ingreso, egreso, manejo, custodia y aplicación de fondos y recursos federales, y efectuar visitas domiciliarias, únicamente para exigir la exhibición de libros, papeles o archivos indispensables para la realización de sus investigaciones, sujetándose a las leyes y a las formalidades establecidas para los cateos, y

IV. Derivado de sus investigaciones, promover las responsabilidades que sean procedentes ante el Tribunal Federal de

Justicia Administrativa y la Fiscalía Especializada en Combate a la Corrupción, para la imposición de las sanciones que correspondan a los servidores públicos federales y, en el caso del párrafo segundo de la fracción I de este artículo, a los servidores públicos de los estados, municipios, del Distrito Federal y sus demarcaciones territoriales, y a los particulares.

Fracción reformada DOF 07-05-2008, 27-05-2015

Designación de persona titular

La Cámara de Diputados designará al titular de la Auditoría Superior de la Federación por el voto de las dos terceras partes de sus miembros presentes. La ley determinará el procedimiento para su designación. Dicho titular durará en su encargo ocho años y podrá ser nombrado nuevamente por una sola vez. Podrá ser removido, exclusivamente, por las causas graves que la ley señale, con la misma votación requerida para su nombramiento, o por las causas y conforme a los procedimientos previstos en el Título Cuarto de esta Constitución.

Párrafo reformado DOF 27-05-2015

Requisitos

Para ser titular de la Auditoría Superior de la Federación se requiere cumplir, además de los requisitos establecidos en las fracciones I, II, IV, V y VI del artículo 95 de esta Constitución, los que señale la ley. Durante el ejercicio de su encargo no podrá formar parte de ningún partido político, ni desempeñar otro empleo, cargo o comisión, salvo los no remunerados en asociaciones científicas, docentes, artísticas o de beneficencia.

Párrafo reformado DOF 27-05-2015

Los Poderes de la Unión, las entidades federativas y las demás entidades fiscalizadas facilitarán los auxilios que requiera la Auditoría Superior de la Federación para el ejercicio de sus funciones y, en caso de no hacerlo, se harán acreedores a las sanciones que establezca la Ley. Asimismo, los servidores públicos federales y locales, así como cualquier entidad, persona física o moral, pública o privada, fideicomiso, mandato o fondo, o cualquier otra figura jurídica, que reciban o ejerzan recursos públicos federales, deberán proporcionar la información y documentación que solicite la Auditoría Superior de la Federación, de conformidad con los procedimientos establecidos en las leyes y sin perjuicio de la competencia de otras autoridades y de los derechos de los usuarios del sistema financiero. En caso de no proporcionar la información, los responsables serán sancionados en los términos que establezca la Ley.

Párrafo reformado DOF 07-05-2008, 27-05-2015

El Poder Ejecutivo Federal aplicará el procedimiento administrativo de ejecución para el cobro de las indemnizaciones y sanciones pecuniarias a que se refiere la fracción IV del presente artículo.

Artículo reformado DOF 24-11-1923, 20-08-1928, 29-04-1933, 21-10-1966, 06-07-1971, 08-10-1974, 08-02-1985, 10-08-1987, 25-10-1993, 31-12-1994, 30-07-1999

CAPÍTULO III
DEL PODER EJECUTIVO

Poder Ejecutivo

Artículo 80. Se deposita el ejercicio del Supremo Poder Ejecutivo de la Unión en un solo individuo, que se denominará "Presidente de los Estados Unidos Mexicanos."

Artículo original DOF 05-02-1917

Elección presidencial

Artículo 81. La elección del presidente será directa y en los términos que disponga la ley electoral. El cargo de presidente de los Estados Unidos Mexicanos puede ser revocado en los términos establecidos en esta Constitución.

Artículo reformado DOF 20-12-2019

Requisitos

Artículo 82. Para ser Presidente se requiere:

I. Ser ciudadano mexicano por nacimiento, en pleno goce de sus derechos, hijo de padre o madre mexicanos y haber residido en el país al menos durante veinte años.

Fracción reformada DOF 01-07-1994

II. Tener 35 años cumplidos al tiempo de la elección;

III. Haber residido en el país durante todo el año anterior al día de la elección. La ausencia del país hasta por treinta días, no interrumpe la residencia.

Fracción reformada DOF 20-08-1993

IV. No pertenecer al estado eclesiástico ni ser ministro de algún culto.

V. No estar en servicio activo, en caso de pertenecer al Ejército, Fuerza Aérea, Armada y Guardia Nacional, seis meses antes del día de la elección.

Fracción reformada DOF 08-01-1943, 30-09-2024

VI. No ser titular de una Secretaría de Estado o Subsecretaría, o de la Fiscalía General de la República, o del poder ejecutivo de alguna entidad federativa, a menos de que se separe de su puesto seis meses antes del día de la elección

Fracción reformada DOF 08-01-1943, 08-10-1974, 19-06-2007, 10-02-2014, 29-01-2016, 01-04-2025

VII. No estar comprendido en alguno de los impedimentos previstos en el artículo 83 de esta Constitución, y

Artículo reformado DOF 22-01-1927, 01-04-2025

VIII. No tener o haber tenido en los últimos tres años anteriores al día de la elección un vínculo de matrimonio o concubinato o unión de hecho, o de parentesco por consanguinidad o civil en línea recta sin limitación de grado y en línea colateral hasta el cuarto grado o de afinidad hasta el segundo grado, con la persona que está ejerciendo la titularidad del Ejecutivo Federal.

Fracción adicionada DOF 01-04-2025

Duración del cargo

Artículo 83. El Presidente entrará a ejercer su encargo el 1o. de octubre y durará en él seis años. El ciudadano que haya desempeñado el cargo de Presidente de la República, electo popularmente, o con el carácter de interino o sustituto, o asuma provisionalmente la titularidad del Ejecutivo Federal, en ningún caso y por ningún motivo podrá volver a desempeñar ese puesto.

Artículo reformado DOF 22-01-1927, 24-01-1928, 29-04-1933, 09-08-2012, 10-02-2014

Presidencia interina o sustituta

Artículo 84. En caso de falta absoluta del Presidente de la República, en tanto el Congreso nombra al presidente interino o substituto, lo que deberá ocurrir en un término no mayor a sesenta días, el Secretario de Gobernación asumirá provisionalmente la titularidad del Poder Ejecutivo. En este caso no será aplicable lo establecido en las fracciones II, III y VI del artículo 82 de esta Constitución.

Quien ocupe provisionalmente la Presidencia no podrá remover o designar a los Secretarios de Estado sin autorización previa de la Cámara de Senadores. Asimismo, entregará al Congreso de la Unión un informe de labores en un plazo no mayor a diez días, contados a partir del momento en que termine su encargo.

Párrafo reformado DOF 10-02-2014

Cuando la falta absoluta del Presidente ocurriese en los dos primeros años del período respectivo, si el Congreso de la Unión se encontrase en sesiones y concurriendo, cuando menos, las dos terceras partes del número total de los miembros de cada Cámara, se constituirá inmediatamente en Colegio Electoral y nombrará en escrutinio secreto y por mayoría absoluta de votos, un presidente interino, en los términos que disponga la Ley del Congreso. El mismo Congreso expedirá, dentro de los diez días siguientes a dicho nombramiento, la convocatoria para la elección del Presidente que deba concluir el período respectivo, debiendo mediar entre la fecha de la convocatoria y la que se señale para la realización de la jornada electoral, un plazo no menor de siete meses ni mayor de nueve. El así electo iniciará su encargo y rendirá protesta ante el Congreso siete días después de concluido el proceso electoral.

Si el Congreso no estuviere en sesiones, la Comisión Permanente lo convocará inmediatamente a sesiones extraordinarias para que se constituya en Colegio Electoral, nombre un presidente interino y expida la convocatoria a elecciones presidenciales en los términos del párrafo anterior.

Cuando la falta absoluta del Presidente ocurriese en los cuatro últimos años del período respectivo, si el Congreso de la Unión se encontrase en sesiones, designará al presidente substituto que deberá concluir el período, siguiendo, en lo conducente, el mismo procedimiento que en el caso del presidente interino.

Si el Congreso no estuviere reunido, la Comisión Permanente lo convocará inmediatamente a sesiones extraordinarias para que se constituya en Colegio Electoral y nombre un presidente substituto siguiendo, en lo conducente, el mismo procedimiento que en el caso del presidente interino.

En caso de haberse revocado el mandato del Presidente de la República, asumirá provisionalmente la titularidad del Poder Ejecutivo quien ocupe la presidencia del Congreso; dentro de los treinta días siguientes, el Congreso nombrará a quien concluirá el período constitucional. En ese período, en lo conducente, se aplicará lo dispuesto en los párrafos primero, segundo, quinto y sexto.

Párrafo adicionado DOF 20-12-2019

Artículo reformado DOF 24-11-1923, 29-04-1933, 09-08-2012

Presidencia interina o sustituta

Artículo 85. Si antes de iniciar un periodo constitucional la elección no estuviese hecha o declarada válida, cesará el Presidente cuyo periodo haya concluido y será presidente interino el que haya designado el Congreso, en los términos del artículo anterior.

Párrafo reformado DOF 13-11-2007, 09-08-2012

Si al comenzar el periodo constitucional hubiese falta absoluta del Presidente de la República, asumirá provisionalmente el cargo el Presidente de la Cámara de Senadores, en tanto el Congreso designa al presidente interino, conforme al artículo anterior.

Párrafo reformado DOF 09-08-2012

Cuando el Presidente solicite licencia para separarse del cargo hasta por sesenta días naturales, una vez autorizada por el Congreso, el Secretario de Gobernación asumirá provisionalmente la titularidad del Poder Ejecutivo.

Párrafo reformado DOF 09-08-2012

Si la falta, de temporal se convierte en absoluta, se procederá como dispone el artículo anterior.

Fe de erratas al artículo DOF 06-02-1917.
Artículo reformado DOF 29-04-1933

Renuncia

Artículo 86. El cargo de Presidente de la República sólo es renunciable por causa grave, que calificará el Congreso de la Unión, ante el que se presentará la renuncia.

Artículo original DOF 05-02-1917

Protesta

Artículo 87. El Presidente, al tomar posesión de su cargo, prestará ante el Congreso de la Unión o ante la Comisión Permanente, en los recesos de aquél, la siguiente protesta: "Protesto guardar y hacer guardar la Constitución Política de los Estados Unidos Mexicanos y las leyes que de ella emanen, y desempeñar leal y patrióticamente el cargo de Presidente de la República que el pueblo me ha conferido, mirando en todo por el bien y prosperidad de la Unión; y si así no lo hiciere que la Nación me lo demande."

Si por cualquier circunstancia el Presidente no pudiere rendir la protesta en los términos del párrafo anterior, lo hará de inmediato ante las Mesas Directivas de las Cámaras del Congreso de la Unión.

Párrafo adicionado DOF 09-08-2012

En caso de que el Presidente no pudiere rendir la protesta ante el Congreso de la Unión, ante la Comisión Permanente o ante las Mesas Directivas de las Cámaras del Congreso de la

Unión lo hará de inmediato ante el Presidente de la Suprema Corte de Justicia de la Nación.

Párrafo adicionado DOF 09-08-2012

Ausencia del territorio

Artículo 88. El Presidente de la República podrá ausentarse del territorio nacional hasta por siete días, informando previamente de los motivos de la ausencia a la Cámara de Senadores o a la Comisión Permanente en su caso, así como de los resultados de las gestiones realizadas. En ausencias mayores a siete días, se requerirá permiso de la Cámara de Senadores o de la Comisión Permanente.

Artículo reformado DOF 21-10-1966, 29-08-2008

Facultades presidenciales

Artículo 89. Las facultades y obligaciones del Presidente, son las siguientes:

Párrafo reformado DOF 10-08-1987, 25-10-1993, 12-02-2007

I. Promulgar y ejecutar las leyes que expida el Congreso de la Unión, proveyendo en la esfera administrativa a su exacta observancia.

II. Nombrar y remover libremente a los Secretarios de Estado, remover a los embajadores, cónsules generales y empleados superiores de Hacienda, y nombrar y remover libremente a los demás empleados de la Unión, cuyo nombramiento o remoción no esté determinado de otro modo en la Constitución o en las leyes;

Los Secretarios de Estado y los empleados superiores de Hacienda y de Relaciones entrarán en funciones el día de su nombramiento. Cuando no sean ratificados en los términos de esta Constitución, dejarán de ejercer su encargo.

Párrafo adicionado DOF 10-02-2014

En los supuestos de la ratificación de los Secretarios de Relaciones y de Hacienda, cuando no se opte por un gobierno de coalición, si la Cámara respectiva no ratificare en dos ocasiones el nombramiento del mismo Secretario de Estado, ocupará el cargo la persona que designe el Presidente de la República;

Párrafo adicionado DOF 10-02-2014

Fracción reformada DOF 08-10-1974, 10-08-1987, 25-10-1993, 31-12-1994, 09-08-2012

III. Nombrar, con aprobación del Senado, a los embajadores, cónsules generales y empleados superiores de Hacienda;

Párrafo reformado DOF 20-12-2024

IV. Nombrar, con aprobación del Senado, a los Coroneles y demás oficiales superiores del Ejército, Armada, Fuerza Aérea y Guardia Nacional;

Fracción reformada DOF 10-02-1944, 09-08-2012, 30-09-2024

V. Nombrar a los demás oficiales del Ejército, Armada, Fuerza Aérea y Guardia Nacional, con arreglo a las leyes;

Fracción reformada DOF 10-02-1944, 30-09-2024

VI. Preservar la seguridad nacional, en los términos de la ley respectiva, y disponer de la totalidad de la Fuerza Armada permanente, o sea del Ejército, de la Armada, de la Fuerza Aérea y de la Guardia Nacional para la seguridad interior y defensa exterior de la Federación;

Fracción reformada DOF 10-02-1944, 05-04-2004, 30-09-2024

VII. Disponer del Ejército, de la Armada y de la Fuerza Aérea, en tareas de apoyo a la seguridad pública, en los términos que señale la ley;

Fracción reformada DOF 26-03-2019, 30-09-2024

VIII. Declarar la guerra en nombre de los Estados Unidos Mexicanos, previa ley del Congreso de la Unión.

IX. Intervenir en la designación del Fiscal General de la República y removerlo, en términos de lo dispuesto en el artículo 102, Apartado A, de esta Constitución;

Fracción derogada DOF 21-10-1966. Adicionada DOF 31-12-1994. Reformada DOF 10-02-2014

X. Dirigir la política exterior y celebrar tratados internacionales, así como terminar, denunciar, suspender, modificar, enmendar, retirar reservas y formular declaraciones interpretativas sobre los mismos, sometiéndolos a la aprobación del Senado. En la conducción de tal política, el titular del Poder Ejecutivo observará los siguientes principios normativos: la autodeterminación de los pueblos; la no intervención; la solución pacífica de controversias; la proscripción de la amenaza o el uso de la fuerza en las relaciones internacionales; la igualdad jurídica de los Estados; la cooperación internacional para el desarrollo; el respeto, la protección y promoción de los derechos humanos y la lucha por la paz y la seguridad internacionales;

Fracción reformada DOF 11-05-1988, 12-02-2007, 10-06-2011

XI. Convocar al Congreso a sesiones extraordinarias, cuando lo acuerde la Comisión Permanente.

Fracción reformada DOF 24-11-1923

XII. Facilitar al Poder Judicial los auxilios que necesite para el ejercicio expedito de sus funciones.

XIII. Habilitar toda clase de puertos, establecer aduanas marítimas y fronterizas, y designar su ubicación.

XIV. Conceder, conforme a las leyes, indultos a los reos sentenciados por delitos de competencia de los tribunales federales;

Fracción reformada DOF 08-10-1974, 29-01-2016

XV. Conceder privilegios exclusivos por tiempo limitado, con arreglo a la ley respectiva, a los descubridores, inventores o perfeccionadores de algún ramo de la industria.

XVI. Cuando la Cámara de Senadores no esté en sesiones, el Presidente de la República podrá hacer los nombramientos de que hablan las fracciones III, IV y IX, con aprobación de la Comisión Permanente;

Fracción reformada DOF 21-10-1966, 31-12-1994

XVII. En cualquier momento, optar por un gobierno de coalición con uno o varios de los partidos políticos representados en el Congreso de la Unión.

El gobierno de coalición se regulará por el convenio y el programa respectivos, los cuales deberán ser aprobados por mayoría de los miembros presentes de la Cámara de Senadores. El convenio establecerá las causas de la disolución del gobierno de coalición.

Fracción reformada DOF 20-08-1928, 08-10-1974, 10-08-1987. Derogada DOF 25-10-1993. Adicionada DOF 10-02-2014

XVIII. Se deroga

Fracción adicionada DOF 20-08-1928. Reformada DOF 31-12-1994. Derogada DOF 15-09-2024

XIX. Se deroga.

Fracción derogada DOF 20-12-2024

XX. Las demás que le confiere expresamente esta Constitución.

Fracción adicionada DOF 20-08-1928

Administración pública federal

Artículo 90. La Administración Pública Federal será centralizada y paraestatal conforme a la Ley Orgánica que expida el Congreso, que distribuirá los negocios del orden administrativo de la Federación que estarán a cargo de las Secretarías de Estado y definirá las bases generales de creación de las entidades paraestatales y la intervención del Ejecutivo Federal en su operación.

La (sic DOF 02-08-2007) leyes determinarán las relaciones entre las entidades paraestatales y el Ejecutivo Federal, o entre éstas y las Secretarías de Estado.

La función de Consejero Jurídico del Gobierno estará a cargo de la dependencia del Ejecutivo Federal que, para tal efecto, establezca la ley.

Párrafo adicionado DOF 10-02-2014

El Ejecutivo Federal representará a la Federación en los asuntos en que ésta sea parte, por conducto de la dependencia que tenga a su cargo la función de Consejero Jurídico del Gobierno o de las Secretarías de Estado, en los términos que establezca la ley.

Párrafo adicionado DOF 10-02-2014

Artículo reformado DOF 21-04-1981, 02-08-2007

Requisitos

Artículo 91. Para ser Secretario de Estado se requiere: ser ciudadano mexicano por nacimiento, estar en ejercicio de sus derechos y tener veinticinco años cumplidos.

Artículo reformado DOF 06-06-2023

Refrendo

Artículo 92. Todos los reglamentos, decretos, acuerdos y órdenes del Presidente deberán estar firmados por el Secretario de Estado a que el asunto corresponda, y sin este requisito no serán obedecidos.

Artículo reformado DOF 21-04-1981, 02-08-2007

Comparecencias

Artículo 93. Los Secretarios del Despacho, luego que esté abierto el periodo de sesiones ordinarias, darán cuenta al Congreso del estado que guarden sus respectivos ramos.

Párrafo reformado DOF 02-08-2007

Cualquiera de las Cámaras podrá convocar a los Secretarios de Estado, a los directores y administradores de las entidades paraestatales, así como a los titulares de los órganos autónomos, para que informen bajo protesta de decir verdad, cuando se discuta una ley o se estudie un negocio concerniente a sus respectivos ramos o actividades o para que respondan a interpelaciones o preguntas.

Párrafo reformado DOF 31-12-1994, 02-08-2007, 15-08-2008, 10-02-2014

Las Cámaras, a pedido de una cuarta parte de sus miembros, tratándose de los diputados, y de la mitad, si se trata de los Senadores, tienen la facultad de integrar comisiones para investigar el funcionamiento de dichos organismos descentralizados y empresas de participación estatal mayoritaria. Los resultados de las investigaciones se harán del conocimiento del Ejecutivo Federal.

Párrafo adicionado DOF 06-12-1977

Las Cámaras podrán requerir información o documentación a los titulares de las dependencias y entidades del gobierno federal, mediante pregunta por escrito, la cual deberá ser respondida en un término no mayor a 15 días naturales a partir de su recepción.

Párrafo adicionado DOF 15-08-2008

El ejercicio de estas atribuciones se realizará de conformidad con la Ley del Congreso y sus reglamentos.

Párrafo adicionado DOF 15-08-2008

Artículo reformado DOF 31-01-1974

CAPÍTULO IV
DEL PODER JUDICIAL

Poder Judicial de la Federación

Artículo 94. Se deposita el ejercicio del Poder Judicial de la Federación en una Suprema Corte de Justicia, en un Tribunal Electoral, en Plenos Regionales, en Tribunales Colegiados de Circuito, en Tribunales Colegiados de Apelación y en Juzgados de Distrito.

Párrafo reformado DOF 31-12-1994, 22-08-1996, 11-06-1999, 11-03-2021

Administración judicial

La administración del Poder Judicial de la Federación estará a cargo de un órgano de administración judicial, mientras que la disciplina de su personal estará a cargo del Tribunal de Disciplina Judicial, en los términos que, conforme a las bases que señala esta Constitución, establezcan las leyes.

Párrafo adicionado DOF 11-06-1999. Reformado DOF 15-09-2024

Suprema Corte

La Suprema Corte de Justicia de la Nación se compondrá de nueve integrantes, Ministras y Ministros, y funcionará en

Pleno. Su presidencia se renovará cada dos años de manera rotatoria en función del número de votos que obtenga cada candidatura en la elección respectiva, correspondiendo la presidencia a quienes alcancen mayor votación.

Párrafo reformado DOF 31-12-1994, 06-06-2019, 15-09-2024

En los términos que la ley disponga las sesiones del Pleno serán públicas.

Párrafo reformado DOF 15-09-2024

Competencia

La competencia de la Suprema Corte, su funcionamiento en Pleno, la competencia de los Plenos Regionales, de los Tribunales de Circuito, de los Juzgados de Distrito y del Tribunal Electoral, así como las responsabilidades en que incurran las servidoras y los servidores públicos del Poder Judicial de la Federación, se regirán por lo que dispongan las leyes y los acuerdos generales correspondientes, de conformidad con las bases que esta Constitución establece.

Párrafo reformado DOF 22-08-1996, 11-03-2021, 15-09-2024

El órgano de administración judicial determinará el número, división en circuitos, competencia territorial y especialización por materias, entre las que se incluirá la de radiodifusión, telecomunicaciones y competencia económica, de los Tribunales Colegiados de Circuito, de los Tribunales Colegiados de Apelación y de los Juzgados de Distrito.

Párrafo reformado DOF 31-12-1994, 11-06-2013, 11-03-2021, 15-09-2024

Plenos regionales

Asimismo, mediante acuerdos generales establecerán Plenos Regionales, los cuales ejercerán jurisdicción sobre los circuitos que los propios acuerdos determinen. Las leyes establecerán su integración y funcionamiento.

Párrafo adicionado DOF 06-06-2011. Reformado DOF 11-03-2021

La ley establecerá la forma y procedimientos mediante concursos abiertos para la integración de los órganos jurisdiccionales, observando el principio de paridad de género. La elección de las Magistradas y los Magistrados de Circuito, así como las Juezas y los Jueces de Distrito, se regirá por las bases previstas en el artículo 96 de esta Constitución.

Párrafo adicionado DOF 06-06-2019. Reformado DOF 15-09-2024

Acuerdos generales

El Pleno de la Suprema Corte de Justicia estará facultado para expedir acuerdos generales, a fin de lograr una adecuada distribución de los asuntos que competa conocer a la Corte, así como remitir asuntos a los Plenos Regionales y a los Tribunales Colegiados de Circuito, para mayor prontitud en el despacho de los mismos. Dichos acuerdos surtirán efectos después de publicados.

Párrafo reformado DOF 31-12-1994, 11-06-1999, 06-06-2011, 11-03-2021, 15-09-2024

Resolución prioritaria

Los juicios de amparo, las controversias constitucionales y las acciones de inconstitucionalidad se substanciarán y resolverán de manera prioritaria cuando alguna de las Cámaras del Congreso, a través de su presidente, o el Ejecutivo Federal, por conducto del consejero jurídico del gobierno, justifique la urgencia atendiendo al interés social o al orden público, en los términos de lo dispuesto por las leyes reglamentarias.

Párrafo adicionado DOF 06-06-2011

Jurisprudencia

La ley fijará los términos en que sea obligatoria la jurisprudencia que establezcan los Tribunales del Poder Judicial de la Federación sobre la interpretación de la Constitución y normas generales, así como los requisitos para su interrupción.

Párrafo reformado DOF 06-06-2011, 11-03-2021

Las razones que justifiquen las decisiones contenidas en las sentencias dictadas por el Pleno de la Suprema Corte de Justicia de la Nación por mayoría de seis votos serán obligatorias para todas las autoridades jurisdiccionales de la Federación y de las entidades federativas.

Párrafo adicionado DOF 11-03-2021. Reformado DOF 15-09-2024

Remuneraciones La remuneración que perciban por sus servicios las Ministras y los Ministros de la Suprema Corte, las Magistradas y los Magistrados de Circuito, las Juezas y los Jueces de Distrito, las Magistradas y los Magistrados del Tribunal de Disciplina Judicial, las Magistradas y los Magistrados Electorales y demás personal del Poder Judicial de la Federación, no podrá ser mayor a la establecida para la persona titular de la Presidencia de la República en el presupuesto correspondiente y no será disminuida durante su encargo.

Párrafo reformado DOF 31-12-1994, 22-08-1996, 15-09-2024

Duración Las Ministras y Ministros de la Suprema Corte de Justicia durarán en su encargo doce años y sólo podrán ser removidos del mismo en los términos del Título Cuarto de esta Constitución.

Párrafo reformado DOF 31-12-1994, 06-06-2011, 15-09-2024

Ninguna persona que haya sido ministro podrá ser electa para un nuevo periodo.

Párrafo adicionado DOF 31-12-1994. Reformado DOF 06-06-2011, 15-09-2024

Artículo reformado DOF 20-08-1928, 15-12-1934, 21-09-1944, 19-02-1951. Fe de erratas DOF 14-03-1951. Reformado DOF 25-10-1967, 28-12-1982, 10-08-1987

Requisitos **Artículo 95.** Para ser electo ministro de la Suprema Corte de Justicia de la Nación, se necesita:

Párrafo reformado DOF 02-08-2007

I. Ser ciudadano mexicano por nacimiento, en pleno ejercicio de sus derechos políticos y civiles.

II. Se deroga

Fracción reformada DOF 15-12-1934, 31-12-1994. Derogada DOF 15-09-2024

III. Poseer el día de la publicación de la convocatoria señalada en la fracción I del artículo 96 de esta Constitución título profesional de licenciado en derecho expedido legalmente, un promedio general de calificación de cuando menos ocho puntos o su equivalente y de nueve puntos o su equivalente en las materias relacionadas con el cargo al que se postula en la licenciatura, especialidad, maestría o doctorado, y práctica profesional de cuando menos cinco años en el ejercicio de la actividad jurídica;

Fracción reformada DOF 15-12-1934, 31-12-1994, 15-09-2024

IV. Gozar de buena reputación y no haber sido condenado por delito que amerite pena corporal de más de un año de prisión; pero si se tratare de robo, fraude, falsificación, abuso de confianza y otro que lastime seriamente la buena fama en el concepto público, inhabilitará para el cargo, cualquiera que haya sido la pena.

V. Haber residido en el país durante los dos años anteriores al día de la publicación de la convocatoria señalada en la fracción I del artículo 96 de esta Constitución; y

Fracción reformada DOF 31-12-1994, 15-09-2024

VI. No haber sido Secretario de Estado, Fiscal General de la República, senador, diputado federal, ni titular del poder ejecutivo de alguna entidad federativa, durante el año previo al día de la publicación de la convocatoria señalada en la fracción I del artículo 96 de esta Constitución.

Fracción adicionada DOF 31-12-1994. Reformada DOF 02-08-2007, 10-02-2014, 29-01-2016, 15-09-2024

Reforma DOF 15-09-2024: Derogó del artículo el entonces párrafo segundo (antes adicionado DOF 31-12-1994)

Elección judicial

Artículo 96. Las Ministras y Ministros de la Suprema Corte de Justicia de la Nación, Magistradas y Magistrados de la Sala Superior y las salas regionales del Tribunal Electoral del Poder Judicial de la Federación, Magistradas y Magistrados del Tribunal de Disciplina Judicial, Magistradas y Magistrados de Circuito y Juezas y Jueces de Distrito, serán elegidos de manera libre, directa y secreta por la ciudadanía el día que se realicen las elecciones federales ordinarias del año que corresponda conforme al siguiente procedimiento:

I. El Senado de la República publicará la convocatoria para la integración del listado de candidaturas dentro de los treinta días naturales siguientes a la instalación del primer periodo ordinario de sesiones del año anterior al de la elección que corresponda, que contendrá las etapas completas del procedimiento, sus fechas y plazos improrrogables y los cargos a elegir. El órgano de administración judicial hará del conocimiento del Senado los cargos sujetos a elección, la especialización por materia, el circuito judicial respectivo y demás información que requiera;

II. Los Poderes de la Unión postularán el número de candidaturas que corresponda a cada cargo conforme a los párrafos segundo y tercero del presente artículo. Para la evaluación y selección de sus postulaciones, observarán lo siguiente:

a) Los Poderes establecerán mecanismos públicos, abiertos, transparentes, inclusivos y accesibles que permitan la participación de todas las personas interesadas que acrediten los requisitos establecidos en esta Constitución y en las leyes, presenten un ensayo de tres cuartillas donde justifiquen los motivos de su postulación y remitan cinco cartas de referencia de sus vecinos, colegas o personas que respalden su idoneidad para desempeñar el cargo;

b) Cada Poder integrará un Comité de Evaluación conformado por cinco personas reconocidas en la actividad jurídica, que recibirá los expedientes de las personas aspirantes, evaluará el cumplimiento de los requisitos constitucionales y legales e identificará a las personas mejor evaluadas que cuenten con los conocimientos técnicos necesarios para el desempeño del cargo y se hayan distinguido por su honestidad, buena fama pública, competencia y antecedentes académicos y profesionales en el ejercicio de la actividad jurídica, y

c) Los Comités de Evaluación integrarán un listado de las diez personas mejor evaluadas para cada cargo en los casos de Ministras y Ministros de la Suprema Corte de Justicia de la Nación, Magistradas y Magistrados de la Sala Superior y salas regionales del Tribunal Electoral e integrantes del Tribunal de Disciplina Judicial, y de las seis personas mejor evaluadas para cada cargo en los casos de Magistradas y Magistrados de Circuito y Juezas y Jueces de Distrito. Posteriormente, depurarán dicho listado mediante insaculación pública para ajustarlo al número de postulaciones para cada cargo, observando la paridad de género. Ajustados los listados, los Comités los remitirán a la autoridad que represente a cada Poder de la Unión para su aprobación y envío al Senado.

III. El Senado de la República recibirá las postulaciones y remitirá los listados al Instituto Nacional Electoral a más tardar el 12 de febrero del año de la elección que corresponda, a efecto de que organice el proceso electivo.

Las personas candidatas podrán ser postuladas simultáneamente por uno o varios Poderes de la Unión, siempre que aspiren al mismo cargo. Los Poderes que no remitan sus postulaciones al término del plazo previsto en la convocatoria no podrán hacerlo posteriormente, y

IV. El Instituto Nacional Electoral efectuará los cómputos de la elección, publicará los resultados y entregará las constancias de mayoría a las candidaturas que obtengan el mayor número de votos, asignando los cargos alternadamente entre mujeres y hombres. También declarará la validez de la elección y enviará sus resultados a la Sala Superior del Tribunal Electoral del Poder Judicial de la Federación o al Pleno de la Suprema Corte de Justicia de la Nación para el caso de magistraturas electorales, quienes resolverán las impugnaciones antes de que el Senado de la República instale el primer periodo ordinario de sesiones del año de la elección que corresponda, fecha en que las personas aspirantes electas tomarán protesta de su encargo ante dicho órgano legislativo.

Para el caso de Ministras y Ministros de la Suprema Corte de Justicia de la Nación, Magistradas y Magistrados de la Sala Superior del Tribunal Electoral del Poder Judicial de la Federación e integrantes del Tribunal de Disciplina Judicial, la elección se realizará a nivel nacional conforme al procedimiento anterior y en los términos que dispongan las leyes. El Poder Ejecutivo postulará por conducto de la persona titular de la

Presidencia de la República hasta tres personas aspirantes; el Poder Legislativo postulará hasta tres personas, una por la Cámara de Diputados y dos por el Senado, mediante votación calificada de dos tercios de sus integrantes presentes, y el Poder Judicial de la Federación, por conducto del Pleno de la Suprema Corte de Justicia de la Nación, postulará hasta tres personas por mayoría de seis votos.

Para el caso de Magistradas y Magistrados de Circuito, así como Juezas y Jueces de Distrito, la elección se realizará por circuito judicial conforme al procedimiento establecido en este artículo y en los términos que dispongan las leyes. Cada uno de los Poderes de la Unión postulará hasta dos personas para cada cargo: el Poder Ejecutivo lo hará por conducto de su titular; el Poder Legislativo postulará una persona por cada Cámara mediante votación de dos terceras partes de sus integrantes presentes, y el Poder Judicial de la Federación, por conducto del Pleno de la Suprema Corte de Justicia de la Nación, postulará hasta dos personas por mayoría de seis votos.

El Senado incorporará a los listados que remita al Instituto Nacional Electoral a las personas que se encuentren en funciones en los cargos señalados en el párrafo anterior al cierre de la convocatoria respectiva, excepto cuando manifiesten la declinación de su candidatura dentro de los treinta días posteriores a su publicación o sean postuladas para un cargo o circuito judicial diverso. La asignación de los cargos electos se realizará por materia de especialización entre las candidaturas que obtengan el mayor número de votos.

La etapa de preparación de la elección federal correspondiente iniciará con la primera sesión que el Consejo General del Instituto Nacional Electoral celebre en los primeros siete días del mes de septiembre del año anterior a la elección.

Las personas candidatas tendrán derecho de acceso a radio y televisión de manera igualitaria, conforme a la distribución del tiempo que señale la ley y determine el Instituto Nacional Electoral. Podrán, además, participar en foros de debate organizados por el propio Instituto o en aquellos brindados gratuitamente por el sector público, privado o social en condiciones de equidad.

Para todos los cargos de elección dentro del Poder Judicial de la Federación estará prohibido el financiamiento público o privado de sus campañas, así como la contratación por sí o por interpósita persona de espacios en radio y televisión o de cualquier otro medio de comunicación para promocionar candidatas y candidatos. Los partidos políticos y las personas servidoras públicas no podrán realizar actos de proselitismo ni posicionarse a favor o en contra de candidatura alguna.

La duración de las campañas para los cargos señalados en el presente artículo será de sesenta días y en ningún caso habrá etapa de precampaña. La ley establecerá la forma de las campañas, así como las restricciones y sanciones aplicables a las personas candidatas o servidoras públicas cuyas manifestaciones o propuestas excedan o contravengan los parámetros constitucionales y legales.

Artículo reformado DOF 20-08-1928, 31-12-1994, 15-09-2024

Duración y reelección

Artículo 97. Las Magistradas y los Magistrados de Circuito, así como las Juezas y los Jueces de Distrito durarán en su encargo nueve años y podrán ser reelectos de forma consecutiva cada que concluya su periodo. No podrán ser readscritos fuera del circuito judicial en el que hayan sido electos, salvo que por causa excepcional lo determine el Tribunal de Disciplina Judicial, y podrán ser removidos en los casos y conforme a los procedimientos que establezca la ley.

Párrafo reformado DOF 11-03-2021, 15-09-2024

Requisitos

Para ser electo Magistrada o Magistrado de Circuito, así como Jueza o Juez de Distrito, se necesita:

I. Tener ciudadanía mexicana por nacimiento, en pleno ejercicio de sus derechos civiles y políticos;

II. Contar el día de la publicación de la convocatoria señalada en la fracción I del artículo 96 de esta Constitución con título de licenciatura en derecho expedido legalmente y haber obtenido un promedio general de calificación de cuando menos ocho puntos o su equivalente y de nueve puntos o equivalente en las materias relacionadas con el cargo al que se postula en la licenciatura, especialidad, maestría o doctorado. Para el caso de Magistrada y Magistrado de Circuito deberá contar además con práctica profesional de al menos tres años en un área jurídica afín a su candidatura;

III. Gozar de buena reputación y no haber sido condenado por delito doloso con sanción privativa de la libertad;

IV. Haber residido en el país durante el año anterior al día de la publicación de la convocatoria señalada en la fracción I del artículo 96 de esta Constitución, y

V. No haber sido persona titular de una Secretaría de Estado, Fiscal General de la República, senadora o senador, diputada o diputado federal, ni persona titular del poder ejecutivo de alguna entidad federativa, durante el año previo al día de la publicación de la convocatoria señalada en la fracción I del artículo 96 de esta Constitución.

Párrafo con fracciones adicionado DOF 15-09-2024

El ingreso, formación y permanencia del personal de la carrera judicial del Poder Judicial de la Federación se sujetará a la regulación establecida en las disposiciones aplicables.

Párrafo adicionado DOF 11-03-2021. Reformado DOF 15-09-2024

Disciplina judicial

Cualquier persona o autoridad podrá denunciar ante el Tribunal de Disciplina Judicial hechos que pudieran ser objeto de responsabilidad administrativa o penal cometidos por alguna persona servidora pública del Poder Judicial de la Federación, incluyendo ministros, magistrados y jueces, a efecto de que investigue y, en su caso, sancione la conducta denunciada. El Tribunal de Disciplina Judicial conducirá y sustanciará sus procedimientos de manera pronta, completa, expedita e imparcial, conforme al procedimiento que establezca la ley.

Párrafo reformado DOF 10-06-2011, 15-09-2024

La Suprema Corte de Justicia nombrará y removerá a sus secretarios, secretarias y demás funcionarios y empleados. El nombramiento y remoción de las funcionarias, los funcionarios y empleados de los Tribunales de Circuito y de los Juzgados de Distrito, se realizará conforme a lo que establezcan las disposiciones aplicables.

Párrafo reformado DOF 11-03-2021

Cada cuatro años, el Pleno elegirá de entre sus miembros al Presidente de la Suprema Corte de Justicia de la Nación, el cual no podrá ser reelecto para el período inmediato posterior.

Protesta

Cada Ministro de la Suprema Corte de Justicia, al entrar a ejercer su encargo, protestará ante el Senado, en la siguiente forma:

Presidente: "¿Protestáis desempeñar leal y patrióticamente el cargo de Ministro de la Suprema Corte de Justicia de la Nación que se os ha conferido y guardar y hacer guardar la Constitución Política de los Estados Unidos Mexicanos y las leyes que de ella emanen, mirando en todo por el bien y prosperidad de la Unión?"

Ministro: "Sí protesto"

Presidente: "Si no lo hiciereis así, la Nación os lo demande".

Las Magistradas y los Magistrados de Circuito y las Juezas y los Jueces de Distrito protestarán ante el Senado de la República.

Párrafo reformado DOF 11-06-1999, 15-09-2024

Reforma DOF 13-11-2007: Derogó del artículo el entonces párrafo tercero

Artículo reformado DOF 20-08-1928, 11-09-1940, 19-02-1951, 06-12-1977, 28-12-1982, 10-08-1987, 31-12-1994

Vacancias

Artículo 98. Cuando la falta de una Ministra o Ministro de la Suprema Corte de Justicia de la Nación, Magistrada o Magistrado del Tribunal de Disciplina Judicial, Magistrada o Magistrado del Tribunal Electoral, Magistrada o Magistrado de Circuito y Jueza o Juez de Distrito excediere de un mes sin licencia o dicha falta se deba a su defunción, renuncia o cualquier causa de separación definitiva, ocupará la vacante la persona del mismo género que haya obtenido el segundo lugar en número de votos en la elección para ese cargo; en caso de declinación o imposibilidad, seguirá en orden de prelación la persona que haya obtenido mayor votación. El Senado de la República tomará protesta a la persona sustituta para desempeñarse por el periodo que reste al encargo.

Las renuncias de las Ministras y los Ministros de la Suprema Corte de Justicia, Magistradas y Magistrados del Tribunal de Disciplina Judicial y Magistradas y Magistrados del Tribunal Electoral, solamente procederán por causas graves; serán aprobadas por mayoría de los miembros presentes del Senado de la República o, en sus recesos, por la Comisión Permanente.

Licencias

Las licencias de las personas servidoras públicas señaladas en el párrafo primero de este artículo, cuando no excedan de un mes, podrán ser concedidas por el Pleno de la Suprema Corte de Justicia de la Nación para el caso de Ministras y Ministros, por el Pleno del Tribunal de Disciplina Judicial para el caso de sus integrantes, por el Pleno de la Sala Superior del Tribunal Electoral para el caso de Magistradas y Magistrados Electorales y por el órgano de administración judicial para el caso de Magistradas y Magistrados de Circuito o Juezas y Jueces de Distrito. Las licencias que excedan de este tiempo deberán justificarse y podrán concederse sin goce de sueldo por la mayoría de los miembros presentes del Senado de la República o, en sus recesos, por la Comisión Permanente. Ninguna licencia podrá exceder del término de un año.

Artículo reformado DOF 20-08-1928, 19-02-1951. Fe de erratas al artículo DOF 14-03-1951. Reformado DOF 25-10-1967, 31-12-1994, 22-08-1996, 15-09-2024

Tribunal Electoral

Artículo 99. El Tribunal Electoral será, con excepción de lo dispuesto en la fracción II del artículo 105 de esta Constitución, la máxima autoridad jurisdiccional en la materia y órgano especializado del Poder Judicial de la Federación.

Para el ejercicio de sus atribuciones, el Tribunal funcionará en forma permanente con una Sala Superior y salas regionales; sus sesiones de resolución serán públicas, en los términos que determine la ley. Contará con el personal jurídico y administrativo necesario para su adecuado funcionamiento.

La Sala Superior se integrará por siete Magistradas y Magistrados Electorales. Cada dos años se renovará la presidencia del Tribunal de manera rotatoria en función del número de votos que obtenga cada candidatura en la elección respectiva, correspondiendo la presidencia a quienes alcancen mayor votación.

Párrafo reformado DOF 15-09-2024

Al Tribunal Electoral le corresponde resolver en forma definitiva e inatacable, en los términos de esta Constitución y según lo disponga la ley, sobre:

I. Las impugnaciones en las elecciones federales de las diputadas y los diputados, las senadoras y los senadores, Ministras y Ministros de la Suprema Corte de Justicia de la Nación, Magistradas y Magistrados del Tribunal de Disciplina Judicial, Magistradas y Magistrados de Circuito y Juezas y Jueces de Distrito;

Fracción reformada DOF 15-09-2024

II. Las impugnaciones que se presenten sobre la elección de Presidente de los Estados Unidos Mexicanos que serán resueltas en única instancia por la Sala Superior.

Las salas Superior y regionales del Tribunal sólo podrán declarar la nulidad de una elección por las causales que expresamente se establezcan en las leyes.

La Sala Superior realizará el cómputo final de la elección de Presidente de los Estados Unidos Mexicanos, una vez resueltas las impugnaciones que se hubieren interpuesto sobre la misma, procediendo a formular, en su caso, la declaración de validez de la elección y la de Presidente Electo respecto del candidato que hubiese obtenido el mayor número de votos.

III. Las impugnaciones de actos y resoluciones de la autoridad electoral federal, distintas a las señaladas en las dos fracciones anteriores, que violen normas constitucionales o legales, así como en materia de revocación de mandato;

Fracción reformada DOF 20-12-2019

IV. Las impugnaciones de actos o resoluciones definitivos y firmes de las autoridades competentes de las entidades federativas para organizar y calificar los comicios o resolver las controversias que surjan durante los mismos, que puedan resultar determinantes para el desarrollo del proceso respectivo o el resultado final de las elecciones. Esta vía procederá solamente cuando la reparación solicitada sea material y jurídicamente posible dentro de los plazos electorales y sea factible antes de la fecha constitucional o legalmente fijada para la instalación de los órganos o la toma de posesión de los funcionarios elegidos;

V. Las impugnaciones de actos y resoluciones que violen los derechos político electorales de los ciudadanos de votar, ser votado y de afiliación libre y pacífica para tomar parte en los asuntos políticos del país, en los términos que señalen esta Constitución y las leyes. Para que un ciudadano pueda acudir a la jurisdicción del Tribunal por violaciones a sus derechos por el partido político al que se encuentre afiliado, deberá haber agotado previamente las instancias de solución de conflictos previstas en sus normas internas, la ley establecerá las reglas y plazos aplicables;

VI. Los conflictos o diferencias laborales entre el Tribunal y sus servidores;

VII. Los conflictos o diferencias laborales entre el Instituto Nacional Electoral y sus servidores;

Fracción reformada DOF 10-02-2014

VIII. La determinación e imposición de sanciones por parte del Instituto Nacional Electoral a partidos o agrupaciones políticas o personas físicas o morales, nacionales o extranjeras, que infrinjan las disposiciones de esta Constitución y las leyes;

Fracción reformada DOF 10-02-2014

IX. Los asuntos que el Instituto Nacional Electoral someta a su conocimiento por violaciones a lo previsto en la

Base III del artículo 41 y párrafo octavo del artículo 134 de esta Constitución; a las normas sobre propaganda política y electoral, así como por la realización de actos anticipados de precampaña o de campaña, e imponer las sanciones que correspondan, y

Fracción adicionada DOF 10-02-2014

X. Las demás que señale la ley.

Fracción recorrida DOF 10-02-2014

Las salas del Tribunal Electoral harán uso de los medios de apremio necesarios para hacer cumplir de manera expedita sus sentencias y resoluciones, en los términos que fije la ley.

Sin perjuicio de lo dispuesto por el artículo 105 de esta Constitución, las salas del Tribunal Electoral podrán resolver la no aplicación de leyes sobre la materia electoral contrarias a la presente Constitución. Las resoluciones que se dicten en el ejercicio de esta facultad se limitarán al caso concreto sobre el que verse el juicio. En tales casos la Sala Superior informará a la Suprema Corte de Justicia de la Nación.

Cuando una sala del Tribunal Electoral sustente un criterio sobre la inconstitucionalidad de algún acto o resolución o sobre la interpretación de un precepto de esta Constitución, y dicho criterio pueda ser contradictorio con uno sostenido por la Suprema Corte de Justicia, cualquiera de las Ministras y Ministros o las partes, podrán denunciar la contradicción en los términos que señale la ley, para que el Pleno de la Suprema Corte de Justicia de la Nación decida en definitiva cuál criterio debe prevalecer. Las resoluciones que se dicten en este supuesto no afectarán los asuntos ya resueltos.

Párrafo reformado DOF 11-03-2021, 15-09-2024

La organización del Tribunal, la competencia de las salas, los procedimientos para la resolución de los asuntos de su competencia, así como los mecanismos para fijar criterios de jurisprudencia obligatorios en la materia, serán los que determinen esta Constitución y las leyes.

La Sala Superior podrá, de oficio, a petición de parte o de alguna de las salas regionales, atraer los juicios de que conozcan éstas; asimismo, podrá enviar los asuntos de su competencia a las salas regionales para su conocimiento y resolución. La ley señalará las reglas y los procedimientos para el ejercicio de tales facultades.

La administración en el Tribunal Electoral corresponderá al órgano de administración judicial, en los términos que señale la ley, mientras que su disciplina corresponderá al Tribunal de Disciplina Judicial. El Tribunal Electoral propondrá su presupuesto al órgano de administración judicial para su inclusión en el proyecto de Presupuesto del Poder Judicial de la Federación. Asimismo, el Tribunal expedirá su Reglamento Interno y los acuerdos generales para su adecuado funcionamiento.

Párrafo reformado DOF 15-09-2024

Elecciones

Las personas magistradas electorales que integren la Sala Superior serán elegidas por la ciudadanía a nivel nacional conforme a las bases y al procedimiento previsto en el artículo 96 de esta Constitución.

Párrafo reformado DOF 15-09-2024

Requisitos

Las personas magistradas electorales que integren la Sala Superior deberán satisfacer los requisitos que se exigen para ser Ministra o Ministro de la Suprema Corte de Justicia de la Nación y durarán en su encargo seis años improrrogables. Las renuncias, ausencias y licencias de personas magistradas electorales de la Sala Superior y las salas regionales serán tramitadas, cubiertas y otorgadas en los términos del artículo 98 de esta Constitución.

Párrafo reformado DOF 15-09-2024

Las personas magistradas electorales que integren las salas regionales deberán satisfacer los requisitos que señale la ley, que no podrán ser menores a los indicados en el párrafo anterior. Serán elegidas por circunscripciones electorales, en los términos y modalidades que determine la ley, conforme al procedimiento aplicable para las magistraturas de Sala Superior, y durarán en su encargo seis años improrrogables.

Párrafo reformado DOF 15-09-2024

El personal del Tribunal regirá sus relaciones de trabajo conforme a las disposiciones aplicables al Poder Judicial de la Federación y a las reglas especiales y excepciones que señale la ley. El ingreso, formación, permanencia y demás aspectos inherentes a las servidoras y los servidores públicos que pertenezcan al servicio de carrera judicial se sujetarán a la regulación establecida en las disposiciones jurídicas aplicables.

Párrafo reformado DOF 11-03-2021

Reforma DOF 15-09-2024: Derogó del artículo el entonces párrafo décimo cuarto

Artículo reformado DOF 20-08-1928, 31-12-1994, 22-08-1996, 27-09-2007, 13-11-2007

Tribunal de Disciplina Judicial

Artículo 100. El Tribunal de Disciplina Judicial será un órgano del Poder Judicial de la Federación con independencia técnica, de gestión y para emitir sus resoluciones.

El Tribunal de Disciplina se integrará por cinco personas electas por la ciudadanía a nivel nacional conforme al procedimiento establecido en el artículo 96 de esta Constitución.

Para ser elegibles, las Magistradas y Magistrados del Tribunal de Disciplina Judicial deberán reunir los requisitos señalados en el artículo 95 de esta Constitución y ser personas que se hayan distinguido por su capacidad profesional, honestidad y honorabilidad en el ejercicio de sus actividades. Durarán seis años en su encargo, serán sustituidos de manera escalonada y no podrán ser electos para un nuevo periodo. Cada dos años se renovará la presidencia del Tribunal de manera rotatoria en función del número de votos que obtenga cada candidatura en la elección respectiva, correspondiendo la presidencia a quienes alcancen mayor votación.

El Tribunal de Disciplina Judicial funcionará en Pleno y en comisiones. El Pleno será la autoridad substanciadora en los términos que establezca la ley y resolverá en segunda instancia los asuntos de su competencia. Podrá ordenar oficiosamente o por denuncia el inicio de investigaciones, atraer procedimientos relacionados con faltas graves o hechos que las leyes señalen como delitos, ordenar medidas cautelares y de apremio y sancionar a las personas servidoras públicas que incurran en actos u omisiones contrarias a la ley, a la administración de justicia o a los principios de objetividad, imparcialidad, independencia, profesionalismo o excelencia, además de los asuntos que la ley determine.

El Tribunal desahogará el procedimiento de responsabilidades administrativas en primera instancia a través de comisiones conformadas por tres de sus integrantes, que fungirán como autoridad substanciadora y resolutora en los asuntos de su competencia. Sus resoluciones podrán ser impugnadas ante el Pleno, que resolverá por mayoría de cuatro votos, en los términos que señale la ley. Las decisiones del Tribunal serán definitivas e inatacables y, por lo tanto, no procede juicio ni recurso alguno en contra de estas.

El Tribunal conducirá sus investigaciones a través de una unidad responsable de integrar y presentar al Pleno o a sus comisiones los informes de probable responsabilidad, para lo cual podrá ordenar la recolección de indicios y medios de prueba, requerir información y documentación, realizar inspecciones, llamar a comparecer y apercibir a personas que aporten elementos de prueba, solicitar medidas cautelares y de apremio para el desarrollo de sus investigaciones, entre otras que determinen las leyes.

El Tribunal podrá dar vista al Ministerio Público competente ante la posible comisión de delitos y, sin perjuicio de sus atribuciones sancionadoras, solicitar el juicio político de las personas juzgadoras electas por voto popular ante la Cámara de Diputados.

Las sanciones que emita el Tribunal podrán incluir la amonestación, suspensión, sanción económica, destitución e inhabilitación de las personas servidoras públicas, con excepción de Ministras y Ministros de la Suprema Corte de Justicia de la Nación y Magistradas y Magistrados electorales, que sólo podrán ser removidos en los términos del Título Cuarto de esta Constitución.

El Tribunal evaluará el desempeño de las Magistradas y Magistrados de Circuito y las Juezas y Jueces de Distrito que resulten electas en la elección federal que corresponda durante su primer año de ejercicio. La ley establecerá los métodos, criterios e indicadores aplicables a dicha evaluación.

La ley señalará las áreas intervinientes en los procesos de evaluación y seguimiento de resultados, garantizando la imparcialidad y objetividad de las personas evaluadoras, así como los procedimientos para ordenar las siguientes medidas correctivas o sancionadoras cuando la evaluación resulte insatisfactoria:

a) Medidas de fortalecimiento, consistentes en actividades de capacitación y otras tendientes a reforzar los conocimientos o competencias de la persona evaluada, a cuyo término se aplicará una nueva evaluación, y

b) Cuando la persona servidora pública no acredite favorablemente la evaluación que derive de las medidas correctivas ordenadas o se niegue a acatarlas, el Tribunal podrá ordenar su suspensión de hasta un año y determinar las acciones y condiciones para su restitución. Transcurrido el año de suspensión sin acreditar satisfactoriamente la evaluación, el Tribunal resolverá de manera fundada y motivada la destitución de la persona servidora pública, sin responsabilidad para el Poder Judicial.

Las Magistradas y los Magistrados del Tribunal de Disciplina ejercerán su función con independencia e imparcialidad. Durante su encargo, sólo podrán ser removidos en los términos del Título Cuarto de esta Constitución.

Administración judicial

El órgano de administración judicial contará con independencia técnica y de gestión, y será responsable de la administración y carrera judicial del Poder Judicial. Tendrá a su cargo la determinación del número, división en circuitos, competencia territorial y especialización por materias de los Tribunales Colegiados de Circuito, de los Tribunales Colegiados de Apelación y de los Juzgados de Distrito; el ingreso, permanencia y separación del personal de carrera judicial y administrativo, así como su formación, promoción y evaluación de desempeño; la inspección del cumplimiento de las normas de funcionamiento administrativo del Poder Judicial; y las demás que establezcan las leyes.

El Pleno del órgano de administración judicial se integrará por cinco personas que durarán en su encargo seis años improrrogables, de las cuales una será designada por el Poder Ejecutivo, por conducto de la persona titular de la Presidencia de la República; uno por el Senado de la República mediante votación calificada de dos tercios de sus integrantes presentes; y tres por el Pleno de la Suprema Corte de Justicia de la Nación, con mayoría de seis votos. La presidencia del órgano durará dos años y será rotatoria, en términos de lo que establezcan las leyes.

Quienes integren el Pleno del órgano de administración judicial deberán ser mexicanos por nacimiento, en pleno ejercicio de sus derechos civiles y políticos; contar con experiencia profesional mínima de cinco años; y contar con título de licenciatura en derecho, economía, actuaría, administración, contabilidad o cualquier título profesional relacionado con las actividades del órgano de administración judicial, con antigüedad mínima de cinco años; y no estar inhabilitados para desempeñar un empleo, cargo o comisión en el servicio público, ni haber sido condenados por delito doloso con sanción privativa de la libertad.

Durante su encargo, las personas integrantes del Pleno del órgano de administración sólo podrán ser removidas en los términos del Título Cuarto de esta Constitución. En caso de defunción, renuncia o ausencia definitiva de alguna de las personas integrantes, la autoridad que le designó hará un nuevo nombramiento por el tiempo que reste al periodo de designación respectivo.

La ley establecerá las bases para la formación, evaluación, certificación y actualización de funcionarias y funcionarios, así como para el desarrollo de la carrera judicial, la cual se regirá por los principios de excelencia, objetividad, imparcialidad, profesionalismo, independencia y paridad de género. El órgano de administración judicial contará con un órgano auxiliar con autonomía técnica y de gestión denominado Escuela Nacional de Formación Judicial responsable de diseñar e implementar los procesos de formación, capacitación, evaluación, certificación y actualización del personal de carrera judicial y administrativo del Poder Judicial de la Federación, sus órganos auxiliares y, en su caso, del personal de los Poderes Judiciales locales, fiscalías, defensorías públicas, organismos de protección de los derechos humanos, instituciones de seguridad pública y del público en general, así como de llevar a cabo los concursos de oposición para acceder a las distintas categorías de la carrera judicial en términos de las disposiciones aplicables.

Defensoría pública

El servicio de defensoría pública en asuntos del fuero federal será proporcionado por el órgano de administración judicial a través del Instituto Federal de Defensoría Pública, en los términos que establezcan las disposiciones aplicables. La Escuela Nacional de Formación Judicial será la encargada de capacitar a las y los defensores públicos, así como de llevar a cabo los concursos de oposición.

De conformidad con lo que establezca la ley, el órgano de administración judicial estará facultado para expedir acuerdos generales para el adecuado ejercicio de sus funciones. El Tribunal de Disciplina Judicial podrá solicitar al órgano de administración judicial la expedición de acuerdos generales o la ejecución de las resoluciones que considere necesarios para asegurar un adecuado ejercicio de la función jurisdiccional federal en los asuntos de su competencia.

El órgano de administración judicial, a solicitud del Pleno de la Suprema Corte de Justicia de la Nación, podrá concentrar en uno o más órganos jurisdiccionales para que conozcan de los asuntos vinculados con hechos que constituyan violaciones graves de derechos humanos. La decisión sobre la idoneidad de la concentración deberá tomarse en función del interés social y el orden público, lo que constituirá una excepción a las reglas de turno y competencia.

El órgano de administración judicial elaborará el presupuesto del Poder Judicial de la Federación. Los presupuestos serán remitidos por dicho órgano para su inclusión en el proyecto de Presupuesto de Egresos de la Federación.

En el ámbito del Poder Judicial de la Federación, no podrán crearse ni mantenerse en operación fondos, fideicomisos, mandatos o contratos análogos que no estén previstos en la ley.

Artículo reformado DOF 20-08-1928, 25-10-1967, 03-09-1993, 31-12-1994, 11-06-1999, 11-03-2021, 15-09-2024

Incompatibilidades

Artículo 101. Las Ministras y los Ministros de la Suprema Corte de Justicia, las Magistradas y los Magistrados de Circuito, las Juezas y los Jueces de Distrito, los respectivos secretarios, las Magistradas y los Magistrados del Tribunal de Disciplina Judicial y las y los integrantes del Pleno del órgano de administración judicial, así como las Magistradas y los Magistrados de la Sala Superior y salas regionales del Tribunal Electoral, no podrán, en ningún caso, aceptar ni desempeñar empleo o encargo de la Federación, de las entidades federativas o de particulares, salvo los cargos no remunerados en asociaciones científicas, docentes, literarias o de beneficencia.

Párrafo reformado DOF 22-08-1996, 29-01-2016, 15-09-2024

Prohibiciones

Las personas que hayan ocupado el cargo de Ministra o Ministro de la Suprema Corte de Justicia, Magistrada o Magistrado del Tribunal de Disciplina Judicial, así como Magistrada o Magistrado de la Sala Superior y salas regionales del Tribunal Electoral, no podrán, dentro de los dos años siguientes a la fecha de su retiro, actuar como patronos, abogados o representantes en cualquier proceso ante los órganos del Poder Judicial de la Federación. Para el caso de Magistradas y Magistrados de Circuito y Juezas y Jueces de Distrito, este impedimento aplicará respecto del circuito judicial de su adscripción al momento de dejar el cargo, en los términos que establezca la ley.

Párrafo reformado DOF 22-08-1996, 15-09-2024

Durante dicho plazo, las personas que se hayan desempeñado como Ministras o Ministros de la Suprema Corte de Justicia de la Nación, Magistradas o Magistrados del Tribunal de Disciplina Judicial, Magistrados Electorales, Magistradas o Magistrados de Circuito y Juezas o Jueces de Distrito, no podrán ocupar los cargos señalados en la fracción VI del artículo 95 de esta Constitución.

Párrafo reformado DOF 15-09-2024

Los impedimentos de este artículo serán aplicables a los funcionarios judiciales que gocen de licencia.

La infracción a lo previsto en los párrafos anteriores, será sancionada con la pérdida del respectivo cargo dentro del Poder Judicial de la Federación, así como de las prestaciones y beneficios que en lo sucesivo correspondan por el mismo, independientemente de las demás sanciones que las leyes prevean.

Artículo reformado DOF 10-08-1987, 31-12-1994

Artículo 102.

Fiscalía General

A. El Ministerio Público de la Federación se organizará en una Fiscalía General de la República como órgano público autónomo, dotado de personalidad jurídica y patrimonio propio.

Párrafo reformado DOF 29-01-2016

Para que una persona pueda ser titular de la Fiscalía General de la República se requiere: ser ciudadana mexicana por nacimiento, en ejercicio de sus derechos; tener cuando menos treinta y cinco años cumplidos el día de la designación; contar, con antigüedad mínima de diez años, con título profesional de licenciatura en derecho; gozar de buena reputación, y no haber sido condenada por la comisión de delito doloso.

Párrafo reformado DOF 29-05-2023

El Fiscal General durará en su encargo nueve años, y será designado y removido conforme a lo siguiente:

I. A partir de la ausencia definitiva del Fiscal General, el Senado de la República contará con veinte días para integrar una lista de al menos diez candidatos al cargo, aprobada por las dos terceras partes de los miembros presentes, la cual enviará al Ejecutivo Federal.

Si el Ejecutivo no recibe la lista en el plazo antes señalado, enviará libremente al Senado una terna y designará provisionalmente al Fiscal General, quien ejercerá sus funciones hasta en tanto se realice la designación definitiva conforme a lo establecido en este artículo. En este caso, el Fiscal General designado podrá formar parte de la terna.

II. Recibida la lista a que se refiere la fracción anterior, dentro de los diez días siguientes el Ejecutivo formulará una terna y la enviará a la consideración del Senado.

III. El Senado, con base en la terna y previa comparecencia de las personas propuestas, designará al Fiscal General con el voto de las dos terceras partes de los miembros presentes dentro del plazo de diez días.

En caso de que el Ejecutivo no envíe la terna a que se refiere la fracción anterior, el Senado tendrá diez días para designar al Fiscal General de entre los candidatos de la lista que señala la fracción I.

Si el Senado no hace la designación en los plazos que establecen los párrafos anteriores, el Ejecutivo designará al Fiscal General de entre los candidatos que integren la lista o, en su caso, la terna respectiva.

IV. El Fiscal General podrá ser removido por el Ejecutivo Federal por las causas graves que establezca la ley. La remoción podrá ser objetada por el voto de la mayoría de los miembros presentes de la Cámara de Senadores dentro de un plazo de diez días hábiles, en cuyo caso el Fiscal General será restituido en el ejercicio de sus funciones. Si el Senado no se pronuncia al respecto, se entenderá que no existe objeción.

V. En los recesos del Senado, la Comisión Permanente lo convocará de inmediato a sesiones extraordinarias para la designación o formulación de objeción a la remoción del Fiscal General.

VI. Las ausencias del Fiscal General serán suplidas en los términos que determine la ley.

Corresponde al Ministerio Público de la Federación la persecución, ante los tribunales, de todos los delitos del orden federal; y, por lo mismo, solicitará las medidas cautelares contra los imputados; buscará y presentará las pruebas que acrediten la participación de éstos en hechos que las leyes señalen como delito; procurará que los juicios federales en materia penal se sigan con toda regularidad para que la impartición de justicia sea pronta y expedita; pedirá la aplicación de las penas, e intervendrá en todos los asuntos que la ley determine.

Párrafo reformado DOF 29-01-2016

La Fiscalía General contará, al menos, con las fiscalías especializadas en materia de delitos electorales y de combate a la corrupción, cuyos titulares serán nombrados y removidos por el Fiscal General de la República. El nombramiento y remoción de los fiscales especializados antes referidos podrán ser objetados por el Senado de la República por el voto de las dos terceras partes de los miembros presentes, en el plazo que fije la ley; si el Senado no se pronunciare en este plazo, se entenderá que no tiene objeción.

La ley establecerá las bases para la formación y actualización de los servidores públicos de la Fiscalía, así como para el desarrollo de la carrera profesional de los mismos, la cual se regirá por los principios de legalidad, objetividad, eficiencia, profesionalismo, honradez y respeto a los derechos humanos.

El Fiscal General presentará anualmente a los Poderes Legislativo y Ejecutivo de la Unión un informe de actividades.

Comparecerá ante cualquiera de las Cámaras cuando se le cite a rendir cuentas o a informar sobre su gestión.

El Fiscal General de la República y sus agentes, serán responsables de toda falta, omisión o violación a la ley en que incurran con motivo de sus funciones.

Apartado reformado DOF 28-01-1992, 31-12-1994, 10-02-2014

Organismos de Derechos Humanos

B. El Congreso de la Unión y las legislaturas de las entidades federativas, en el ámbito de sus respectivas competencias, establecerán organismos de protección de los derechos humanos que ampara el orden jurídico mexicano, los que conocerán de quejas en contra de actos u omisiones de naturaleza administrativa provenientes de cualquier autoridad o servidor público, con excepción de los del Poder Judicial de la Federación, que violen estos derechos.

Los organismos a que se refiere el párrafo anterior, formularán recomendaciones públicas, no vinculatorias, denuncias y quejas ante las autoridades respectivas. Todo servidor público está obligado a responder las recomendaciones que les presenten estos organismos. Cuando las recomendaciones emitidas no sean aceptadas o cumplidas por las autoridades o servidores públicos, éstos deberán fundar, motivar y hacer pública su negativa; además, la Cámara de Senadores o en sus recesos la Comisión Permanente, o las legislaturas de las entidades federativas, según corresponda, podrán llamar, a solicitud de estos organismos, a las autoridades o servidores públicos responsables para que comparezcan ante dichos órganos legislativos, a efecto de que expliquen el motivo de su negativa.

Párrafo reformado DOF 10-06-2011

Estos organismos no serán competentes tratándose de asuntos electorales y jurisdiccionales.

Párrafo reformado DOF 10-06-2011

El organismo que establezca el Congreso de la Unión se denominará Comisión Nacional de los Derechos Humanos; contará con autonomía de gestión y presupuestaria, personalidad jurídica y patrimonio propios.

Las Constituciones de las entidades federativas establecerán y garantizarán la autonomía de los organismos de protección de los derechos humanos.

Párrafo adicionado DOF 10-06-2011. Reformado DOF 29-01-2016

La Comisión Nacional de los Derechos Humanos tendrá un Consejo Consultivo integrado por diez consejeros que serán elegidos por el voto de las dos terceras partes de los miembros presentes de la Cámara de Senadores o, en sus recesos, por la Comisión Permanente del Congreso de la Unión, con la misma votación calificada. La ley determinará los procedimientos a seguir para la presentación de las propuestas por la propia Cámara. Anualmente serán substituidos los dos consejeros de mayor antigüedad en el cargo, salvo que fuesen propuestos y ratificados para un segundo período.

El Presidente de la Comisión Nacional de los Derechos Humanos, quien lo será también del Consejo Consultivo, será elegido en los mismos términos del párrafo anterior. Durará en su encargo cinco años, podrá ser reelecto por una sola vez y sólo podrá ser removido de sus funciones en los términos del Título Cuarto de esta Constitución.

La elección del titular de la presidencia de la Comisión Nacional de los Derechos Humanos, así como de los integrantes del Consejo Consultivo, y de titulares de los organismos de protección de los derechos humanos de las entidades federativas, se ajustarán a un procedimiento de consulta pública, que deberá ser transparente, en los términos y condiciones que determine la ley.

Párrafo adicionado DOF 10-06-2011

El Presidente de la Comisión Nacional de los Derechos Humanos presentará anualmente a los Poderes de la Unión un informe de actividades. Al efecto comparecerá ante las Cámaras del Congreso en los términos que disponga la ley.

La Comisión Nacional de los Derechos Humanos conocerá de las inconformidades que se presenten en relación con las recomendaciones, acuerdos u omisiones de los organismos equivalentes en las entidades federativas.

La Comisión Nacional de los Derechos Humanos podrá investigar hechos que constituyan violaciones graves de derechos humanos, cuando así lo juzgue conveniente o lo pidiere el Ejecutivo Federal, alguna de las Cámaras del Congreso de la Unión, los titulares de los poderes ejecutivos de las entidades federativas o las Legislaturas de éstas.

Párrafo adicionado DOF 10-06-2011. Reformado DOF 29-01-2016

Apartado B adicionado DOF 28-01-1992. Reformado DOF 13-09-1999

Artículo reformado DOF 11-09-1940, 25-10-1967

Tribunales Federales

Artículo 103. Los Tribunales de la Federación resolverán toda controversia que se suscite

I. Por normas generales, actos u omisiones de la autoridad que violen los derechos humanos reconocidos y las garantías otorgadas para su protección por esta Constitución, así como por los tratados internacionales de los que el Estado Mexicano sea parte;

II. Por normas generales o actos de la autoridad federal que vulneren o restrinjan la soberanía de los Estados o la autonomía de la Ciudad de México, y

Fracción reformada DOF 29-01-2016

III. Por normas generales o actos de las autoridades de las entidades federativas que invadan la esfera de competencia de la autoridad federal.

Fracción reformada DOF 29-01-2016

Artículo reformado DOF 31-12-1994, 06-06-2011

Competencia

Artículo 104. Los Tribunales de la Federación conocerán:

I. De los procedimientos relacionados con delitos del orden federal;

II. De todas las controversias del orden civil o mercantil que se susciten sobre el cumplimiento y aplicación de leyes federales o de los tratados internacionales celebrados por el Estado Mexicano. A elección del actor y cuando sólo se afecten intereses particulares, podrán conocer de ellas, los jueces y tribunales del orden común.

Las sentencias de primera instancia podrán ser apelables ante el superior inmediato del juez que conozca del asunto en primer grado;

III. De los recursos de revisión que se interpongan contra las resoluciones definitivas de los tribunales de justicia administrativa a que se refiere la fracción XXIX-H del artículo 73 de esta Constitución, sólo en los casos que señalen las leyes. Las revisiones, de las cuales conocerán los Tribunales Colegiados de Circuito, se sujetarán a los trámites que la ley reglamentaria de los artículos 103 y 107 de esta Constitución fije para la revisión en amparo indirecto, y en contra de las resoluciones que en ellas dicten los Tribunales Colegiados de Circuito no procederá juicio o recurso alguno;

Fracción reformada DOF 27-05-2015, 29-01-2016

IV. De todas las controversias que versen sobre derecho marítimo;

V. De aquellas en que la Federación fuese parte;

VI. De las controversias y de las acciones a que se refiere el artículo 105, mismas que serán del conocimiento exclusivo de la Suprema Corte de Justicia de la Nación;

VII. De las que surjan entre una entidad federativa y uno o más vecinos de otra, y

Fracción reformada DOF 29-01-2016

VIII. De los casos concernientes a miembros del Cuerpo Diplomático y Consular.

Artículo reformado DOF 18-01-1934, 30-12-1946, 25-10-1967, 08-10-1974, 10-08-1987, 25-10-1993, 31-12-1994, 06-06-2011

Controversias Constitucionales y Acciones de Inconstitucionalidad

Artículo 105. La Suprema Corte de Justicia de la Nación conocerá, en los términos que señale la ley reglamentaria, de los asuntos siguientes:

I. De las controversias constitucionales que, sobre la constitucionalidad de las normas generales, actos u omisiones, con excepción de las que se refieran a la materia electoral, se susciten entre:

Párrafo reformado DOF 08-12-2005, 15-10-2012, 11-03-2021

a) La Federación y una entidad federativa;

Inciso reformado DOF 29-01-2016

b) La Federación y un municipio;

c) El Poder Ejecutivo y el Congreso de la Unión; aquél y cualquiera de las Cámaras de éste o, en su caso, la Comisión Permanente;

Inciso reformado DOF 29-01-2016

d) Una entidad federativa y otra;

Inciso reformado DOF 29-01-2016

e) Se deroga.

Inciso derogado DOF 29-01-2016

f) Se deroga.

Inciso derogado DOF 29-01-2016

g) Dos municipios de diversos Estados;

h) Se deroga.

Párrafo derogado DOF 20-12-2024

i) Un Estado y uno de sus Municipios;

Inciso reformado DOF 11-03-2021

j) Una Entidad Federativa y un Municipio de otra o una demarcación territorial de la Ciudad de México;

Inciso reformado DOF 11-06-2013, 29-01-2016, 11-03-2021

k) Dos órganos constitucionales autónomos de una entidad federativa, y entre uno de éstos y el Poder Ejecutivo o el Poder Legislativo de esa entidad federativa, y

Inciso reformado DOF 11-06-2013. Derogado DOF 29-01-2016. Adicionado DOF 11-03-2021

l) Dos órganos constitucionales autónomos federales, y entre uno de éstos y el Poder Ejecutivo de la Unión o el Congreso de la Unión.

Inciso adicionado DOF 11-06-2013. Reformado DOF 07-02-2014, 11-03-2021

Siempre que las controversias versen sobre disposiciones generales de las entidades federativas, de los Municipios o de las demarcaciones territoriales de la Ciudad de México impugnadas por la Federación; de los Municipios o de las demarcaciones territoriales de la Ciudad de México impugnadas por las entidades federativas, o en los casos a que se refieren los incisos c), h), k) y l) anteriores, y la resolución de la Suprema Corte de Justicia de la Nación las declare inválidas, dicha resolución tendrá efectos generales cuando hubiere sido aprobada por una mayoría de por lo menos seis votos.

Párrafo reformado DOF 29-01-2016, 11-03-2021, 15-09-2024

En los demás casos, las resoluciones de la Suprema Corte de Justicia tendrán efectos únicamente respecto de las partes en la controversia.

En las controversias previstas en esta fracción únicamente podrán hacerse valer violaciones a esta Constitución, así como a los derechos humanos reconocidos en los tratados internacionales de los que el Estado Mexicano sea parte.

Párrafo adicionado DOF 11-03-2021

II. De las acciones de inconstitucionalidad que tengan por objeto plantear la posible contradicción entre una norma de carácter general y esta Constitución.

Párrafo reformado DOF 22-08-1996

Las acciones de inconstitucionalidad podrán ejercitarse, dentro de los treinta días naturales siguientes a la fecha de publicación de la norma, por:

a) El equivalente al treinta y tres por ciento de los integrantes de la Cámara de Diputados del Congreso de la Unión, en contra de leyes federales;

Inciso reformado DOF 29-01-2016

b) El equivalente al treinta y tres por ciento de los integrantes del Senado, en contra de las leyes federales o de tratados internacionales celebrados por el Estado Mexicano;

Inciso reformado DOF 29-01-2016

c) El Ejecutivo Federal, por conducto del Consejero Jurídico del Gobierno, en contra de normas generales de carácter federal y de las entidades federativas;

Inciso reformado DOF 10-02-2014

d) El equivalente al treinta y tres por ciento de los integrantes de alguna de las Legislaturas de las entidades federativas en contra de las leyes expedidas por el propio órgano;

Inciso reformado DOF 22-08-1996, 29-01-2016

e) Se deroga.

Inciso reformado DOF 22-08-1996. Derogado DOF 29-01-2016

f) Los partidos políticos con registro ante el Instituto Nacional Electoral, por conducto de sus dirigencias nacionales, en contra de leyes electorales federales o locales; y los partidos políticos con registro en una entidad federativa, a través de sus dirigencias, exclusivamente en contra de leyes electorales expedidas por la Legislatura de la entidad federativa que les otorgó el registro;

Inciso adicionado DOF 22-08-1996. Reformado DOF 10-02-2014, 29-01-2016

g) La Comisión Nacional de los Derechos Humanos, en contra de leyes de carácter federal o de las entidades federativas, así como de tratados internacionales celebrados por el Ejecutivo Federal y aprobados por el Senado de la República, que vulneren los derechos humanos consagrados en esta Constitución y en los tratados internacionales de los que México sea parte. Asimismo, los organismos de protección de los derechos humanos equivalentes en las entidades federativas, en contra de leyes expedidas por las Legislaturas;

Inciso adicionado DOF 14-09-2006. Reformado DOF 10-06-2011, 29-01-2016

h) El organismo garante que establece el artículo 6° de esta Constitución en contra de leyes de carácter federal y local, así como de tratados internacionales celebrados por el Ejecutivo Federal y aprobados por el Senado de la República, que vulneren el derecho al acceso a la información pública y la protección de datos personales. Asimismo, los organismos garantes equivalentes en las entidades federativas, en contra de leyes expedidas por las Legislaturas locales; e

Inciso adicionado DOF 07-02-2014. Reformado DOF 29-01-2016

i) El Fiscal General de la República respecto de leyes federales y de las entidades federativas, en materia penal y procesal penal, así como las relacionadas con el ámbito de sus funciones;

Inciso adicionado DOF 10-02-2014

La única vía para plantear la no conformidad de las leyes electorales a la Constitución es la prevista en este artículo.

Párrafo adicionado DOF 22-08-1996

Las leyes electorales federal y locales deberán promulgarse y publicarse por lo menos noventa días antes de que inicie el proceso electoral en que vayan a aplicarse, y durante el mismo no podrá haber modificaciones legales fundamentales.

Párrafo adicionado DOF 22-08-1996

Las resoluciones de la Suprema Corte de Justicia sólo podrán declarar la invalidez de las normas impugnadas, siempre que fueren aprobadas por una mayoría de cuando menos seis votos.

Párrafo reformado DOF 15-09-2024

III. De oficio o a petición fundada del correspondiente Tribunal Colegiado de Apelación o del Ejecutivo Federal, por conducto de la Consejera o Consejero Jurídico del Gobierno, así como de la o el Fiscal General de la República en los asuntos en que intervenga el Ministerio Público, podrá conocer de los recursos de apelación en contra de sentencias de los Juzgados de Distrito dictadas en aquellos procesos en que la Federación sea parte y que por su interés y trascendencia así lo ameriten.

Fracción reformada DOF 10-02-2014, 11-03-2021

La declaración de invalidez de las resoluciones a que se refieren las fracciones I y II de este artículo no tendrá efectos retroactivos, salvo en materia penal, en la que regirán los principios generales y disposiciones legales aplicables de esta materia.

En caso de incumplimiento de las resoluciones a que se refieren las fracciones I y II de este artículo se aplicarán, en lo conducente, los procedimientos establecidos en los dos primeros párrafos de la fracción XVI del artículo 107 de esta Constitución.

Tratándose de controversias constitucionales o de acciones de inconstitucionalidad planteadas respecto de normas generales, en ningún caso su admisión dará lugar a la suspensión de la norma cuestionada.

Párrafo adicionado DOF 15-09-2024

Son improcedentes las controversias constitucionales o acciones de inconstitucionalidad que tengan por objeto controvertir las adiciones o reformas a esta Constitución.

Párrafo adicionado DOF 31-10-2024

Artículo reformado DOF 25-10-1967, 25-10-1993, 31-12-1994

Conflictos competenciales

Artículo 106. Corresponde al Poder Judicial de la Federación, en los términos de la ley respectiva, dirimir las controversias que, por razón de competencia, se susciten entre los Tribunales de la Federación, entre éstos y los de las entidades federativas o entre los de una entidad federativa y otra.

Artículo reformado DOF 07-04-1986, 31-12-1994, 29-01-2016

Juicio de amparo

Artículo 107. Las controversias de que habla el artículo 103 de esta Constitución, con excepción de aquellas en materia electoral, se sujetarán a los procedimientos que determine la ley reglamentaria, de acuerdo con las bases siguientes:

Párrafo reformado DOF 25-10-1993, 06-06-2011

I. El juicio de amparo se seguirá siempre a instancia de parte agraviada, teniendo tal carácter quien aduce ser titular de un derecho o de un interés legítimo individual o colectivo, siempre que alegue que el acto reclamado viola los derechos reconocidos por esta Constitución y con ello se afecte su esfera jurídica, ya sea de manera directa o en virtud de su especial situación frente al orden jurídico.

Tratándose de actos o resoluciones provenientes de tribunales judiciales, administrativos o del trabajo, el quejoso deberá aducir ser titular de un derecho subjetivo que se afecte de manera personal y directa;

Fracción reformada DOF 06-06-2011

II. Las sentencias que se pronuncien en los juicios de amparo sólo se ocuparán de personas quejosas que lo hubieren solicitado, limitándose a ampararlas y protegerlas, si procediere, en el caso especial sobre el que verse la demanda. Tratándose de juicios de amparo que resuelvan la inconstitucionalidad de normas generales, en ningún caso las sentencias que se dicten fijarán efectos generales. No procederá el juicio de amparo contra adiciones o reformas a esta Constitución.

Párrafo reformado DOF 15-09-2024, 31-10-2024

Cuando en los juicios de amparo indirecto en revisión se resuelva la inconstitucionalidad de una norma general, la Suprema Corte de Justicia de la Nación lo informará a la autoridad emisora correspondiente.

Párrafo reformado DOF 11-03-2021

Cuando los Tribunales Colegiados de Circuito establezcan jurisprudencia por reiteración, o la Suprema Corte de Justicia de la Nación por precedentes, en la cual se determine la inconstitucionalidad de una norma general, su Presidente lo notificará a la autoridad emisora. Transcurrido el plazo de 90 días naturales sin que se supere el problema de inconstitucionalidad, la Suprema Corte de Justicia de la Nación emitirá, siempre que fuere aprobada por una mayoría de cuando menos seis votos, la declaratoria general de inconstitucionalidad, con efectos generales, en la cual se fijarán sus alcances y condiciones en los términos de la ley reglamentaria.

Párrafo reformado DOF 11-03-2021, 15-09-2024

Lo dispuesto en los dos párrafos anteriores no será aplicable a normas generales en materia tributaria.

En el juicio de amparo deberá suplirse la deficiencia de los conceptos de violación o agravios de acuerdo con lo que disponga la ley reglamentaria.

Cuando se reclamen actos que tengan o puedan tener como consecuencia privar de la propiedad o de la posesión y disfrute de sus tierras, aguas, pastos y montes a los ejidos o a los núcleos de población que de hecho o por derecho guarden el estado comunal, o a los ejidatarios o comuneros, deberán recabarse de oficio todas aquellas pruebas que puedan beneficiar a las entidades o individuos mencionados y acordarse las diligencias que se estimen necesarias para precisar sus derechos agrarios, así como la naturaleza y efectos de los actos reclamados.

En los juicios a que se refiere el párrafo anterior no procederán, en perjuicio de los núcleos ejidales o comunales, o de los ejidatarios o comuneros, el sobreseimiento por inactividad procesal ni la caducidad de la instancia, pero uno y otra sí podrán decretarse en su beneficio. Cuando se reclamen actos que afecten los derechos colectivos del núcleo tampoco procederán desistimiento ni el consentimiento expreso de los propios actos, salvo que el primero sea acordado por la Asamblea General o el segundo emane de ésta;

Fracción reformada DOF 02-11-1962, 25-10-1967, 20-03-1974, 07-04-1986, 06-06-2011

III. Cuando se reclamen actos de tribunales judiciales, administrativos o del trabajo, el amparo sólo procederá en los casos siguientes:

a) Contra sentencias definitivas, laudos y resoluciones que pongan fin al juicio, ya sea que la violación se cometa en ellos o que, cometida durante el procedimiento, afecte las defensas del quejoso trascendiendo al resultado del fallo. En relación con el amparo al que se refiere este inciso y la fracción V de este artículo, el Tribunal Colegiado de Circuito deberá decidir respecto de todas las violaciones procesales que se hicieron valer y aquéllas que, cuando proceda, advierta en suplencia de la queja, y fijará los términos precisos en que deberá pronunciarse la nueva resolución. Si las violaciones procesales no se invocaron en un primer amparo, ni el Tribunal Colegiado correspondiente las hizo valer de oficio en los casos en que proceda la suplencia de la queja, no podrán ser materia de concepto de violación, ni de estudio oficioso en juicio de amparo posterior.

La parte que haya obtenido sentencia favorable y la que tenga interés jurídico en que subsista el acto reclamado, podrá presentar amparo en forma adhesiva al que promueva cualquiera de las partes que intervinieron en el juicio del que emana el acto reclamado. La ley determinará la forma y términos en que deberá promoverse.

Para la procedencia del juicio deberán agotarse previamente los recursos ordinarios que se establezcan en la ley de la materia, por virtud de los cuales aquellas sentencias definitivas, laudos y resoluciones puedan ser modificados o revocados, salvo el caso en que la ley permita la renuncia de los recursos.

Al reclamarse la sentencia definitiva, laudo o resolución que ponga fin al juicio, deberán hacerse valer las violaciones a las leyes del procedimiento, siempre y cuando el quejoso las haya impugnado durante la tramitación del juicio mediante el recurso o medio de defensa que, en su caso, señale la ley ordinaria respectiva. Este requisito no será exigible en amparos contra actos que afecten derechos de menores o incapaces, al estado civil, o al orden o estabilidad de la familia, ni en los de naturaleza penal promovidos por el sentenciado;

Inciso reformado DOF 10-08-1987, 06-06-2011

b) Contra actos en juicio cuya ejecución sea de imposible reparación, fuera de juicio o después de concluido, una vez agotados los recursos que en su caso procedan, y

c) Contra actos que afecten a personas extrañas al juicio;

Fracción reformada DOF 25-10-1967

IV. En materia administrativa el amparo procede, además, contra actos u omisiones que provengan de autoridades distintas de los tribunales judiciales, administrativos o del trabajo, y que causen agravio no reparable mediante algún medio de defensa legal. Será necesario agotar estos medios de defensa siempre que conforme a las mismas leyes se suspendan los efectos de dichos actos de oficio o mediante la interposición del juicio, recurso o medio de defensa legal que haga valer el agraviado, con los mismos alcances que los que prevé la ley reglamentaria y sin exigir mayores requisitos que los que la misma consigna para conceder la suspensión definitiva, ni plazo mayor que el que establece para el otorgamiento de la suspensión provisional, independientemente de que el acto en sí mismo considerado sea o no susceptible de ser suspendido de acuerdo con dicha ley.

No existe obligación de agotar tales recursos o medios de defensa si el acto reclamado carece de fundamentación o cuando sólo se aleguen violaciones directas a esta Constitución;

Fe de erratas a la fracción DOF 14-03-1951. Fracción reformada DOF 25-10-1967, 06-06-2011

V. El amparo contra sentencias definitivas, laudos o resoluciones que pongan fin al juicio se promoverá ante el Tribunal Colegiado de Circuito competente de conformidad con la ley, en los casos siguientes:

Párrafo reformado DOF 10-08-1987, 06-06-2011

a) En materia penal, contra resoluciones definitivas dictadas por tribunales judiciales, sean éstos federales, del orden común o militares.

b) En materia administrativa, cuando se reclamen por particulares sentencias definitivas y resoluciones que ponen fin al juicio dictadas por tribunales administrativos o judiciales, no reparables por algún recurso, juicio o medio ordinario de defensa legal;

Inciso reformado DOF 10-08-1987

c) En materia civil, cuando se reclamen sentencias definitivas dictadas en juicios del orden federal o en juicios mercantiles, sea federal o local la autoridad que dicte el fallo, o en juicios del orden común.

En los juicios civiles del orden federal las sentencias podrán ser reclamadas en amparo por cualquiera de las partes, incluso por la Federación, en defensa de sus intereses patrimoniales, y

d) En materia laboral, cuando se reclamen resoluciones o sentencias definitivas que pongan fin al juicio dictadas por los tribunales laborales locales o federales o laudos del Tribunal Federal de Conciliación y Arbitraje de los Trabajadores al Servicio del Estado y sus homólogos en las entidades federativas;

Inciso reformado DOF 24-02-2017

La Suprema Corte de Justicia, de oficio o a petición fundada del correspondiente Tribunal Colegiado de Circuito, del Fiscal General de la República, en los asuntos en que el Ministerio Público de la Federación sea parte, o del Ejecutivo Federal, por conducto del Consejero Jurídico del Gobierno, podrá conocer de los amparos directos que por su interés y trascendencia así lo ameriten.

Párrafo adicionado DOF 10-08-1987. Reformado DOF 31-12-1994, 10-02-2014

Fracción reformada DOF 25-10-1967, 06-08-1979

VI. En los casos a que se refiere la fracción anterior, la ley reglamentaria señalará el procedimiento y los términos a que deberán someterse los Tribunales Colegiados de Circuito y, en su caso, la Suprema Corte de Justicia de la Nación para dictar sus resoluciones;

Fracción reformada DOF 25-10-1967, 06-08-1979, 10-08-1987, 06-06-2011

VII. El amparo contra actos u omisiones en juicio, fuera de juicio o después de concluido, o que afecten a personas extrañas al juicio, contra normas generales o contra actos u omisiones de autoridad administrativa, se interpondrá ante el Juez de Distrito bajo cuya jurisdicción se encuentre el lugar en que el acto reclamado se ejecute o trate de ejecutarse, y su tramitación se limitará al informe de la autoridad, a una audiencia para la que se citará en el mismo auto en el que se mande pedir el informe y se recibirán las pruebas que las partes interesadas ofrezcan y oirán los alegatos, pronunciándose en la misma audiencia la sentencia;

Fe de erratas a la fracción DOF 14-03-1951. Fracción reformada DOF 25-10-1967, 06-06-2011

VIII. Contra las sentencias que pronuncien en amparo las Juezas y los Jueces de Distrito o los Tribunales Colegiados de Apelación procede revisión. De ella conocerá la Suprema Corte de Justicia:

Párrafo reformado DOF 31-12-1994, 11-03-2021

a) Cuando habiéndose impugnado en la demanda de amparo normas generales por estimarlas directamente violatorias de esta Constitución, subsista en el recurso el problema de constitucionalidad.

Inciso reformado DOF 25-10-1993, 06-06-2011

b) Cuando se trate de los casos comprendidos en las fracciones II y III del artículo 103 de esta Constitución.

La Suprema Corte de Justicia, de oficio o a petición fundada del correspondiente Tribunal Colegiado de Circuito, del Fiscal General de la República, en los asuntos en que el Ministerio Público de la Federación sea parte, o del Ejecutivo Federal, por conducto del Consejero Jurídico del Gobierno, podrá conocer de los amparos en revisión, que por su interés y trascendencia así lo ameriten.

Párrafo reformado DOF 31-12-1994, 10-02-2014

En los casos no previstos en los párrafos anteriores, conocerán de la revisión los tribunales colegiados de circuito y sus sentencias no admitirán recurso alguno;

Fe de erratas a la fracción DOF 14-03-1951. Fracción reformada DOF 25-10-1967, 08-10-1974, 10-08-1987

IX. En materia de amparo directo procede el recurso de revisión en contra de las sentencias que resuelvan sobre la constitucionalidad de normas generales, establezcan la interpretación directa de un precepto de esta Constitución u omitan decidir sobre tales cuestiones cuando hubieren sido planteadas, siempre que a juicio de la Suprema Corte de Justicia de la Nación el asunto revista un interés excepcional en materia constitucional o de derechos humanos. La materia del recurso se limitará a la decisión de las cuestiones propiamente constitucionales, sin poder comprender otras. En contra del auto que deseche el recurso no procederá medio de impugnación alguno;

Fracción reformada DOF 25-10-1967, 10-08-1987, 11-06-1999, 06-06-2011, 11-03-2021

X. Los actos reclamados podrán ser objeto de suspensión en los casos y mediante las condiciones que determine la ley reglamentaria, para lo cual el órgano jurisdiccional de amparo, cuando la naturaleza del acto lo permita, deberá realizar un análisis ponderado de la apariencia del buen derecho y del interés social. Tratándose de juicios de amparo en los que se reclame la inconstitucionalidad de normas generales, en ningún caso la suspensión podrá concederse con efectos generales.

Párrafo reformado DOF 15-09-2024

Dicha suspensión deberá otorgarse respecto de las sentencias definitivas en materia penal al comunicarse la promoción del amparo, y en las materias civil, mercantil y administrativa, mediante garantía que dé el quejoso para responder de los daños y perjuicios que tal suspensión pudiere ocasionar al tercero interesado. La suspensión quedará sin efecto si éste último da contragarantía para asegurar la reposición de las cosas al estado que guardaban si se concediese el amparo y a pagar los daños y perjuicios consiguientes;

Fe de erratas a la fracción DOF 14-03-1951. Fracción reformada DOF 25-10-1967, 06-06-2011

XI. La demanda de amparo directo se presentará ante la autoridad responsable, la cual decidirá sobre la suspensión. En los demás casos, la demanda se presentará ante los Juzgados de Distrito o los Tribunales Colegiados de Apelación los cuales resolverán sobre la suspensión, o ante los tribunales de las entidades federativas en los casos que la ley lo autorice;

Fracción reformada DOF 25-10-1967, 10-08-1987, 31-12-1994, 06-06-2011, 29-01-2016, 11-03-2021

XII. La violación de las garantías de los artículos 16, en materia penal, 19 y 20 se reclamará ante el superior del tribunal que la cometa, o ante el Juzgado de Distrito o Tribunal Colegiado de Apelación que corresponda, pudiéndose recurrir, en uno y otro caso, las resoluciones que se pronuncien, en los términos prescritos por la fracción VIII.

Si el Juzgado de Distrito o el Tribunal Colegiado de Apelación no residieren en el mismo lugar en que reside la autoridad responsable, la ley determinará el juzgado o tribunal ante el que se ha de presentar el escrito de amparo, el que podrá suspender provisionalmente el acto reclamado, en los casos y términos que la misma ley establezca.

Fe de erratas a la fracción DOF 14-03-1951. Fracción reformada DOF 25-10-1967, 31-12-1994, 11-03-2021

XIII. Cuando los Tribunales Colegiados de Circuito de la misma región sustenten criterios contradictorios en los juicios de amparo de su competencia, el o la Fiscal General de la República, en asuntos en materia penal y procesal penal, así como los relacionados con el ámbito de sus funciones, los mencionados tribunales y sus integrantes, las y los Jueces de Distrito, las partes en los asuntos que los motivaron o el Ejecutivo Federal, por conducto de la o el Consejero Jurídico del Gobierno podrán denunciar la contradicción ante el Pleno Regional correspondiente, a fin de que decida el criterio que debe prevalecer como precedente.

Cuando los Plenos Regionales sustenten criterios contradictorios al resolver las contradicciones o los asuntos de su competencia, según corresponda, las Ministras y los Ministros de la Suprema Corte de Justicia de la Nación, los mismos Plenos Regionales, así como los órganos a que se refiere el párrafo anterior podrán denunciar la contradicción ante la Suprema Corte de Justicia, con el objeto de que el Pleno decida el criterio que deberá prevalecer.

Párrafo reformado DOF 15-09-2024

Cuando la Suprema Corte de Justicia de la Nación sustente criterios contradictorios en los juicios de amparo cuyo conocimiento les competa, los ministros, los Tribunales Colegiados de Circuito y sus integrantes, las y los Jueces de Distrito, el o la Fiscal General de la República, en asuntos en materia penal y procesal penal, así como los relacionados con el ámbito de sus funciones, el Ejecutivo Federal, por conducto de la o el Consejero Jurídico del Gobierno, o las partes en los asuntos que las motivaron podrán denunciar la contradicción ante el Pleno de la Suprema Corte, conforme a la ley reglamentaria, para que éste resuelva la contradicción.

Párrafo reformado DOF 15-09-2024

Las resoluciones que pronuncie el Pleno de la Suprema Corte de Justicia así como los Plenos Regionales conforme a los párrafos anteriores, sólo tendrán el efecto de fijar la jurisprudencia y no afectarán las situaciones jurídicas concretas derivadas de las sentencias dictadas en los juicios en que hubiese ocurrido la contradicción;

Párrafo reformado DOF 15-09-2024

Fe de erratas a la fracción DOF 14-03-1951. Reformada DOF 25-10-1967, 31-12-1994, 06-06-2011, 10-02-2014, 11-03-2021

XIV. Se deroga;

Fracción reformada DOF 25-10-1967, 17-02-1975. Derogada DOF 06-06-2011

XV. El Fiscal General de la República o el Agente del Ministerio Público de la Federación que al efecto designe, será parte en todos los juicios de amparo en los que el acto reclamado provenga de procedimientos del orden penal y aquéllos que determine la ley;

Fracción reformada DOF 10-02-2014

XVI. Si la autoridad incumple la sentencia que concedió el amparo, pero dicho incumplimiento es justificado, la Suprema Corte de Justicia de la Nación, de acuerdo con el procedimiento previsto por la ley reglamentaria, otorgará un plazo razonable para que proceda a su cumplimiento, plazo que podrá ampliarse a solicitud de la autoridad. Cuando sea injustificado o hubiera transcurrido el plazo sin que se hubiese cumplido, procederá a separar de su cargo al titular de la autoridad responsable y a consignarlo ante el Juez de Distrito. Las mismas providencias se tomarán respecto del superior jerárquico de la autoridad responsable si hubiese incurrido en responsabilidad, así como de los titulares que, habiendo ocupado con anterioridad el cargo de la autoridad responsable, hubieran incumplido la ejecutoria.

Si concedido el amparo, se repitiera el acto reclamado, la Suprema Corte de Justicia de la Nación, de acuerdo con el procedimiento establecido por la ley reglamentaria, procederá a separar de su cargo al titular de la autoridad responsable, y dará vista al Ministerio Público Federal, salvo que no hubiera actuado dolosamente y deje sin efectos el acto repetido antes de que sea emitida la resolución de la Suprema Corte de Justicia de la Nación.

El cumplimiento sustituto de las sentencias de amparo podrá ser solicitado por el quejoso o decretado de oficio por el órgano jurisdiccional que hubiera emitido la sentencia de amparo, cuando la ejecución de la sentencia afecte a la sociedad en mayor proporción a los beneficios que pudiera obtener el quejoso o cuando por las circunstancias del caso, sea imposible o desproporcionadamente gravoso restituir la situación que imperaba antes de la violación. El incidente tendrá por efecto que la ejecutoria se dé por cumplida mediante el pago de daños y perjuicios al quejoso. Las partes en el juicio podrán acordar el cumplimiento sustituto mediante convenio sancionado ante el propio órgano jurisdiccional.

Párrafo reformado DOF 11-03-2021

No podrá archivarse juicio de amparo alguno, sin que se haya cumplido la sentencia que concedió la protección constitucional;

Fracción reformada DOF 31-12-1994, 06-06-2011

XVII. La autoridad responsable que desobedezca un auto de suspensión o que, ante tal medida, admita por mala fe o negligencia fianza o contrafianza que resulte ilusoria o insuficiente, será sancionada penalmente;

Fracción reformada DOF 06-06-2011

XVIII. Se deroga.

Fracción derogada DOF 03-09-1993

Artículo reformado DOF 19-02-1951

TÍTULO CUARTO
DE LAS RESPONSABILIDADES DE LOS SERVIDORES PÚBLICOS, PARTICULARES VINCULADOS CON FALTAS ADMINISTRATIVAS GRAVES O HECHOS DE CORRUPCIÓN, Y PATRIMONIAL DEL ESTADO.

Denominación del Título reformada DOF 28-12-1982, 14-06-2002, 27-05-2015

Servidores públicos

Artículo 108. Para los efectos de las responsabilidades a que alude este Título se reputarán como servidores públicos a los representantes de elección popular, a los miembros del Poder Judicial de la Federación, los funcionarios y empleados y, en general, a toda persona que desempeñe un empleo, cargo o comisión de cualquier naturaleza en el Congreso de la Unión o en la Administración Pública Federal, así como a los servidores públicos de los organismos a los que esta Constitución otorgue autonomía, quienes serán responsables por los actos u omisiones en que incurran en el desempeño de sus respectivas funciones.

Párrafo reformado DOF 22-08-1996, 13-11-2007, 29-01-2016

Presidencia

Durante el tiempo de su encargo, el Presidente de la República podrá ser imputado y juzgado por traición a la patria, hechos de corrupción, delitos electorales y todos aquellos delitos por los que podría ser enjuiciado cualquier ciudadano o ciudadana.

Párrafo reformado DOF 19-02-2021

Servidores Públicos Locales

Los ejecutivos de las entidades federativas, los diputados a las Legislaturas Locales, los Magistrados de los Tribunales Superiores de Justicia Locales, en su caso, los miembros de los Consejos de las Judicaturas Locales, los integrantes de los

Ayuntamientos y Alcaldías, los miembros de los organismos a los que las Constituciones Locales les otorgue autonomía, así como los demás servidores públicos locales, serán responsables por violaciones a esta Constitución y a las leyes federales, así como por el manejo y aplicación indebidos de fondos y recursos federales.

Párrafo reformado DOF 31-12-1994. Fe de erratas DOF 03-01-1995. Reformado DOF 07-02-2014, 17-06-2014, 29-01-2016

Las Constituciones de las entidades federativas precisarán, en los mismos términos del primer párrafo de este artículo y para los efectos de sus responsabilidades, el carácter de servidores públicos de quienes desempeñen empleo, cargo o comisión en las entidades federativas, los Municipios y las demarcaciones territoriales de la Ciudad de México. Dichos servidores públicos serán responsables por el manejo indebido de recursos públicos y la deuda pública.

Párrafo reformado DOF 26-05-2015, 29-01-2016

Los servidores públicos a que se refiere el presente artículo estarán obligados a presentar, bajo protesta de decir verdad, su declaración patrimonial y de intereses ante las autoridades competentes y en los términos que determine la ley.

Párrafo adicionado DOF 27-05-2015

Artículo reformado DOF 28-12-1982

Artículo 109. Los servidores públicos y particulares que incurran en responsabilidad frente al Estado, serán sancionados conforme a lo siguiente:

Juicio político

I. Se impondrán, mediante juicio político, las sanciones indicadas en el artículo 110 a los servidores públicos señalados en el mismo precepto, cuando en el ejercicio de sus funciones incurran en actos u omisiones que redunden en perjuicio de los intereses públicos fundamentales o de su buen despacho.

No procede el juicio político por la mera expresión de ideas.

II. La comisión de delitos por parte de cualquier servidor público o particulares que incurran en hechos de corrupción, será sancionada en los términos de la legislación penal aplicable.

Enriquecimiento ilícito

Las leyes determinarán los casos y las circunstancias en los que se deba sancionar penalmente por causa de enriquecimiento ilícito a los servidores públicos que durante el tiempo de su encargo, o por motivos del mismo, por sí o por interpósita persona, aumenten su patrimonio, adquieran bienes o se conduzcan como dueños sobre ellos, cuya procedencia lícita no pudiesen justificar. Las leyes penales sancionarán con el decomiso y con la privación de la propiedad de dichos bienes, además de las otras penas que correspondan;

Responsabilidades administrativas

III. Se aplicarán sanciones administrativas a los servidores públicos por los actos u omisiones que afecten la legalidad, honradez, lealtad, imparcialidad y eficiencia que deban observar en el desempeño de sus empleos, cargos o comisiones. Dichas sanciones consistirán en amonestación, suspensión, destitución e inhabilitación, así como en sanciones económicas, y deberán establecerse de acuerdo con los beneficios económicos que, en su caso, haya obtenido el responsable y con los daños y perjuicios patrimoniales causados por los actos u omisiones. La ley establecerá los procedimientos para la investigación y sanción de dichos actos u omisiones.

Faltas graves

Las faltas administrativas graves serán investigadas y substanciadas por la Auditoría Superior de la Federación y los órganos internos de control, o por sus homólogos en las entidades federativas, según corresponda, y serán resueltas por el Tribunal de Justicia Administrativa que resulte competente. Las demás faltas y sanciones administrativas, serán conocidas y resueltas por los órganos internos de control.

Para la investigación, substanciación y sanción de las responsabilidades administrativas de los miembros del Poder Judicial de la Federación, se observará lo previsto en el artículo 94 de esta Constitución, sin perjuicio de las atribuciones de la

Auditoría Superior de la Federación en materia de fiscalización sobre el manejo, la custodia y aplicación de recursos públicos.

La ley establecerá los supuestos y procedimientos para impugnar la clasificación de las faltas administrativas como no graves, que realicen los órganos internos de control.

Órganos internos de control

Los entes públicos federales tendrán órganos internos de control con las facultades que determine la ley para prevenir, corregir e investigar actos u omisiones que pudieran constituir responsabilidades administrativas; para sancionar aquéllas distintas a las que son competencia del Tribunal Federal de Justicia Administrativa; revisar el ingreso, egreso, manejo, custodia y aplicación de recursos públicos federales y participaciones federales; así como presentar las denuncias por hechos u omisiones que pudieran ser constitutivos de delito ante la Fiscalía Especializada en Combate a la Corrupción a que se refiere esta Constitución.

Los entes públicos estatales y municipales, así como del Distrito Federal y sus demarcaciones territoriales, contarán con órganos internos de control, que tendrán, en su ámbito de competencia local, las atribuciones a que se refiere el párrafo anterior, y

Sanciones

IV. Los tribunales de justicia administrativa impondrán a los particulares que intervengan en actos vinculados con faltas administrativas graves, con independencia de otro tipo de responsabilidades, las sanciones económicas; inhabilitación para participar en adquisiciones, arrendamientos, servicios u obras públicas; así como el resarcimiento de los daños y perjuicios ocasionados a la Hacienda Pública o a los entes públicos federales, locales o municipales. Las personas morales serán sancionadas en los términos de esta fracción cuando los actos vinculados con faltas administrativas graves sean realizados por personas físicas que actúen a nombre o representación de la persona moral y en beneficio de ella. También podrá ordenarse la suspensión de actividades, disolución o intervención de la sociedad respectiva cuando se trate de faltas administrativas graves que causen perjuicio a la Hacienda Pública o a los entes públicos, federales, locales o municipales, siempre que la sociedad obtenga un beneficio económico y se acredite participación de sus órganos de administración, de vigilancia o de sus socios, o en aquellos casos que se advierta que la sociedad es utilizada de manera sistemática para vincularse con faltas administrativas graves; en estos supuestos la sanción se ejecutará hasta que la resolución sea definitiva. Las leyes establecerán los procedimientos para la investigación e imposición de las sanciones aplicables de dichos actos u omisiones.

Los procedimientos para la aplicación de las sanciones mencionadas en las fracciones anteriores se desarrollarán autónomamente. No podrán imponerse dos veces por una sola conducta sanciones de la misma naturaleza.

Denuncias Cualquier ciudadano, bajo su más estricta responsabilidad y mediante la presentación de elementos de prueba, podrá formular denuncia ante la Cámara de Diputados del Congreso de la Unión respecto de las conductas a las que se refiere el presente artículo.

Información En el cumplimiento de sus atribuciones, a los órganos responsables de la investigación y sanción de responsabilidades administrativas y hechos de corrupción no les serán oponibles las disposiciones dirigidas a proteger la secrecía de la información en materia fiscal o la relacionada con operaciones de depósito, administración, ahorro e inversión de recursos monetarios. La ley establecerá los procedimientos para que les sea entregada dicha información.

Recursos La Auditoría Superior de la Federación y la Secretaría del Ejecutivo Federal responsable del control interno, podrán recurrir las determinaciones de la Fiscalía Especializada en Combate a la Corrupción y del Tribunal Federal de Justicia Administrativa, de conformidad con lo previsto en los artículos 20, Apartado C, fracción VII, y 104, fracción III de esta Constitución, respectivamente.

Responsabilidad patrimonial del Estado

La responsabilidad del Estado por los daños que, con motivo de su actividad administrativa irregular, cause en los bienes o derechos de los particulares, será objetiva y directa. Los particulares tendrán derecho a una indemnización conforme a las bases, límites y procedimientos que establezcan las leyes.

Artículo reformado DOF 28-12-1982, 27-05-2015

Sujetos de juicio político

Artículo 110. Podrán ser sujetos de juicio político las senadoras y los senadores y las diputadas y los diputados al Congreso de la Unión, las ministras y los ministros de la Suprema Corte de Justicia de la Nación, las Magistradas y los Magistrados del Tribunal de Disciplina Judicial, las personas integrantes del Pleno del órgano de administración judicial, las personas titulares de las Secretarías de Despacho, la o el Fiscal General de la República, las magistradas y los magistrados de Circuito y las juezas y los jueces de Distrito, la consejera o consejero Presidente, las consejerías electorales y la o el secretario ejecutivo del Instituto Nacional Electoral, las magistradas y los magistrados del Tribunal Electoral, las y los integrantes de los órganos constitucionales autónomos, las y los directores generales y sus equivalentes de los organismos descentralizados, empresas de participación estatal mayoritaria, sociedades y asociaciones asimiladas a éstas y fideicomisos públicos.

Párrafo reformado DOF 10-08-1987, 31-12-1994, 22-08-1996, 02-08-2007, 07-02-2014, 10-02-2014, 29-01-2016, 15-09-2024

Las personas titulares de los poderes ejecutivos de las entidades federativas, Diputadas y Diputados locales, Magistradas y Magistrados de los Tribunales Superiores de Justicia Locales, en su caso, las personas integrantes de los Tribunales de Disciplina Judicial y órganos de administración de las Judicaturas Locales, así como las personas integrantes de los organismos a los que las Constituciones Locales les otorgue autonomía, sólo podrán ser sujetos de juicio político en los términos de este Título por violaciones graves a esta Constitución y a las leyes federales que de ella emanen, así como por el manejo indebido de fondos y recursos federales, pero en este caso la resolución será únicamente declarativa y se comunicará a las Legislaturas Locales para que, en ejercicio de sus atribuciones, procedan como corresponda.

Párrafo reformado DOF 31-12-1994, 07-02-2014, 29-01-2016, 15-09-2024

Sanciones

Las sanciones consistirán en la destitución del servidor público y en su inhabilitación para desempeñar funciones, empleos, cargos o comisiones de cualquier naturaleza en el servicio público.

Procedimiento

Para la aplicación de las sanciones a que se refiere este precepto, la Cámara de Diputados procederá a la acusación respectiva ante la Cámara de Senadores, previa declaración de la mayoría absoluta del número de los miembros presentes en sesión de aquella Cámara, después de haber sustanciado el procedimiento respectivo y con audiencia del inculpado.

Conociendo de la acusación la Cámara de Senadores, erigida en Jurado de sentencia, aplicará la sanción correspondiente mediante resolución de las dos terceras partes de los miembros presentes en sesión, una vez practicadas las diligencias correspondientes y con audiencia del acusado.

Las declaraciones y resoluciones de las Cámaras de Diputados y Senadores son inatacables.

Artículo reformado DOF 28-12-1982

Declaración de procedencia

Artículo 111. Para proceder penalmente contra las y los diputados y las y los senadores al Congreso de la Unión, las y los ministros de la Suprema Corte de Justicia de la Nación, las y los magistrados del Tribunal Electoral, las y los Magistrados del Tribunal de Disciplina Judicial, las y los integrantes del Pleno del órgano de administración judicial, las y los secretarios de Despacho, la o el Fiscal General de la República, así como la o el consejero Presidente y las consejerías electorales del Consejo General del Instituto Nacional Electoral, por la comisión de delitos durante el tiempo de su encargo, la Cámara de Diputados declarará por mayoría absoluta de sus miembros presentes en sesión, si ha o no lugar a proceder contra la persona inculpada.

Párrafo reformado DOF 10-08-1987, 31-12-1994, 22-08-1996, 02-08-2007, 07-02-2014, 10-02-2014, 29-01-2016, 15-09-2024

Si la resolución de la Cámara fuese negativa se suspenderá todo procedimiento ulterior, pero ello no será obstáculo para que la imputación por la comisión del delito continúe su curso cuando el inculpado haya concluido el ejercicio de su encargo, pues la misma no prejuzga los fundamentos de la imputación.

Si la Cámara declara que ha lugar a proceder, el sujeto quedará a disposición de las autoridades competentes para que actúen con arreglo a la ley.

Para proceder penalmente contra el Presidente de la República, sólo habrá lugar a acusarlo ante la Cámara de Senadores en los términos del artículo 110. En este supuesto, la Cámara de Senadores resolverá con base en la legislación penal aplicable.

Párrafo reformado DOF 19-02-2021

Para poder proceder penalmente por delitos federales contra las personas titulares de los poderes ejecutivos de las entidades federativas, diputadas y diputados locales, magistradas y magistrados de los Tribunales Superiores de Justicia de las entidades federativas, en su caso, integrantes de los Tribunales de Disciplina Judicial y órganos de administración judicial Locales, y las y los integrantes de los organismos a los que las Constituciones Locales les otorgue autonomía se seguirá el mismo procedimiento establecido en este artículo, pero en este supuesto, la declaración de procedencia será para el efecto de que se comunique a las Legislaturas Locales, para que en ejercicio de sus atribuciones procedan como corresponda.

Párrafo reformado DOF 31-12-1994, 07-02-2014, 29-01-2016, 15-09-2024

Las declaraciones y resoluciones de la (sic DOF 28-12-1982) Cámaras de Diputados (sic DOF 28-12-1982) Senadores son inatacables.

El efecto de la declaración de que ha lugar a proceder contra el inculpado será separarlo de su encargo en tanto esté sujeto a proceso penal. Si éste culmina en sentencia absolutoria el inculpado podrá reasumir su función. Si la sentencia fuese condenatoria y se trata de un delito cometido durante el ejercicio de su encargo, no se concederá al reo la gracia del indulto.

Demandas civiles

En demandas del orden civil que se entablen contra cualquier servidor público no se requerirá declaración de procedencia.

Las sanciones penales se aplicarán de acuerdo con lo dispuesto en la legislación penal, y tratándose de delitos por cuya comisión el autor obtenga un beneficio económico o cause daños o perjuicios patrimoniales, deberán graduarse de acuerdo con el lucro obtenido y con la necesidad de satisfacer los daños y perjuicios causados por su conducta ilícita.

Las sanciones económicas no podrán exceder de tres tantos de los beneficios obtenidos o de los daños o perjuicios causados.

Artículo reformado DOF 20-08-1928, 21-09-1944, 08-10-1974, 28-12-1982

Artículo 112. No se requerirá declaración de procedencia de la Cámara de Diputados cuando alguno de los servidores públicos a que hace referencia el párrafo primero del artículo 111 cometa un delito durante el tiempo en que se encuentre separado de su encargo.

Si el servidor público ha vuelto a desempeñar sus funciones propias o ha sido nombrado o electo para desempeñar otro cargo distinto, pero de los enumerados por el artículo 111, se procederá de acuerdo con lo dispuesto en dicho precepto.

Artículo reformado DOF 28-12-1982

Sistema Nacional Anticorrupción

Artículo 113. El Sistema Nacional Anticorrupción es la instancia de coordinación entre las autoridades de todos los órdenes de gobierno competentes en la prevención, detección y sanción de responsabilidades administrativas y hechos de corrupción, así como en la fiscalización y control de recursos públicos. Para el cumplimiento de su objeto se sujetará a las siguientes bases mínimas:

I. El Sistema contará con un Comité Coordinador que estará integrado por los titulares de la Auditoría Superior de la Federación; de la Fiscalía Especializada en Combate a la Corrupción; de la secretaría del Ejecutivo Federal responsable del control interno; por el presidente del Tribunal Federal de Justicia Administrativa; así como por un representante del Tribunal de Disciplina Judicial y otro del Comité de Participación Ciudadana;

Fracción reformada DOF 20-12-2024

II. El Comité de Participación Ciudadana del Sistema deberá integrarse por cinco ciudadanos que se hayan destacado por su contribución a la transparencia, la rendición de cuentas o el combate a la corrupción y serán designados en los términos que establezca la ley, y

III. Corresponderá al Comité Coordinador del Sistema, en los términos que determine la Ley:

a) El establecimiento de mecanismos de coordinación con los sistemas locales;

b) El diseño y promoción de políticas integrales en materia de fiscalización y control de recursos públicos, de prevención, control y disuasión de faltas administrativas y hechos de corrupción, en especial sobre las causas que los generan;

c) La determinación de los mecanismos de suministro, intercambio, sistematización y actualización de la información que sobre estas materias generen las instituciones competentes de los órdenes de gobierno;

d) El establecimiento de bases y principios para la efectiva coordinación de las autoridades de los órdenes de gobierno en materia de fiscalización y control de los recursos públicos;

e) La elaboración de un informe anual que contenga los avances y resultados del ejercicio de sus funciones y de la aplicación de políticas y programas en la materia.

Derivado de este informe, podrá emitir recomendaciones no vinculantes a las autoridades, con el objeto de que adopten medidas dirigidas al fortalecimiento institucional para la prevención de faltas administrativas y hechos de corrupción, así como al mejoramiento de su desempeño y del control interno. Las autoridades destinatarias de las recomendaciones informarán al Comité sobre la atención que brinden a las mismas.

Las entidades federativas establecerán sistemas locales anticorrupción con el objeto de coordinar a las autoridades locales competentes en la prevención, detección y sanción de responsabilidades administrativas y hechos de corrupción.

Artículo reformado DOF 28-12-1982, 14-06-2002, 27-05-2015

Procedimiento de juicio político

Artículo 114. El Procedimiento de juicio político sólo podrá iniciarse durante el período en el que el servidor público desempeñe su cargo y dentro de un año después. Las sanciones correspondientes se aplicarán en un período no mayor de un año a partir de iniciado el procedimiento.

Prescripción

La responsabilidad por delitos cometidos durante el tiempo del encargo por cualquier servidor público, será exigible de acuerdo con los plazos de prescripción consignados en la Ley penal, que nunca serán inferiores a tres años. Los plazos de prescripción se interrumpen en tanto el servidor público desempeña alguno de los encargos a que hace referencia el artículo 111.

La ley señalará los casos de prescripción de la responsabilidad administrativa tomando en cuenta la naturaleza y consecuencia de los actos y omisiones a que hace referencia la fracción III del artículo 109. Cuando dichos actos u omisiones fuesen graves los plazos de prescripción no serán inferiores a siete años.

Párrafo reformado DOF 27-05-2015

Artículo reformado DOF 28-12-1982

TÍTULO QUINTO DE LOS ESTADOS DE LA FEDERACIÓN Y DE LA CIUDAD DE MÉXICO

Denominación del Título reformada DOF 25-10-1993, 29-01-2016

Artículo 115. Los estados adoptarán, para su régimen interior, la forma de gobierno republicano, representativo, democrático, laico y popular, teniendo como base de su división territorial y de su organización política y administrativa, el municipio libre, conforme a las bases siguientes: *Gobiernos Locales*

Párrafo reformado DOF 10-02-2014

I. Cada Municipio será gobernado por un Ayuntamiento de elección popular directa, integrado por un Presidente o Presidenta Municipal y el número de regidurías y sindicaturas que la ley determine, de conformidad con el principio de paridad. En ningún caso, podrá participar en la elección para la presidencia municipal, las regidurías y las sindicaturas, la persona que tenga o haya tenido en los últimos tres años anteriores al día de la elección un vínculo de matrimonio o concubinato o unión de hecho, o de parentesco por consanguinidad o civil en línea recta sin limitación de grado y en línea colateral hasta el cuarto grado o de afinidad hasta el segundo grado, con la persona que esté ejerciendo la titularidad del cargo para el que se postula. La competencia que esta Constitución otorga al gobierno municipal se ejercerá por el Ayuntamiento de manera exclusiva y no habrá autoridad intermedia alguna entre este y el gobierno del Estado. *Municipios* *Reelección consecutiva*

Párrafo reformado DOF 23-12-1999, 06-06-2019, 01-04-2025

Las Constituciones de los Estados deberán establecer la prohibición de la reelección consecutiva para el mismo cargo de *Reelección* presidentes y presidentas municipales, regidores y regidoras, y personas síndicas de los ayuntamientos. Las personas servidoras públicas antes mencionadas, cuando tengan el carácter de propietarias, no podrán ser electas para el periodo inmediato con el carácter de suplentes, pero las que tengan el carácter de suplentes sí podrán ser electas para el periodo inmediato como propietarias a menos que hayan estado en ejercicio.

Párrafo reformado DOF 10-02-2014, 01-04-2025

Las Legislaturas locales, por acuerdo de las dos terceras partes de sus integrantes, podrán suspender ayuntamientos, declarar que éstos han desaparecido y suspender o revocar el mandato a alguno de sus miembros, por alguna de las causas graves que la ley local prevenga, siempre y cuando sus miembros hayan tenido oportunidad suficiente para rendir las pruebas y hacerlos (sic DOF 03-02-1983) alegatos que a su juicio convengan.

Si alguno de los miembros dejare de desempeñar su cargo, será sustituido por su suplente, o se procederá según lo disponga la ley.

Párrafo reformado DOF 23-12-1999

Desaparición de ayuntamientos

En caso de declararse desaparecido un Ayuntamiento o por renuncia o falta absoluta de la mayoría de sus miembros, si conforme a la ley no procede que entren en funciones los suplentes ni que se celebren nuevas elecciones, las legislaturas de los Estados designarán de entre los vecinos a los Concejos Municipales que concluirán los períodos respectivos; estos Concejos estarán integrados por el número de miembros que determine la ley, quienes deberán cumplir los requisitos de elegibilidad establecidos para los regidores;

Párrafo reformado DOF 23-12-1999

II. Los municipios estarán investidos de personalidad jurídica y manejarán su patrimonio conforme a la ley.

Los ayuntamientos tendrán facultades para aprobar, de acuerdo con las leyes en materia municipal que deberán expedir las legislaturas de los Estados, los bandos de policía y gobierno, los reglamentos, circulares y disposiciones administrativas de observancia general dentro de sus respectivas jurisdicciones, que organicen la administración pública municipal, regulen las materias, procedimientos, funciones y servicios públicos de su competencia y aseguren la participación ciudadana y vecinal.

Párrafo reformado DOF 23-12-1999

El objeto de las leyes a que se refiere el párrafo anterior será establecer:

a) Las bases generales de la administración pública municipal y del procedimiento administrativo, incluyendo los medios de impugnación y los órganos para dirimir las controversias entre dicha administración y los particulares, con sujeción a los principios de igualdad, publicidad, audiencia y legalidad;

b) Los casos en que se requiera el acuerdo de las dos terceras partes de los miembros de los ayuntamientos para dictar resoluciones que afecten el patrimonio inmobiliario municipal o para celebrar actos o convenios que comprometan al Municipio por un plazo mayor al periodo del Ayuntamiento;

c) Las normas de aplicación general para celebrar los convenios a que se refieren tanto las fracciones III y IV de este artículo, como el segundo párrafo de la fracción VII del artículo 116 de esta Constitución;

d) El procedimiento y condiciones para que el gobierno estatal asuma una función o servicio municipal cuando, al no existir el convenio correspondiente, la legislatura estatal considere que el municipio de que se trate esté imposibilitado para ejercerlos o prestarlos; en este caso, será necesaria solicitud previa del ayuntamiento respectivo, aprobada por cuando menos las dos terceras partes de sus integrantes; y

e) Las disposiciones aplicables en aquellos municipios que no cuenten con los bandos o reglamentos correspondientes.

Párrafo con incisos adicionado DOF 23-12-1999

Las legislaturas estatales emitirán las normas que establezcan los procedimientos mediante los cuales se resolverán los conflictos que se presenten entre los municipios y el gobierno del estado, o entre aquéllos, con motivo de los actos derivados de los incisos c) y d) anteriores;

Párrafo adicionado DOF 23-12-1999

Servicios públicos municipales

III. Los Municipios tendrán a su cargo las funciones y servicios públicos siguientes:

Párrafo reformado DOF 23-12-1999

a) Agua potable, drenaje, alcantarillado, tratamiento y disposición de sus aguas residuales;

Inciso reformado DOF 23-12-1999

b) Alumbrado público.

c) Limpia, recolección, traslado, tratamiento y disposición final de residuos;

Inciso reformado DOF 23-12-1999

d) Mercados y centrales de abasto.

e) Panteones.

f) Rastro.

g) Calles, parques y jardines y su equipamiento;

Inciso reformado DOF 23-12-1999

h) Seguridad pública, en los términos del artículo 21 de esta Constitución, policía preventiva municipal y tránsito; e

Inciso reformado DOF 23-12-1999

i) Los demás que las Legislaturas locales determinen según las condiciones territoriales y socio-económicas de los Municipios, así como su capacidad administrativa y financiera.

Sin perjuicio de su competencia constitucional, en el desempeño de las funciones o la prestación de los servicios a su cargo, los municipios observarán lo dispuesto por las leyes federales y estatales.

Párrafo reformado DOF 23-12-1999

Los Municipios, previo acuerdo entre sus ayuntamientos, podrán coordinarse y asociarse para la más eficaz prestación de los servicios públicos o el mejor ejercicio de las funciones que les correspondan. En este caso y tratándose de la asociación de municipios de dos o más Estados, deberán contar con la aprobación de las legislaturas de los Estados respectivas. Así mismo cuando a juicio del ayuntamiento respectivo sea necesario, podrán celebrar convenios con el Estado para que éste, de manera directa o a través del organismo correspondiente, se haga cargo en forma temporal de algunos de ellos, o bien se presten o ejerzan coordinadamente por el Estado y el propio municipio;

Párrafo adicionado DOF 23-12-1999

Las comunidades indígenas, dentro del ámbito municipal, podrán coordinarse y asociarse en los términos y para los efectos que prevenga la ley.

Párrafo adicionado DOF 14-08-2001

Hacienda municipal

IV. Los municipios administrarán libremente su hacienda, la cual se formará de los rendimientos de los bienes que les pertenezcan, así como de las contribuciones y otros ingresos que las legislaturas establezcan a su favor, y en todo caso:

a) Percibirán las contribuciones, incluyendo tasas adicionales, que establezcan los Estados sobre la propiedad inmobiliaria, de su fraccionamiento, división, consolidación, traslación y mejora así como las que tengan por base el cambio de valor de los inmuebles.

Los municipios podrán celebrar convenios con el Estado para que éste se haga cargo de algunas de las funciones relacionadas con la administración de esas contribuciones.

b) Las participaciones federales, que serán cubiertas por la Federación a los Municipios con arreglo a las bases, montos y plazos que anualmente se determinen por las Legislaturas de los Estados.

c) Los ingresos derivados de la prestación de servicios públicos a su cargo.

Las leyes federales no limitarán la facultad de los Estados para establecer las contribuciones a que se refieren los incisos a) y c), ni concederán exenciones en relación con las mismas. Las leyes estatales no establecerán exenciones o subsidios en favor de persona o institución alguna respecto de dichas contribuciones. Sólo estarán exentos los bienes de dominio público de la Federación, de las entidades federativas o los Municipios, salvo que tales bienes sean utilizados por entidades paraestatales o por particulares, bajo cualquier título, para fines administrativos o propósitos distintos a los de su objeto público.

Párrafo reformado DOF 23-12-1999, 29-01-2016

Los ayuntamientos, en el ámbito de su competencia, propondrán a las legislaturas estatales las cuotas y tarifas aplicables a impuestos, derechos, contribuciones de mejoras y las tablas de valores unitarios de suelo y construcciones que sirvan de base para el cobro de las contribuciones sobre la propiedad inmobiliaria.

Párrafo reformado DOF 23-12-1999

Las legislaturas de los Estados aprobarán las leyes de ingresos de los municipios, revisarán y fiscalizarán sus cuentas públicas. Los presupuestos de egresos serán aprobados por los ayuntamientos con base en sus ingresos disponibles, y deberán incluir en los mismos, los tabuladores desglosados de las remuneraciones que perciban los servidores públicos municipales, sujetándose a lo dispuesto en el artículo 127 de esta Constitución.

Párrafo adicionado DOF 23-12-1999. Reformado DOF 24-08-2009

Los recursos que integran la hacienda municipal serán ejercidos en forma directa por los ayuntamientos, o bien, por quien ellos autoricen, conforme a la ley;

Párrafo adicionado DOF 23-12-1999

Facultades

V. Los Municipios, en los términos de las leyes federales y Estatales relativas, estarán facultados para:

a) Formular, aprobar y administrar la zonificación y planes de desarrollo urbano municipal, así como los planes en materia de movilidad y seguridad vial;

Inciso reformado DOF 18-12-2020

b) Participar en la creación y administración de sus reservas territoriales;

c) Participar en la formulación de planes de desarrollo regional, los cuales deberán estar en concordancia con los planes generales de la materia. Cuando la Federación o los Estados elaboren proyectos de desarrollo regional deberán asegurar la participación de los municipios;

d) Autorizar, controlar y vigilar la utilización del suelo, en el ámbito de su competencia, en sus jurisdicciones territoriales;

e) Intervenir en la regularización de la tenencia de la tierra urbana;

f) Otorgar licencias y permisos para construcciones;

g) Participar en la creación y administración de zonas de reservas ecológicas y en la elaboración y aplicación de programas de ordenamiento en esta materia;

h) Intervenir en la formulación y aplicación de programas de transporte público de pasajeros cuando aquellos afecten su ámbito territorial; e

i) Celebrar convenios para la administración y custodia de las zonas federales.

En lo conducente y de conformidad a los fines señalados en el párrafo tercero del artículo 27 de esta Constitución, expedirán los reglamentos y disposiciones administrativas que fueren necesarios. Los bienes inmuebles de la Federación ubicados en los Municipios estarán exclusivamente bajo la jurisdicción de los poderes federales, sin perjuicio de los convenios que puedan celebrar en términos del inciso i) de esta fracción;

Párrafo reformado DOF 29-01-2016

Fracción reformada DOF 23-12-1999

Coordinación metropolitana

VI. Cuando dos o más centros urbanos situados en territorios municipales de dos o más entidades federativas formen o tiendan a formar una continuidad demográfica, la Federación, las entidades federativas y los Municipios respectivos, en el ámbito de sus competencias, planearán y regularán de manera conjunta y coordinada el desarrollo de dichos centros, incluyendo criterios para la movilidad y seguridad vial, con apego a las leyes federales de la materia.

Fracción reformada DOF 18-12-2020

Policía preventiva

VII. La policía preventiva estará al mando del presidente municipal en los términos de la Ley de Seguridad Pública del Estado. Aquélla acatará las órdenes que el Gobernador del Estado le transmita en aquellos casos que éste juzgue como de fuerza mayor o alteración grave del orden público.

Párrafo reformado DOF 18-06-2008

El Ejecutivo Federal tendrá el mando de la fuerza pública en los lugares donde resida habitual o transitoriamente;

Fracción reformada DOF 23-12-1999

Representación proporcional

VIII. Las leyes de los estados introducirán el principio de la representación proporcional en la elección de los ayuntamientos de todos los municipios.

Las relaciones de trabajo entre los municipios y sus trabajadores, se regirán por las leyes que expidan las legislaturas de los estados con base en lo dispuesto en el Artículo 123 de esta Constitución, y sus disposiciones reglamentarias.

Fracción reformada DOF 17-03-1987

IX. Derogada.

Fracción derogada DOF 17-03-1987

X. Derogada.

Fracción derogada DOF 17-03-1987

Artículo reformado DOF 20-08-1928, 29-04-1933, 08-01-1943, 12-02-1947, 17-10-1953, 06-02-1976, 06-12-1977, 03-02-1983

Poderes Estatales

Artículo 116. El poder público de los estados se dividirá, para su ejercicio, en Ejecutivo, Legislativo y Judicial, y no podrán reunirse dos o más de estos poderes en una sola persona o corporación, ni depositarse el legislativo en un solo individuo.

Los poderes de los Estados se organizarán conforme a la Constitución de cada uno de ellos, con sujeción a las siguientes normas:

Poder Ejecutivo

I. Los gobernadores de los Estados no podrán durar en su encargo más de seis años y su mandato podrá ser revocado. Las Constituciones de los Estados establecerán las normas relativas a los procesos de revocación de mandato del gobernador de la entidad.

Párrafo reformado DOF 20-12-2019

La elección de los gobernadores de los Estados y de las Legislaturas Locales será directa y en los términos que dispongan las leyes electorales respectivas.

Los gobernadores de los Estados, cuyo origen sea la elección popular, ordinaria o extraordinaria, en ningún caso y por ningún motivo podrán volver a ocupar ese cargo, ni aun con el carácter de interinos, provisionales, sustitutos o encargados del despacho.

Nunca podrán ser electos para el período inmediato:

a) El gobernador sustituto constitucional, o el designado para concluir el período en caso de falta absoluta del constitucional, aun cuando tenga distinta denominación;

b) El gobernador interino, el provisional o el ciudadano que, bajo cualquier denominación, supla las faltas temporales del gobernador, siempre que desempeñe el cargo los dos últimos años del periodo.

Inciso reformado DOF 26-09-2008

Sólo podrá ser gobernador constitucional de un Estado un ciudadano mexicano por nacimiento y nativo de él, o con residencia efectiva no menor de cinco años inmediatamente anteriores al día de los comicios, y tener 30 años cumplidos el día de la elección, o menos, si así lo establece la Constitución Política de la Entidad Federativa.

Párrafo reformado DOF 26-09-2008

c) La persona que tenga o haya tenido en los últimos tres años anteriores al día de la elección un vínculo de matrimonio o concubinato o unión de hecho, o de parentesco por consanguinidad o civil en línea recta sin limitación de grado y en línea colateral hasta el cuarto grado o de afinidad hasta el segundo grado, con la persona que está ejerciendo la titularidad de la gubernatura.

Párrafo adicionado DOF 01-04-2025

Poder Legislativo

II. El número de representantes en las legislaturas de los Estados será proporcional al de habitantes de cada uno; pero, en todo caso, no podrá ser menor de siete diputados en los Estados cuya población no llegue a 400 mil habitantes; de nueve, en aquellos cuya población exceda de este número y no llegue a 800 mil habitantes, y de 11 en los Estados cuya población sea superior a esta última cifra.

Las Constituciones estatales deberán establecer la prohibición de la reelección de las personas diputadas a las legislaturas de los Estados para el periodo inmediato posterior al ejercicio de su mandato. Las personas diputadas suplentes podrán ser electas para el periodo inmediato con el carácter de propietarias, siempre que no hubieren estado en ejercicio, pero las personas diputadas propietarias no podrán ser electas para el período inmediato con el carácter de suplentes. En ningún caso, podrá participar en la elección de una diputación la persona que tenga o haya tenido en los últimos tres años anteriores al día de la elección un vínculo de matrimonio o concubinato o unión de hecho, o de parentesco por consanguinidad o civil en línea recta sin limitación de grado y en línea colateral hasta el cuarto grado o de afinidad hasta el segundo grado, con la persona que está ejerciendo la titularidad de la diputación.

Párrafo reformado DOF 10-02-2014, 01-04-2025

Las legislaturas de los Estados se integrarán con diputados electos, según los principios de mayoría relativa y de representación proporcional, en los términos que señalen sus leyes. En ningún caso, un partido político podrá contar con un número de diputados por ambos principios que representen un porcentaje del total de la legislatura que exceda en ocho puntos su porcentaje de votación emitida. Esta base no se aplicará al partido político que por sus triunfos en distritos uninominales obtenga un porcentaje de curules del total de la legislatura, superior a la suma del porcentaje de su votación emitida más el ocho por ciento. Asimismo, en la integración de la legislatura, el porcentaje de representación de un partido político no podrá ser menor al porcentaje de votación que hubiere recibido menos ocho puntos porcentuales.

Párrafo reformado DOF 22-08-1996, 10-02-2014

Corresponde a las legislaturas de los Estados la aprobación anual del presupuesto de egresos correspondiente. Al señalar las remuneraciones de servidores públicos deberán sujetarse a las bases previstas en el artículo 127 de esta Constitución.

Párrafo adicionado DOF 24-08-2009

Los poderes estatales Legislativo, Ejecutivo y Judicial, así como los organismos con autonomía reconocida en sus constituciones locales, deberán incluir dentro de sus proyectos de presupuestos, los tabuladores desglosados de las remuneraciones que se propone perciban sus servidores públicos. Estas propuestas deberán observar el procedimiento que para la aprobación de los presupuestos de egresos de los Estados, establezcan las disposiciones constitucionales y legales aplicables.

Párrafo adicionado DOF 24-08-2009

Fiscalización

Las legislaturas de los estados contarán con entidades estatales de fiscalización, las cuales serán órganos con autonomía técnica y de gestión en el ejercicio de sus atribuciones y para decidir sobre su organización interna, funcionamiento y resoluciones, en los términos que dispongan sus leyes. La función de fiscalización se desarrollará conforme a los principios de legalidad, imparcialidad y confiabilidad. Asimismo, deberán fiscalizar las acciones de Estados y Municipios en materia de fondos, recursos locales y deuda pública. Los informes de auditoría de las entidades estatales de fiscalización tendrán carácter público.

Párrafo adicionado DOF 07-05-2008. Reformado DOF 26-05-2015, 27-05-2015

El titular de la entidad de fiscalización de las entidades federativas será electo por las dos terceras partes de los miembros presentes en las legislaturas locales, por periodos no menores a siete años y deberá contar con experiencia de cinco años en materia de control, auditoría financiera y de responsabilidades.

Párrafo adicionado DOF 07-05-2008

La cuenta pública del año anterior deberá ser enviada a la Legislatura del Estado, a más tardar el 30 de abril. Sólo se podrá ampliar el plazo de presentación cuando medie solicitud del Gobernador, suficientemente justificada a juicio de la Legislatura.

Párrafo adicionado DOF 27-05-2015

Las Legislaturas de los Estados regularán los términos para que los ciudadanos puedan presentar iniciativas de ley ante el respectivo Congreso.

Párrafo adicionado DOF 09-08-2012

Poder Judicial

III. El Poder Judicial de los Estados se ejercerá por los tribunales que establezcan las Constituciones respectivas.

La independencia de las magistradas y los magistrados y juezas y jueces en el ejercicio de sus funciones deberá estar garantizada por las Constituciones y las Leyes Orgánicas de los Estados, las cuales establecerán las condiciones para su elección por voto directo y secreto de la ciudadanía; la creación de un Tribunal de Disciplina Judicial y de un órgano de administración judicial con independencia técnica, de gestión y para emitir sus resoluciones, conforme a las bases establecidas en esta Constitución para el Poder Judicial de la Federación; así como del ingreso, formación y permanencia de quienes sirvan a los Poderes Judiciales de los Estados.

Párrafo reformado DOF 15-09-2024

Las Magistradas y los Magistrados y las juezas y los jueces integrantes de los Poderes Judiciales Locales, deberán reunir los requisitos señalados por las fracciones I a IV del párrafo segundo del artículo 97 de esta Constitución y los demás que establezcan las Constituciones y las Leyes Orgánicas de los Estados. No podrán ser Magistradas o Magistrados las personas que hayan ocupado el cargo de titular de Secretaría o su equivalente, Fiscal o Diputada o Diputado Local, en sus respectivos Estados, durante el año previo al día de la publicación de la convocatoria respectiva por el Congreso local.

Párrafo reformado DOF 31-12-1994, 15-09-2024

Las propuestas de candidaturas y la elección de los magistrados y jueces integrantes de los Poderes Judiciales Locales se realizarán conforme a las bases, procedimientos, términos, modalidades y requisitos que señala esta Constitución para el Poder Judicial de la Federación en lo que resulte aplicable, estableciendo mecanismos públicos, abiertos, transparentes, inclusivos, accesibles y paritarios de evaluación y selección que garanticen la participación de personas que cuenten con los conocimientos técnicos necesarios para el desempeño del cargo y se hayan distinguido por su honestidad, buena fama pública, competencia y antecedentes profesionales y académicos en el ejercicio de la actividad jurídica.

Párrafo reformado DOF 15-09-2024

Las y los magistrados y las y los jueces durarán en el ejercicio de su encargo nueve años, podrán ser reelectos y, si lo fueren, sólo podrán ser privados de sus puestos en los términos que determinen las Constituciones y las Leyes de Responsabilidades de los Servidores Públicos de los Estados.

Párrafo reformado DOF 15-09-2024

Las magistradas y los magistrados y las juezas y los jueces percibirán una remuneración adecuada e irrenunciable, la cual no podrá ser mayor a la establecida para la persona titular de la Presidencia de la República en el presupuesto correspondiente y no será disminuida durante su encargo.

Párrafo reformado DOF 15-09-2024

Reforma DOF 31-12-1994: Derogó de la fracción el entonces párrafo quinto

Elecciones Locales

IV. De conformidad con las bases establecidas en esta Constitución y las leyes generales en la materia, las Constituciones y leyes de los Estados en materia electoral, garantizarán que:

Párrafo reformado DOF 10-02-2014

a) Las elecciones de los gobernadores, de los miembros de las legislaturas locales y de los integrantes de los ayuntamientos se realicen mediante sufragio universal, libre, secreto y directo; y que la jornada comicial tenga lugar el primer domingo de junio del año que corresponda. Los Estados cuyas jornadas electorales se celebren en el año de los comicios federales y no coincidan en la misma fecha de la jornada federal, no estarán obligados por esta última disposición;

Inciso reformado DOF 10-02-2014

b) En el ejercicio de la función electoral, a cargo de las autoridades electorales, sean principios rectores los de certeza, imparcialidad, independencia, legalidad, máxima publicidad y objetividad;

Inciso reformado DOF 10-02-2014

c) Las autoridades que tengan a su cargo la organización de las elecciones y las jurisdiccionales que resuelvan las controversias en la materia, gocen de autonomía en su funcionamiento, e independencia en sus decisiones, conforme a lo siguiente y lo que determinen las leyes:

1o. Los organismos públicos locales electorales contarán con un órgano de dirección superior integrado por un consejero Presidente y seis consejeros electorales, con derecho a voz y voto; el Secretario Ejecutivo y los representantes de los partidos políticos concurrirán a las sesiones sólo con derecho a voz; cada partido político contará con un representante en dicho órgano.

2o. El consejero Presidente y los consejeros electorales serán designados por el Consejo General del Instituto Nacional Electoral, en los términos previstos por la ley. Los consejeros electorales estatales deberán ser originarios de la entidad federativa correspondiente o contar con una residencia efectiva de por lo menos cinco años anteriores a su designación, y cumplir con los requisitos y el perfil que acredite su idoneidad para el cargo que establezca la ley. En caso de que ocurra una vacante de consejero electoral estatal, el Consejo General del Instituto Nacional Electoral hará la designación correspondiente en términos de este artículo y la ley. Si la vacante se verifica durante los primeros cuatro años de su encargo, se elegirá un sustituto para concluir el período. Si la falta ocurriese dentro de los últimos tres años, se elegirá a un consejero para un nuevo periodo.

3o. Los consejeros electorales estatales tendrán un período de desempeño de siete años y no podrán ser reelectos; percibirán una remuneración acorde con sus funciones y podrán ser removidos por el Consejo General del Instituto Nacional Electoral, por las causas graves que establezca la ley.

4o. Los consejeros electorales estatales y demás servidores públicos que establezca la ley, no podrán tener otro empleo, cargo o comisión, con excepción de los no remunerados en actividades docentes, científicas, culturales, de investigación o de beneficencia. Tampoco podrán asumir un cargo público en los órganos emanados de las elecciones en cuya organización y desarrollo hubieren participado, ni ser postulados para un cargo de elección popular o asumir un cargo de dirigencia partidista, durante los dos años posteriores al término de su encargo.

5o. Las autoridades electorales jurisdiccionales se integrarán por un número impar de magistrados, quienes serán electos por las dos terceras partes de los miembros presentes de la Cámara de Senadores, previa convocatoria pública, en los términos que determine la ley.

6o. Los organismos públicos locales electorales contarán con servidores públicos investidos de fé pública para actos de naturaleza electoral, cuyas atribuciones y funcionamiento serán reguladas por la ley.

7o. Las impugnaciones en contra de los actos que, conforme a la base V del artículo 41 de esta Constitución, realice el Instituto Nacional Electoral con motivo de los procesos electorales locales, serán resueltas por el Tribunal Electoral del Poder Judicial de la Federación, conforme lo determine la ley.

Inciso reformado DOF 10-02-2014

d) Las autoridades electorales competentes de carácter administrativo puedan convenir con el Instituto Nacional Electoral se haga cargo de la organización de los procesos electorales locales;

Inciso reformado DOF 10-02-2014

e) Los partidos políticos sólo se constituyan por ciudadanos sin intervención de organizaciones gremiales, o con objeto social diferente y sin que haya afiliación corporativa. Asimismo tengan reconocido el derecho para solicitar el registro de candidatos a cargos de elección popular, con excepción de lo dispuesto en el artículo 2°., apartado A, fracciones III y VII, de esta Constitución.

Inciso reformado DOF 27-12-2013

f) Las autoridades electorales solamente puedan intervenir en los asuntos internos de los partidos en los términos que expresamente señalen;

El partido político local que no obtenga, al menos, el tres por ciento del total de la votación válida emitida en cualquiera de las elecciones que se celebren para la renovación del Poder Ejecutivo o Legislativo locales, le será cancelado el registro. Esta disposición no será aplicable para los partidos políticos nacionales que participen en las elecciones locales;

Párrafo adicionado DOF 10-02-2014

g) Los partidos políticos reciban, en forma equitativa, financiamiento público para sus actividades ordinarias permanentes y las tendientes a la obtención del voto durante los procesos electorales. Del mismo modo se establezca el procedimiento para la liquidación de los partidos que pierdan su registro y el destino de sus bienes y remanentes;

h) Se fijen los criterios para establecer los límites a las erogaciones de los partidos políticos en sus precampañas y campañas electorales, así como los montos máximos que tengan las aportaciones de sus militantes y simpatizantes;

Inciso reformado DOF 10-02-2014

i) Los partidos políticos accedan a la radio y la televisión, conforme a las normas establecidas por el apartado B de la base III del artículo 41 de esta Constitución;

j) Se fijen las reglas para las precampañas y las campañas electorales de los partidos políticos, así como las sanciones para quienes las infrinjan. En todo caso, la duración de las campañas será de sesenta a noventa días para la elección de gobernador y de treinta a sesenta días cuando sólo se elijan diputados locales o ayuntamientos; las precampañas no podrán durar más de las dos terceras partes de las respectivas campañas electorales;

Inciso reformado DOF 10-02-2014

k) Se regule el régimen aplicable a la postulación, registro, derechos y obligaciones de los candidatos independientes, garantizando su derecho al financiamiento público y al acceso a la radio y la televisión en los términos establecidos en esta Constitución y en las leyes correspondientes;

Inciso reformado DOF 10-02-2014

l) Se establezca un sistema de medios de impugnación para que todos los actos y resoluciones electorales se sujeten invariablemente al principio de legalidad. Igualmente, que se señalen los supuestos y las reglas para la realización, en los ámbitos administrativo y jurisdiccional, de recuentos totales o parciales de votación;

m) Se fijen las causales de nulidad de las elecciones de gobernador, diputados locales y ayuntamientos, así como los plazos convenientes para el desahogo de todas las instancias impugnativas, tomando en cuenta el principio de definitividad de las etapas de los procesos electorales, y

n) Se verifique, al menos, una elección local en la misma fecha en que tenga lugar alguna de las elecciones federales;

Inciso adicionado DOF 10-02-2014

o) Se tipifiquen los delitos y determinen las faltas en materia electoral, así como las sanciones que por ellos deban imponerse.

Inciso recorrido DOF 10-02-2014

p) Se fijen las bases y requisitos para que en las elecciones los ciudadanos soliciten su registro como candidatos para poder ser votados en forma independiente a todos los cargos de elección popular, en los términos del artículo 35 de esta Constitución.

Inciso adicionado DOF 27-12-2013. Recorrido DOF 10-02-2014

Fracción adicionada DOF 22-08-1996. Reformada DOF 13-11-2007

Justicia administrativa

V. Las Constituciones y leyes de los Estados deberán instituir Tribunales de Justicia Administrativa, dotados de plena autonomía para dictar sus fallos y establecer su organización, funcionamiento, procedimientos y, en su caso, recursos contra sus resoluciones. Los Tribunales tendrán a su cargo dirimir las controversias que se susciten entre la administración pública local y municipal y los particulares; imponer, en los términos que disponga la ley, las sanciones a los servidores públicos locales y municipales por responsabilidad administrativa grave, y a los particulares que incurran en actos vinculados con faltas administrativas graves; así como fincar a los responsables el pago de las indemnizaciones y sanciones pecuniarias que deriven de los daños y perjuicios que afecten a la Hacienda Pública Estatal o Municipal o al patrimonio de los entes públicos locales o municipales.

Para la investigación, substanciación y sanción de las responsabilidades administrativas de los miembros del Poder Judicial de los Estados, se observará lo previsto en las Constituciones respectivas, sin perjuicio de las atribuciones de las entidades de fiscalización sobre el manejo, la custodia y aplicación de recursos públicos;

Fracción recorrida y reformada DOF 22-08-1996. Reformada DOF 27-05-2015

VI. Las relaciones de trabajo entre los estados y sus trabajadores, se regirán por las leyes que expidan las legislaturas de los estados con base en lo dispuesto por el Artículo 123 de la Constitución Política de los Estados Unidos Mexicanos y sus disposiciones reglamentarias; y

Fracción recorrida y reformada DOF 22-08-1996

VII. La Federación y los Estados, en los términos de ley, podrán convenir la asunción por parte de éstos del ejercicio de sus funciones, la ejecución y operación de obras y la prestación de servicios públicos, cuando el desarrollo económico y social lo haga necesario.

Los Estados estarán facultados para celebrar esos convenios con sus Municipios, a efecto de que éstos asuman la prestación de los servicios o la atención de las funciones a las que se refiere el párrafo anterior.

Fracción recorrida DOF 22-08-1996

Controlarías

VIII. Las Constituciones de los Estados en términos de la ley general, definirán la competencia de los órganos encargados de la contraloría u homólogos de los poderes ejecutivo, legislativo y judicial y demás sujetos obligados responsables de garantizar el derecho de acceso a la información pública y de protección de datos personales en posesión de los sujetos obligados, conforme a los principios y bases establecidos por el artículo 6o. de esta Constitución y la ley general que emita el Congreso de la Unión para establecer las bases, principios generales y procedimientos del ejercicio de este derecho.

Fracción reformada DOF 20-12-2024

Procuración de justicia

IX. Las Constituciones de los Estados garantizarán que las funciones de procuración de justicia se realicen con base en los principios de autonomía, eficiencia, imparcialidad, legalidad, objetividad, profesionalismo y responsabilidad, así como con perspectiva de género y respeto a los derechos humanos.

Para proteger el derecho de las mujeres a una vida libre de violencias, las instituciones de procuración de justicia deberán contar con fiscalías especializadas de investigación de delitos relacionados con las violencias de género contra las mujeres.

Fracción adicionada DOF 10-02-2014. Reformada DOF 15-11-2024

Símbolos estatales

X. Las Legislaturas de las entidades federativas, observando en todo momento la supremacía de los símbolos patrios, podrán legislar en materia de símbolos estatales, como son: himno, escudo y bandera, a fin de fomentar el patrimonio cultural, la historia y la identidad local.

Fracción adicionada DOF 08-05-2023

En el ámbito de los Poderes Judiciales de los Estados, no podrán crearse ni mantenerse en operación fondos, fideicomisos, mandatos o contratos análogos que no estén previstos en la ley.

Párrafo adicionado DOF 15-09-2024

Artículo reformado DOF 17-03-1987

Prohibiciones absolutas

Artículo 117. Los Estados no pueden, en ningún caso:

I. Celebrar alianza, tratado o coalición con otro Estado ni con las Potencias extranjeras.

II. Derogada.

Fracción derogada DOF 21-10-1966

III. Acuñar moneda, emitir papel moneda, estampillas ni papel sellado.

IV. Gravar el tránsito de personas o cosas que atraviesen su territorio.

V. Prohibir ni gravar directa ni indirectamente la entrada a su territorio, ni la salida de él, a ninguna mercancía nacional o extranjera.

VI. Gravar la circulación ni el consumo de efectos nacionales o extranjeros, con impuestos o derechos cuya exención se efectúe por aduanas locales, requiera inspección o registro de bultos o exija documentación que acompañe la mercancía.

VII. Expedir ni mantener en vigor leyes o disposiciones fiscales que importen diferencias de impues (sic DOF 05-02-1917) o requisitos por razón de la procedencia de mercancías nacionales o extranjeras, ya sea que esta diferencia se establezca respecto de la producción similar de la localidad, o ya entre producciones semejantes de distinta procedencia.

VIII. Contraer directa o indirectamente obligaciones o empréstitos con gobiernos de otras naciones, con sociedades o particulares extranjeros, o cuando deban pagarse en moneda extranjera o fuera del territorio nacional.

Los Estados y los Municipios no podrán contraer obligaciones o empréstitos sino cuando se destinen a inversiones públicas productivas y a su refinanciamiento o reestructura, mismas que deberán realizarse bajo las mejores condiciones del mercado, inclusive los que contraigan organismos descentralizados, empresas públicas y fideicomisos y, en el caso de los Estados, adicionalmente para otorgar garantías respecto al endeudamiento de los Municipios. Lo anterior, conforme a las bases que establezcan las legislaturas en la ley correspondiente, en el marco de lo previsto en esta Constitución, y por los conceptos y hasta por los montos que las mismas aprueben. Los ejecutivos informarán de su ejercicio al rendir la cuenta pública. En ningún caso podrán destinar empréstitos para cubrir gasto corriente.

Párrafo reformado DOF 26-05-2015

Las legislaturas locales, por el voto de las dos terceras partes de sus miembros presentes, deberán autorizar los montos máximos para, en las mejores condiciones del mercado, contratar dichos empréstitos y obligaciones, previo análisis de su destino, capacidad de pago y, en su caso, el otorgamiento de garantía o el establecimiento de la fuente de pago.

Párrafo adicionado DOF 26-05-2015

Sin perjuicio de lo anterior, los Estados y Municipios podrán contratar obligaciones para cubrir sus necesidades de corto plazo, sin rebasar los límites máximos y condiciones que establezca la ley general que expida el Congreso de la Unión. Las obligaciones a corto plazo, deberán liquidarse a más tardar tres meses antes del término del periodo de gobierno correspondiente y no podrán contratarse nuevas obligaciones durante esos últimos tres meses.

Párrafo adicionado DOF 26-05-2015

Fracción reformada DOF 24-10-1942, 30-12-1946, 21-04-1981

IX. Gravar la producción, el acopio o la venta del tabaco en rama, en forma distinta o con cuotas mayores de las que el Congreso de la Unión autorice.

El Congreso de la Unión y las Legislaturas de las entidades federativas dictarán, desde luego, leyes encaminadas a combatir el alcoholismo.

Párrafo reformado DOF 29-01-2016

Fracción adicionada DOF 24-10-1942

Prohibiciones relativas

Artículo 118. Tampoco pueden, sin consentimiento del Congreso de la Unión:

I. Establecer derechos de tonelaje, ni otro alguno de puertos, ni imponer contribuciones o derechos sobre importaciones o exportaciones.

II. Tener, en ningún tiempo, tropa permanente ni buques de guerra.

III. Hacer la guerra por sí a alguna potencia extranjera, exceptuándose los casos de invasión y de peligro tan inminente, que no admita demora. En estos casos darán cuenta inmediata al Presidente de la República.

Artículo original DOF 05-02-1917

Protección federal

Artículo 119. Los Poderes de la Unión tienen el deber de proteger a las entidades federativas contra toda invasión o violencia exterior. En cada caso de sublevación o transtorno interior, les prestarán igual protección, siempre que sean excitados por la Legislatura de la entidad federativa o por su Ejecutivo, si aquélla no estuviere reunida.

Párrafo adicionado DOF 25-10-1993. Reformado DOF 29-01-2016

Cooperación judicial

Las entidades federativas están obligadas a entregar sin demora a los imputados o sentenciados, así como a practicar el aseguramiento y entrega de objetos, instrumentos o productos del delito, atendiendo a la autoridad de cualquier otra que los requiera. Estas diligencias se practicarán, con intervención de los respectivos órganos de procuración de justicia, en los términos de los convenios de colaboración que, al efecto, celebren las entidades federativas. Para los mismos fines, las autoridades locales podrán celebrar convenios de colaboración con la Fiscalía General de la República.

Párrafo reformado DOF 10-02-2014

Extradiciones

Las extradiciones a requerimiento de Estado extranjero serán tramitadas por el Ejecutivo Federal, con la intervención de la autoridad judicial en los términos de esta Constitución, los Tratados Internacionales que al respecto se suscriban y las leyes reglamentarias. En esos casos, el auto del juez que mande cumplir la requisitoria será bastante para motivar la detención hasta por sesenta días naturales.

Artículo reformado DOF 03-09-1993

Publicaciones de Leyes Federales

Artículo 120. Los titulares de los poderes ejecutivos de las entidades federativas están obligados a publicar y hacer cumplir las leyes federales.

Artículo reformado DOF 29-01-2016

Validez de actos públicos y procedimientos judiciales

Artículo 121. En cada entidad federativa se dará entera fe y crédito de los actos públicos, registros y procedimientos judiciales de todas las otras. El Congreso de la Unión, por medio de leyes generales, prescribirá la manera de probar dichos actos, registros y procedimientos, y el efecto de ellos, sujetándose a las bases siguientes:

Párrafo reformado DOF 29-01-2016

I. Las leyes de una entidad federativa sólo tendrán efecto en su propio territorio y, por consiguiente, no podrán ser obligatorias fuera de él.

Fracción reformada DOF 29-01-2016

II. Los bienes muebles e inmuebles se regirán por la ley del lugar de su ubicación.

III. Las sentencias pronunciadas por los tribunales de una entidad federativa sobre derechos reales o bienes inmuebles ubicados en otra entidad federativa, sólo tendrán fuerza ejecutoria en ésta, cuando así lo dispongan sus propias leyes.

Las sentencias sobre derechos personales sólo serán ejecutadas en otra entidad federativa, cuando la persona condenada se haya sometido expresamente o por razón de domicilio, a la justicia que las pronunció, y siempre que haya sido citada personalmente para ocurrir al juicio.

Fracción reformada DOF 29-01-2016

IV. Los actos del estado civil ajustados a las leyes de una entidad federativa, tendrán validez en las otras.

Fracción reformada DOF 29-01-2016

V. Los títulos profesionales expedidos por las autoridades de una entidad federativa con sujeción a sus leyes, serán respetados en las otras.

Fracción reformada DOF 29-01-2016

Ciudad de México

Artículo 122. La Ciudad de México es una entidad federativa que goza de autonomía en todo lo concerniente a su régimen interior y a su organización política y administrativa.

A. El gobierno de la Ciudad de México está a cargo de sus poderes locales, en los términos establecidos en la Constitución Política de la Ciudad de México, la cual se ajustará a lo dispuesto en la presente Constitución y a las bases siguientes:

Forma de gobierno

I. La Ciudad de México adoptará para su régimen interior la forma de gobierno republicano, representativo, democrático y laico. El poder público de la Ciudad de México se dividirá para su ejercicio en Legislativo, Ejecutivo y Judicial. No podrán reunirse dos o más de estos poderes en una sola persona o corporación ni depositarse el Legislativo en un solo individuo.

La Constitución Política de la Ciudad de México establecerá las normas y las garantías para el goce y la protección de los derechos humanos en los ámbitos de su competencia, conforme a lo dispuesto por el artículo 1o. de esta Constitución.

Poder legislativo

II. El ejercicio del Poder Legislativo se deposita en la Legislatura de la Ciudad de México, la cual se integrará en los términos que establezca la Constitución Política de la entidad. Sus integrantes deberán cumplir los requisitos que la misma establezca y serán electos mediante sufragio universal, libre, secreto y directo, según los principios de mayoría relativa y de representación proporcional, por un periodo de tres años. En ningún caso, podrá participar en la elección de una diputación la persona que tenga o haya tenido en los últimos tres años anteriores al día de la elección un vínculo de matrimonio o concubinato o unión de hecho, o de parentesco por consanguinidad o civil en línea recta sin limitación de grado y en línea colateral hasta el cuarto grado o de afinidad hasta el segundo grado, con la persona que está ejerciendo la diputación.

Fracción reformada DOF 01-04-2025

En ningún caso, un partido político podrá contar con un número de diputados por ambos principios que representen un porcentaje del total de la Legislatura que exceda en ocho puntos su porcentaje de votación emitida. Esta base no se aplicará al partido político que por sus triunfos en distritos uninominales obtenga un porcentaje de curules del total de la Legislatura, superior a la suma del porcentaje de su votación emitida más el ocho por ciento. Asimismo, en la integración de la Legislatura, el porcentaje de representación de un partido político no podrá ser menor al porcentaje de votación que hubiere recibido menos ocho puntos porcentuales.

En la Constitución Política de la Ciudad de México se establecerá que las personas diputadas a la Legislatura no podrán ser reelectas para el periodo inmediato posterior al ejercicio de su mandato. Las personas diputadas suplentes podrán ser electas para el periodo inmediato con el carácter de propietarias, siempre que no hubieren estado en ejercicio, pero las personas diputadas propietarias no podrán ser electas para el periodo inmediato con el carácter de suplentes.

Párrafo reformado DOF 01-04-2025

La Constitución Política de la entidad establecerá las normas para garantizar el acceso de todos los grupos parlamentarios a los órganos de gobierno del Congreso local y, a los de mayor representación, a la Presidencia de los mismos.

Corresponde a la Legislatura aprobar las adiciones o reformas a la Constitución Política de la Ciudad de México y ejercer las facultades que la misma establezca. Para que las adiciones o reformas lleguen a ser parte de la misma se requiere sean aprobadas por las dos terceras partes de los diputados presentes.

Asimismo, corresponde a la Legislatura de la Ciudad de México revisar la cuenta pública del año anterior, por conducto de su entidad de fiscalización, la cual será un órgano con autonomía técnica y de gestión en el ejercicio de sus atribuciones, y para decidir sobre su organización interna, funcionamiento y resoluciones, en los términos que disponga su ley. La función de fiscalización se desarrollará conforme a los principios de legalidad, imparcialidad y confiabilidad.

La cuenta pública del año anterior deberá ser enviada a la Legislatura a más tardar el 30 de abril del año siguiente. Este plazo solamente podrá ser ampliado cuando se formule una solicitud del Jefe de Gobierno de la Ciudad de México suficientemente justificada a juicio de la Legislatura.

Los informes de auditoría de la entidad de fiscalización de la Ciudad de México tendrán carácter público.

El titular de la entidad de fiscalización de la Ciudad de México será electo por las dos terceras partes de los miembros presentes de la Legislatura por un periodo no menor de siete años y deberá contar con experiencia de cinco años en materia de control, auditoría financiera y de responsabilidades.

Poder ejecutivo

III. La persona titular del Poder Ejecutivo se denominará Jefa o Jefe de Gobierno de la Ciudad de México y tendrá a su cargo la administración pública de la entidad; será electa por votación universal, libre, secreta y directa, no podrá durar en su encargo más de seis años y su mandato podrá ser revocado. Quien haya ocupado la titularidad del Ejecutivo local designado o electo, en ningún caso y por ningún motivo podrá volver a ocupar ese cargo, ni con el carácter de interino, provisional, sustituto o encargado del despacho. Tampoco podrá participar en la elección de este cargo, la persona que tenga o haya tenido en los últimos tres años anteriores al día de la elección un vínculo de matrimonio o concubinato o unión de hecho, o de parentesco por consanguinidad o civil en línea recta sin limitación de grado y en línea colateral hasta el cuarto grado o de afinidad hasta el segundo grado, con la persona que está ejerciendo la titularidad del Poder Ejecutivo.

Párrafo reformado DOF 20-12-2019, 01-04-2025

La Constitución Política de la Ciudad de México establecerá las facultades del Jefe de Gobierno y los requisitos que deberá reunir quien aspire a ocupar dicho encargo.

La Constitución Política de la Ciudad de México establecerá las normas relativas al proceso para la revocación de mandato del Jefe de Gobierno.

Párrafo adicionado DOF 20-12-2019

Poder judicial

IV. El ejercicio del Poder Judicial se deposita en el Tribunal Superior de Justicia, el Tribunal de Disciplina Judicial local, el órgano de administración judicial y los juzgados y tribunales que establezca la Constitución Política de la Ciudad de México, la que garantizará la independencia de los magistrados y jueces en el ejercicio de sus funciones. Las leyes locales establecerán las condiciones para su elección por voto libre, directo y secreto de la ciudadanía conforme a las bases, procedimientos, términos, modalidades y requisitos que señala esta Constitución para el Poder Judicial de la Federación en lo que resulte aplicable y los demás que establezca la Constitución Política de la Ciudad de México y las leyes correspondientes, estableciendo mediante mecanismos públicos, abiertos, transparentes, inclusivos, accesibles y paritarios de evaluación y selección que garanticen la participación de personas que cuenten con los conocimientos técnicos necesarios para el desempeño del cargo y se hayan distinguido por su honestidad, buena fama pública, competencia y antecedentes profesionales y académicos en el ejercicio de la actividad jurídica. Las leyes también establecerán las condiciones para el funcionamiento de órganos de administración y disciplina con independencia técnica, de gestión y para emitir sus resoluciones, conforme a las bases establecidas en esta Constitución para el Poder Judicial de la Federación; así como del ingreso, formación, permanencia y especialización de quienes integren el poder Judicial.

Párrafo reformado DOF 15-09-2024

Los magistrados integrantes del Tribunal Superior de Justicia de la Ciudad de México deberán reunir como mínimo los requisitos establecidos en las fracciones I a V del artículo 95 de esta Constitución. No podrán ser magistrados las personas que hayan ocupado en el Gobierno de la Ciudad de México el cargo de Secretario o equivalente o de Procurador General de Justicia, o de integrante del Poder Legislativo local, durante el año previo al día de la designación.

Las y los magistrados y las y los jueces durarán en el ejercicio de su encargo nueve años; podrán ser reelectas y reelectos y, si lo fueren, sólo podrán ser privados de sus puestos en los términos que establecen esta Constitución, así como la Constitución y las leyes de la Ciudad de México. Las magistradas y los magistrados y las juezas y jueces percibirán una remuneración adecuada e irrenunciable, la cual no podrá ser mayor a la establecida para la persona titular de la Presidencia de la República en el presupuesto correspondiente y no será disminuida durante su encargo. En el ámbito del Poder Judicial, no podrán crearse ni mantenerse en operación fondos, fideicomisos, mandatos o contratos análogos que no estén previstos en la ley.

Párrafo reformado DOF 15-09-2024

V. La Administración Pública de la Ciudad de México será centralizada y paraestatal. La hacienda pública de la Ciudad y su administración serán unitarias, incluyendo los tabuladores de remuneraciones y percepciones de los servidores públicos. El régimen patrimonial de la Administración Pública Centralizada también tendrá carácter unitario.

La hacienda pública de la Ciudad de México se organizará conforme a criterios de unidad presupuestaria y financiera.

Corresponde a la Legislatura la aprobación anual del presupuesto de egresos correspondiente. Al señalar las remuneraciones de servidores públicos deberán sujetarse a las bases previstas en el artículo 127 de esta Constitución.

Los poderes Legislativo, Ejecutivo y Judicial, así como los organismos con autonomía constitucional, deberán incluir dentro de sus proyectos de presupuestos, los tabuladores desglosados de las remuneraciones que se propone perciban sus servidores públicos. Estas propuestas deberán observar el procedimiento que para la aprobación del presupuesto de egresos establezcan la Constitución Política de la Ciudad de México y las leyes locales.

Las leyes federales no limitarán la facultad de la Ciudad de México para establecer las contribuciones sobre la propiedad inmobiliaria, su fraccionamiento, división, consolidación, traslación y mejora, así como las que tengan por base el cambio de valor de los inmuebles y las derivadas de la prestación de servicios públicos a su cargo, ni concederán exenciones en relación con las mismas. Las leyes de la Ciudad de México no establecerán exenciones o subsidios en favor de persona o institución alguna respecto de dichas contribuciones. Sólo estarán exentos los bienes del dominio público de la Federación, de las entidades federativas o de los Municipios, salvo que tales bienes sean utilizados por entidades paraestatales o por particulares, bajo cualquier título, para propósitos distintos a los de su objeto público.

Corresponde al Jefe de Gobierno de la Ciudad de México proponer al Poder Legislativo local las cuotas y tarifas aplicables a impuestos, derechos, contribuciones de mejoras y las tablas de valores unitarios de suelo y construcciones que sirvan de base para el cobro de las contribuciones sobre la propiedad inmobiliaria.

Demarcaciones territoriales

VI. La división territorial de la Ciudad de México para efectos de su organización político administrativa, así como el número, la denominación y los límites de sus demarcaciones territoriales, serán definidos con lo dispuesto en la Constitución Política local.

El gobierno de las demarcaciones territoriales de la Ciudad de México estará a cargo de las Alcaldías. Sujeto a las previsiones de ingresos de la hacienda pública de la Ciudad de México, la Legislatura aprobará el presupuesto de las Alcaldías, las cuales lo ejercerán de manera autónoma en los supuestos y términos que establezca la Constitución Política local.

La integración, organización administrativa y facultades de las Alcaldías se establecerán en la Constitución Política y leyes locales, las que se sujetarán a los principios siguientes:

a) Las Alcaldías son órganos político administrativos que se integran por un Alcalde y por un Concejo electos por votación universal, libre, secreta y directa, para un periodo de tres años. Los integrantes de la Alcaldía se elegirán por planillas de entre siete y diez candidatos, según corresponda, ordenadas en forma progresiva, iniciando con el candidato a Alcalde y después los Concejales con sus respectivos suplentes, en el número que para cada demarcación territorial determine la

Constitución Política de la Ciudad de México. En ningún caso el número de Concejales podrá ser menor de diez ni mayor de quince. Los integrantes de los Concejos serán electos según los principios de mayoría relativa y de representación proporcional, en la proporción de sesenta por ciento por el primer principio y cuarenta por ciento por el segundo. Ningún partido político o coalición electoral podrá contar con más del sesenta por ciento de los concejales.

b) La Constitución Política de la Ciudad de México deberá establecer la prohibición de la reelección consecutiva para el mismo cargo de personas Alcaldes y Concejales. Las personas funcionarias antes mencionadas, cuando tengan el carácter de propietarias, no podrán ser electas para el periodo inmediato con el carácter de suplentes, pero las que tengan el carácter de suplentes sí podrán ser electas para el periodo inmediato como propietarias a menos que hayan estado en ejercicio.

Párrafo reformado DOF 01-04-2025

c) La administración pública de las demarcaciones territoriales corresponde a los Alcaldes.

La Constitución Política de la Ciudad de México establecerá la competencia de las Alcaldías, dentro de sus respectivas jurisdicciones.

Sujeto a las previsiones de ingresos de la hacienda pública de la Ciudad de México, corresponderá a los Concejos de las Alcaldías aprobar el proyecto de presupuesto de egresos de sus demarcaciones, que enviarán al Ejecutivo local para su integración al proyecto de presupuesto de la Ciudad de México para ser remitido a la Legislatura. Asimismo, estarán facultados para supervisar y evaluar las acciones de gobierno, y controlar el ejercicio del gasto público en la respectiva demarcación territorial.

Al aprobar el proyecto de presupuesto de egresos, los Concejos de las Alcaldías deberán garantizar el gasto de operación de la demarcación territorial y ajustar su gasto corriente a las normas y montos máximos, así como a los tabuladores desglosados de remuneraciones de los servidores públicos que establezca previamente la Legislatura, sujetándose a lo establecido por el artículo 127 de esta Constitución.

d) La Constitución Política de la Ciudad de México establecerá las bases para que la ley correspondiente prevea los criterios o fórmulas para la asignación del presupuesto de las demarcaciones territoriales, el cual se compondrá, al menos, de los montos que conforme a la ley les correspondan por concepto de participaciones federales, impuestos locales que recaude la hacienda de la Ciudad de México e ingresos derivados de la prestación de servicios a su cargo.

e) Las demarcaciones territoriales no podrán, en ningún caso, contraer directa o indirectamente obligaciones o empréstitos.

f) Las personas Alcaldes y Concejales deberán reunir los requisitos que establezca la Constitución Política de la Ciudad de México. En ningún caso, podrán participar en la elección de estos cargos la persona que tenga o haya tenido en los últimos tres años anteriores al día de la elección un vínculo de matrimonio o concubinato o unión de hecho, o de parentesco por consanguinidad o civil en línea recta sin limitación de grado y en línea colateral hasta el cuarto grado o de afinidad hasta el segundo grado, con la persona que está ejerciendo la titularidad del cargo para el que se postula.

Párrafo reformado DOF 01-04-2025

VII. La Ciudad de México contará con los organismos constitucionales autónomos que esta Constitución prevé para las entidades federativas.

Justicia administrativa

VIII. La Constitución Política de la Ciudad de México establecerá las normas para la organización y funcionamiento, así como las facultades del Tribunal de Justicia Administrativa, dotado de plena autonomía para dictar sus fallos y establecer su organización, funcionamiento, procedimientos y, en su caso, recursos contra sus resoluciones.

El Tribunal tendrá a su cargo dirimir las controversias que se susciten entre la Administración Pública local y los particulares; imponer, en los términos que disponga la ley, las sanciones a los servidores públicos por responsabilidad administrativa grave y a los particulares que incurran en actos vinculados con faltas administrativas graves; así como fincar a los responsables el pago de las indemnizaciones y sanciones pecuniarias que deriven de los daños y perjuicios que afecten a la Hacienda Pública de la Ciudad de México o al patrimonio de sus entes públicos.

La ley establecerá las normas para garantizar la transparencia del proceso de nombramiento de sus magistrados.

La investigación, substanciación y sanción de las responsabilidades administrativas de los miembros del Tribunal Superior de Justicia, corresponderá al Tribunal de Disciplina Judicial local, sin perjuicio de las atribuciones de la entidad de fiscalización sobre el manejo, la custodia y aplicación de recursos públicos.

Párrafo reformado DOF 15-09-2024

IX. La Constitución y las leyes de la Ciudad de México deberán ajustarse a las reglas que en materia electoral establece la fracción IV del artículo 116 de esta Constitución y las leyes generales correspondientes.

Procuración de justicia

X. La Constitución Política local garantizará que las funciones de procuración de justicia en la Ciudad de México se realicen con base en los principios de autonomía, eficiencia, imparcialidad, legalidad, objetividad, profesionalismo, responsabilidad, perspectiva de género y respeto a los derechos humanos.

Fracción reformada DOF 15-11-2024

XI. Las relaciones de trabajo entre la Ciudad de México y sus trabajadores se regirán por la ley que expida la Legislatura local, con base en lo dispuesto por el artículo 123 de esta Constitución y sus leyes reglamentarias.

B. Los poderes federales tendrán respecto de la Ciudad de México, exclusivamente las facultades que expresamente les confiere esta Constitución.

El Gobierno de la Ciudad de México, dado su carácter de Capital de los Estados Unidos Mexicanos y sede de los Poderes de la Unión, garantizará, en todo tiempo y en los términos de este artículo, las condiciones necesarias para el ejercicio de las facultades constitucionales de los poderes federales.

El Congreso de la Unión expedirá las leyes que establezcan las bases para la coordinación entre los poderes federales y los poderes locales de la Ciudad de México en virtud de su carácter de Capital de los Estados Unidos Mexicanos, la cual contendrá las disposiciones necesarias que aseguren las condiciones para el ejercicio de las facultades que esta Constitución confiere a los Poderes de la Unión.

La Cámara de Diputados, al dictaminar el proyecto de Presupuesto de Egresos de la Federación, analizará y determinará los recursos que se requieran para apoyar a la Ciudad de México en su carácter de Capital de los Estados Unidos Mexicanos y las bases para su ejercicio.

Corresponde al Jefe de Gobierno de la Ciudad de México la dirección de las instituciones de seguridad pública de la entidad, en los términos que establezca la Constitución Política de la Ciudad de México y las leyes locales, así como nombrar y remover libremente al servidor público que ejerza el mando directo de la fuerza pública.

En la Ciudad de México será aplicable respecto del Presidente de los Estados Unidos Mexicanos, lo dispuesto en el segundo párrafo de la fracción VII del artículo 115 de esta Constitución. El Ejecutivo Federal podrá remover al servidor público que ejerza el mando directo de la fuerza pública a que se refiere el párrafo anterior, por causas graves que determine la ley que expida el Congreso de la Unión en los términos de esta Base.

Los bienes inmuebles de la Federación ubicados en la Ciudad de México estarán exclusivamente bajo la jurisdicción de los poderes federales.

C. La Federación, la Ciudad de México, así como sus demarcaciones territoriales, y los Estados y Municipios conurbados en la Zona Metropolitana, establecerán mecanismos de coordinación administrativa en materia de planeación del desarrollo y ejecución de acciones regionales para la prestación de servicios públicos, en términos de la ley que emita el Congreso de la Unión.

Para la eficaz coordinación a que se refiere el párrafo anterior, dicha ley establecerá las bases para la organización y funcionamiento del Consejo de Desarrollo Metropolitano, al que corresponderá acordar las acciones en materia de asentamientos humanos; movilidad y seguridad vial; protección al ambiente; preservación y restauración del equilibrio ecológico; transporte; tránsito; agua potable y drenaje; recolección, tratamiento y disposición de desechos sólidos, y seguridad pública.

Párrafo reformado DOF 18-12-2020

La ley que emita el Congreso de la Unión establecerá la forma en la que se tomarán las determinaciones del Consejo de Desarrollo Metropolitano, mismas que podrán comprender:

a) La delimitación de los ámbitos territoriales y las acciones de coordinación para la operación y funcionamiento de obras y servicios públicos de alcance metropolitano;

b) Los compromisos que asuma cada una de las partes para la asignación de recursos a los proyectos metropolitanos; y

c) La proyección conjunta y coordinada del desarrollo de las zonas conurbadas y de prestación de servicios públicos.

D. Las prohibiciones y limitaciones que esta Constitución establece para los Estados aplicarán a la Ciudad de México.

Artículo reformado DOF 25-10-1993, 31-12-1994. Fe de erratas DOF 03-01-1995. Reformado DOF 22-08-1996, 13-11-2007, 07-05-2008, 24-08-2009, 27-04-2010, 09-08-2012, 27-12-2013, 07-02-2014, 10-02-2014, 27-05-2015, 29-01-2016

TÍTULO SEXTO
DEL TRABAJO Y DE LA PREVISIÓN SOCIAL

Derechos laborales

Artículo 123. Toda persona tiene derecho al trabajo digno y socialmente útil; al efecto, se promoverán la creación de empleos y la organización social de trabajo, conforme a la ley.

Párrafo adicionado DOF 19-12-1978. Reformado DOF 18-06-2008

El Estado otorgará un apoyo económico mensual equivalente al menos a un salario mínimo general vigente, a jóvenes entre dieciocho y veintinueve años que se encuentren en desocupación laboral y no estén cursando algún nivel de educación formal, a fin de que se capaciten para el trabajo por un periodo de hasta doce meses en negocios, empresas, talleres, tiendas y demás unidades económicas, en los términos que fije la ley.

Párrafo adicionado DOF 01-04-2025

El Congreso de la Unión, sin contravenir a las bases siguientes deberá expedir leyes sobre el trabajo, las cuales regirán:

Párrafo reformado DOF 06-09-1929, 05-12-1960. Reformado y reubicado DOF 19-12-1978. Reformado DOF 18-06-2008

A. Entre los obreros, jornaleros, empleados domésticos, artesanos y de una manera general, todo contrato de trabajo:

Párrafo adicionado (como encabezado de Apartado A) DOF 05-12-1960

Jornada laboral

I. La duración de la jornada máxima será de ocho horas.

II. La jornada máxima de trabajo nocturno será de 7 horas. Quedan prohibidas: las labores insalubres o peligrosas, el trabajo nocturno industrial y todo otro trabajo después de las diez de la noche, de los menores de dieciséis años;

Fracción reformada DOF 21-11-1962, 31-12-1974

III. Queda prohibida la utilización del trabajo de los menores de quince años. Los mayores de esta edad y menores de dieciséis tendrán como jornada máxima la de seis horas.

Fracción reformada DOF 21-11-1962, 17-06-2014

IV. Por cada seis días de trabajo deberá disfrutar el operario de un día de descanso, cuando menos.

Fracción reformada DOF 03-03-2026

V. Las mujeres durante el embarazo no realizarán trabajos que exijan un esfuerzo considerable y signifiquen un peligro para su salud en relación con la gestación; gozarán forzosamente de un descanso de seis semanas anteriores a la fecha fijada aproximadamente para el parto y seis semanas posteriores al mismo, debiendo percibir su salario íntegro y conservar su empleo y los derechos que hubieren adquirido por la relación de trabajo. En el período de lactancia tendrán dos descansos extraordinarios por día, de media hora cada uno para alimentar a sus hijos;

Fracción reformada DOF 31-12-1974

Salarios mínimos

VI. Los salarios mínimos que deberán disfrutar los trabajadores serán generales o profesionales. Los primeros regirán en las áreas geográficas que se determinen; los segundos se aplicarán en ramas determinadas de la actividad económica o en profesiones, oficios o trabajos especiales. El salario mínimo no podrá ser utilizado como índice, unidad, base, medida o referencia para fines ajenos a su naturaleza.

Párrafo reformado DOF 27-01-2016

Los salarios mínimos generales deberán ser suficientes para satisfacer las necesidades normales de un jefe de familia, en el orden material, social y cultural, y para proveer a la educación obligatoria de los hijos. Los salarios mínimos profesionales se fijarán considerando, además, las condiciones de las distintas actividades económicas.

Los salarios mínimos se fijarán por una comisión nacional integrada por representantes de los trabajadores, de los patrones y del gobierno, la que podrá auxiliarse de las comisiones especiales de carácter consultivo que considere indispensables para el mejor desempeño de sus funciones.

Fracción reformada DOF 21-11-1962, 23-12-1986

VII. A trabajo igual corresponderá salario igual, sin tener en cuenta sexo, género ni nacionalidad. Las leyes establecerán los mecanismos tendientes a reducir y erradicar la brecha salarial de género.

Fracción reformada DOF 15-11-2024

VIII. El salario mínimo quedará exceptuado de embargo, compensación o descuento.

IX. Los trabajadores tendrán derecho a una participación en las utilidades de las empresas, regulada de conformidad con las siguientes normas:

a) Una Comisión Nacional, integrada con representantes de los trabajadores, de los patronos y del Gobierno, fijará el porcentaje de utilidades que deba repartirse entre los trabajadores;

b) La Comisión Nacional practicará las investigaciones y realizará los estudios necesarios y apropiados para conocer las condiciones generales de la economía nacional. Tomará asimismo en consideración la necesidad de fomentar el desarrollo industrial del País, el interés razonable que debe percibir el capital y la necesaria reinversión de capitales;

c) La misma Comisión podrá revisar el porcentaje fijado cuando existan nuevos estudios e investigaciones que los justifiquen.

d) La Ley podrá exceptuar de la obligación de repartir utilidades a las empresas de nueva creación durante un número determinado y limitado de años, a los trabajos de exploración y a otras actividades cuando lo justifique su naturaleza y condiciones particulares;

e) Para determinar el monto de las utilidades de cada empresa se tomará como base la renta gravable de conformidad con las disposiciones de la Ley del Impuesto sobre la Renta. Los trabajadores podrán formular ante la Oficina correspondiente de la Secretaría de Hacienda y Crédito Público las objeciones que juzguen convenientes, ajustándose al procedimiento que determine la ley;

f) El derecho de los trabajadores a participar en las utilidades no implica la facultad de intervenir en la dirección o administración de las empresas.

Fracción reformada DOF 04-11-1933, 21-11-1962

X. El salario deberá pagarse precisamente en moneda de curso legal, no siendo permitido hacerlo efectivo con mercancías, ni con vales, fichas o cualquier otro signo representativo con que se pretenda substituir la moneda.

Horas extra

XI. Cuando por circunstancias extraordinarias deban aumentarse las horas de la jornada, se abonará como salario por este tiempo un cien por ciento más de lo fijado para las horas ordinarias. El trabajo extraordinario no excederá de doce horas en una semana, las cuales podrán distribuirse en hasta cuatro horas diarias, en un máximo de cuatro días en ese periodo.

La prolongación del tiempo extraordinario que supere lo establecido en el párrafo que antecede, obliga a la persona empleadora a pagar doscientos por ciento más del salario que corresponda a las horas de la jornada ordinaria conforme a lo establecido en la Ley de la materia.

Las personas menores de dieciocho años no podrán laborar tiempo extraordinario.

Fracción reformada DOF 31-12-1974, 03-03-2026

Vivienda

XII. Toda empresa agrícola, industrial, minera o de cualquier otra clase de trabajo, estará obligada, según lo determinen las leyes reglamentarias a proporcionar a sus personas trabajadoras viviendas adecuadas. Esta obligación se cumplirá mediante las aportaciones que las empresas hagan a un fondo nacional de la vivienda a fin de constituir depósitos en favor de sus personas trabajadoras.

Párrafo reformado DOF 02-12-2024

El fondo establecerá un sistema de vivienda con orientación social para las personas trabajadoras derechohabientes que permita obtener crédito barato y suficiente para su adquisición o mejora; también podrá adquirir suelo y construir vivienda, en los términos que fije la ley.

Párrafo adicionado DOF 02-12-2024

Se considera de utilidad social la expedición de una ley para la creación de un organismo integrado por representantes del Gobierno Federal, de las personas trabajadoras y empleadoras, que administre los recursos del fondo nacional de la vivienda. Dicha ley regulará las formas y procedimientos conforme a los cuales las personas trabajadoras podrán acceder a los créditos y viviendas en arrendamiento social, antes mencionadas.

Párrafo reformado DOF 02-12-2024

La ley establecerá los términos y condiciones para que las personas trabajadoras puedan acceder a las viviendas en arrendamiento social, así como al derecho de adquirirlas en propiedad. La mensualidad del arrendamiento social no podrá exceder del treinta por ciento del salario de las personas trabajadoras.

Párrafo adicionado DOF 02-12-2024

En cualquier caso, se dará preferencia de acceso a la vivienda en arrendamiento social a las personas trabajadoras que hayan aportado continuamente al fondo y no cuenten con vivienda propia. La ley preverá mecanismos para evitar discrecionalidad o injerencias arbitrarias que limiten el acceso a este derecho.

Párrafo adicionado DOF 02-12-2024

Las negociaciones a que se refiere el párrafo primero de esta fracción, situadas fuera de las poblaciones, están obligadas a establecer escuelas, enfermerías y demás servicios necesarios a la comunidad.

Además, en esos mismos centros de trabajo, cuando su población exceda de dosicentos (sic DOF 09-01-1978) habitantes, deberá reservarse un espacio de terreno, que no será menor de cinco mil metros cuadrados, para el establecimiento de mercados públicos, instalación de edificios destinados a los servicios municipales y centros recreativos.

Párrafo adicionado DOF 09-01-1978

Queda prohibido en todo centro de trabajo, el establecimiento de expendios de bebidas embriagantes y de casas de juego de azar.

Párrafo adicionado DOF 09-01-1978

Fracción reformada DOF 14-02-1972

XIII. Las empresas, cualquiera que sea su actividad, estarán obligadas a proporcionar a sus trabajadores, capacitación o adiestramiento para el trabajo. La ley reglamentaria determinará los sistemas, métodos y procedimientos conforme a los cuales los patrones deberán cumplir con dicha obligación.

Fracción reformada DOF 09-01-1978

XIV. Los empresarios serán responsables de los accidentes del trabajo y de las enfermedades profesionales de los trabajadores, sufridas con motivo o en ejercicio de la profesión o trabajo que ejecuten; por lo tanto, los patronos deberán pagar la indemnización correspondiente, según que haya traído como consecuencia la muerte o simplemente incapacidad temporal o permanente para trabajar, de acuerdo con lo que las leyes determinen. Esta responsabilidad subsistirá aún en el caso de que el patrono contrate el trabajo por un intermediario.

XV. El patrón estará obligado a observar, de acuerdo con la naturaleza de su negociación, los preceptos legales sobre higiene y seguridad en las instalaciones de su establecimiento, y a adoptar las medidas adecuadas para prevenir accidentes en el uso de las máquinas, instrumentos y materiales de trabajo, así como a organizar de tal manera éste, que resulte la mayor garantía para la salud y la vida de los trabajadores, y del producto de la concepción, cuando se trate de mujeres embarazadas. Las leyes contendrán, al efecto, las sanciones procedentes en cada caso;

Fracción reformada DOF 31-12-1974

XVI. Tanto los obreros como los empresarios tendrán derecho para coaligarse en defensa de sus respectivos intereses, formando sindicatos, asociaciones profesionales, etc.

XVII. Las leyes reconocerán como un derecho de los obreros y de los patronos, las huelgas y los paros.

XVIII. Las huelgas serán lícitas cuando tengan por objeto conseguir el equilibrio entre los diversos factores de la producción, armonizando los derechos del trabajo con los del capital. En los servicios públicos será obligatorio para los trabajadores dar aviso, con diez días de anticipación, a los tribunales laborales, de la fecha señalada para la suspensión del trabajo. Las huelgas serán consideradas como ilícitas únicamente cuando la mayoría de los huelguistas ejerciera actos violentos contra las personas o las propiedades, o en caso de guerra, cuando aquéllos pertenezcan a los establecimientos y servicios que dependan del Gobierno.

Cuando se trate de obtener la celebración de un contrato colectivo de trabajo se deberá acreditar que se cuenta con la representación de los trabajadores.

Fracción reformada DOF 31-12-1938, 24-02-2017

Paros

XIX. Los paros serán lícitos únicamente cuando el exceso de producción haga necesario suspender el trabajo para mantener los precios en un límite costeable, previa aprobación de los tribunales laborales.

Fracción reformada DOF 24-02-2017

Tribunales laborales

XX. La resolución de las diferencias o los conflictos entre trabajadores y patrones estará a cargo de los tribunales laborales del Poder Judicial de la Federación o de las entidades federativas, cuyos integrantes serán designados atendiendo a lo dispuesto en los artículos 94, 97, 116 fracción III, y 122 Apartado A, fracción IV de esta Constitución, según corresponda, y deberán contar con capacidad y experiencia en materia laboral. Sus sentencias y resoluciones deberán observar los principios de legalidad, imparcialidad, transparencia, autonomía e independencia.

Conciliación

Antes de acudir a los tribunales laborales, los trabajadores y patrones deberán asistir a la instancia conciliatoria correspondiente. En el orden local, la función conciliatoria estará a cargo de los Centros de Conciliación, especializados e imparciales que se instituyan en las entidades federativas. Dichos centros tendrán personalidad jurídica y patrimonio propios. Contarán con plena autonomía técnica, operativa, presupuestaria, de decisión y de gestión. Se regirán por los principios de certeza, independencia, legalidad, imparcialidad, confiabilidad, eficacia, objetividad, profesionalismo, transparencia y publicidad. Su integración y funcionamiento se determinará en las leyes locales.

La ley determinará el procedimiento que se deberá observar en la instancia conciliatoria. En todo caso, la etapa de conciliación consistirá en una sola audiencia obligatoria, con fecha y hora debidamente fijadas de manera expedita. Las subsecuentes audiencias de conciliación sólo se realizarán con el acuerdo de las partes en conflicto. La ley establecerá las reglas para que los convenios laborales adquieran condición de cosa juzgada, así como para su ejecución.

En el orden federal, la función conciliatoria estará a cargo de un organismo descentralizado. Al organismo descentralizado le corresponderá además, el registro de todos los contratos colectivos de trabajo y las organizaciones sindicales, así como todos los procesos administrativos relacionados.

El organismo descentralizado federal también tendrá competencia para conocer de los asuntos relacionados con el acceso a la información pública de los sindicatos y conocerá de los recursos de revisión que interpongan los particulares respecto de las resoluciones de los mismos.

Párrafo reformado DOF 20-12-2024

Para la designación del titular del organismo descentralizado a que se refiere el párrafo anterior, el Ejecutivo Federal someterá una terna a consideración de la Cámara de Senadores, la cual previa comparecencia de las personas propuestas, realizará la designación correspondiente. La designación se hará por el voto de las dos terceras partes de los integrantes de la Cámara de Senadores presentes, dentro del improrrogable plazo de treinta días. Si la Cámara de Senadores no resolviere dentro de dicho plazo, ocupará el cargo aquél que, dentro de dicha terna, designe el Ejecutivo Federal.

En caso de que la Cámara de Senadores rechace la totalidad de la terna propuesta, el Ejecutivo Federal someterá una nueva, en los términos del párrafo anterior. Si esta segunda terna fuere rechazada, ocupará el cargo la persona que dentro de dicha terna designe el Ejecutivo Federal.

El nombramiento deberá recaer en una persona que tenga capacidad y experiencia en las materias de la competencia del organismo descentralizado; que no haya ocupado un cargo en algún partido político, ni haya sido candidato a ocupar un cargo público de elección popular en los tres años anteriores a la designación; y que goce de buena reputación y no haya sido condenado por delito doloso. Asimismo, deberá cumplir los requisitos que establezca la ley. Desempeñará su encargo por períodos de seis años y podrá ser reelecto por una sola ocasión. En caso de falta absoluta, el sustituto será nombrado para concluir el periodo respectivo. Sólo podrá ser removido por causa grave en los términos del Título IV de esta Constitución y no podrá tener ningún otro empleo, cargo o comisión, con excepción de aquéllos en que actúen en representación del organismo y de los no remunerados en actividades docentes, científicas, culturales o de beneficencia.

Fracción reformada DOF 24-02-2017

XXI. Si el patrono se negare a someter sus diferencias al arbitraje o a cumplir con la resolución, se dará por terminado el contrato de trabajo y quedará obligado a indemnizar al obrero con el importe de tres meses de salario, además de la responsabilidad que le resulte del conflicto. Esta disposición no será aplicable en los casos de las acciones consignadas en la fracción siguiente. Si la negativa fuere de los trabajadores, se dará por terminado el contrato de trabajo.

Fracción reformada DOF 21-11-1962, 24-02-2017

XXII. El patrono que despida a un obrero sin causa justificada o por haber ingresado a una asociación o sindicato, o por haber tomado parte en una huelga lícita, estará obligado, a elección del trabajador, a cumplir el contrato o a indemnizarlo con el importe de tres meses de salario. La Ley determinará los casos en que el patrono podrá ser eximido de la obligación de cumplir el contrato, mediante el pago de una indemnización. Igualmente tendrá la obligación de indemnizar al trabajador con el importe de tres meses de salario, cuando se retire del servicio por falta de probidad del patrono o por recibir de él malos tratamientos, ya sea en su persona o en la de su cónyuge, padres, hijos o hermanos. El patrono no podrá eximirse de esta responsabilidad, cuando los malos tratamientos provengan de dependientes o familiares que obren con el consentimieto (sic DOF 21-11-1962) o tolerancia de él.

Fracción reformada DOF 21-11-1962

Libertad sindical

XXII Bis. Los procedimientos y requisitos que establezca la ley para asegurar la libertad de negociación colectiva y los legítimos intereses de trabajadores y patrones, deberán garantizar, entre otros, los siguientes principios:

a) Representatividad de las organizaciones sindicales, y

b) Certeza en la firma, registro y depósito de los contratos colectivos de trabajo.

Para la resolución de conflictos entre sindicatos, la solicitud de celebración de un contrato colectivo de trabajo y la elección de dirigentes, el voto de los trabajadores será personal, libre y secreto. La ley garantizará el cumplimiento de estos principios. Con base en lo anterior, para la elección de dirigentes, los estatutos sindicales podrán, de conformidad con lo dispuesto en la ley, fijar modalidades procedimentales aplicables a los respectivos procesos.

Fracción adicionada DOF 24-02-2017

XXIII. Los créditos en favor de los trabajadores por salario o sueldos devengados en el último año, y por indemnizaciones, tendrán preferencia sobre cualquiera otros en los casos de concurso o de quiebra.

XXIV. De las deudas contraídas por los trabajadores a favor de sus patronos, de sus asociados, familiares o dependientes, sólo será responsable el mismo trabajador, y en ningún caso y por ningún motivo se podrá exigir a los miembros de su familia, ni serán exigibles dichas deudas por la cantidad excedente del sueldo del trabajador en un mes.

XXV. El servicio para la colocación de los trabajadores será gratuito para éstos, ya se efectúe por oficinas municipales, bolsas de trabajo o por cualquier otra institución oficial o particular.

En la prestación de este servicio se tomará en cuenta la demanda de trabajo y, en igualdad de condiciones, tendrán prioridad quienes representen la única fuente de ingresos en su familia.

Fracción reformada DOF 31-12-1974

XXVI. Todo contrato de trabajo celebrado entre un mexicano y un empresario extranjero, deberá ser legalizado por la autoridad municipal competente y visado por el Cónsul de la Nación a donde el trabajador tenga que ir, en el concepto de que además de las cláusulas ordinarias, se especificará claramente que los gastos de repatriación quedan a cargo del empresario contratante.

XXVII. Serán condiciones nulas y no obligarán a los contrayentes, aunque se expresen en el contrato:

a) Las que estipulen una jornada inhumana por lo notoriamente excesiva, dada la índole del trabajo.

b) Las que fijen un salario que no sea remunerador a juicio de los tribunales laborales.

Inciso reformado DOF 24-02-2017

c) Las que estipulen un plazo mayor de una semana para la percepción del jornal.

d) Las que señalen un lugar de recreo, fonda, café, taberna, cantina o tienda para efectuar el pago del salario, cuando no se trate de empleados en esos establecimientos.

e) Las que entrañen obligación directa o indirecta de adquirir los artículos de consumo en tiendas o lugares determinados.

f) Las que permitan retener el salario en concepto de multa.

g) Las que constituyan renuncia hecha por el obrero de las indemnizaciones a que tenga derecho por accidente del trabajo, y enfermedades profesionales, perjuicios ocasionados por el incumplimiento del contrato o despedírsele de la obra.

h) Todas las demás estipulaciones que impliquen renuncia de algún derecho consagrado a favor del obrero en las leyes de protección y auxilio a los trabajadores.

XXVIII. Las leyes determinarán los bienes que constituyan el patrimonio de la familia, bienes que serán inalienables, no podrán sujetarse a gravámenes reales ni embargos, y serán transmisibles a título de herencia con simplificación de las formalidades de los juicios sucesorios.

Seguro social

XXIX. Es de utilidad pública la Ley del Seguro Social, y ella comprenderá seguros de invalidez, de vejez, de vida, de cesación involuntaria del trabajo, de enfermedades y accidentes, de servicios de guardería y cualquier otro encaminado a la protección y bienestar de los trabajadores, campesinos, no asalariados y otros sectores sociales y sus familiares.

Fracción reformada DOF 06-09-1929, 31-12-1974

XXX. Asimismo serán consideradas de utilidad social, las sociedades cooperativas para la construcción de casas baratas e higiénicas, destinadas a ser adquiridas en propiedad, por los trabajadores en plazos determinados.

Competencia federal

XXXI. La aplicación de las leyes del trabajo corresponde a las autoridades de las entidades federativas, de sus respectivas jurisdicciones, pero es de la competencia exclusiva de las autoridades federales en los asuntos relativos a:

Párrafo reformado DOF 29-01-2016

a) Ramas industriales y servicios.

Encabezado de inciso reformado DOF 27-06-1990

1. Textil;
2. Eléctrica;
3. Cinematográfica;
4. Hulera;
5. Azucarera;
6. Minera;
7. Metalúrgica y siderúrgica, abarcando la explotación de los minerales básicos, el beneficio y la fundición de los mismos, así como la obtención de hierro metálico y acero a todas sus formas y ligas y los productos laminados de los mismos;
8. De hidrocarburos;
9. Petroquímica;
10. Cementera;
11. Calera;
12. Automotriz, incluyendo autopartes mecánicas o eléctricas;
13. Química, incluyendo la química farmacéutica y medicamentos;
14. De celulosa y papel;
15. De aceites y grasas vegetales;
16. Productora de alimentos, abarcando exclusivamente la fabricación de los que sean empacados, enlatados o envasados o que se destinen a ello;
17. Elaboradora de bebidas que sean envasadas o enlatadas o que se destinen a ello;
18. Ferrocarrilera;
19. Maderera básica, que comprende la producción de aserradero y la fabricación de triplay o aglutinados de madera;

Fe de erratas al numeral DOF 13-01-1978

20. Vidriera, exclusivamente por lo que toca a la fabricación de vidrio plano, liso o labrado, o de envases de vidrio; y

21. Tabacalera, que comprende el beneficio o fabricación de productos de tabaco;

22. Servicios de banca y crédito.

Numeral adicionado DOF 27-06-1990

b) Empresas:

1. Aquéllas que sean administradas en forma directa o descentralizada por el Gobierno Federal;

2. Aquéllas que actúen en virtud de un contrato o concesión federal y las industrias que les sean conexas; y

3. Aquéllas que ejecuten trabajos en zonas federales o que se encuentren bajo jurisdicción federal, en las aguas territoriales o en las comprendidas en la zona económica exclusiva de la Nación.

c) Materias:

1. El registro de todos los contratos colectivos de trabajo y las organizaciones sindicales, así como todos los procesos administrativos relacionados;

2. La aplicación de las disposiciones de trabajo en los asuntos relativos a conflictos que afecten a dos o más entidades federativas;

3. Contratos colectivos que hayan sido declarados obligatorios en más de una entidad federativa;

4. Obligaciones patronales en materia educativa, en los términos de ley, y

5. Obligaciones de los patrones en materia de capacitación y adiestramiento de sus trabajadores, así como de seguridad e higiene en los centros de trabajo, para lo cual, las autoridades federales contarán con el auxilio de las estatales, cuando se trate de ramas o actividades de jurisdicción local, en los términos de la ley correspondiente.

Inciso adicionado DOF 24-02-2017

Reforma DOF 24-02-2017: Derogó de la fracción el entonces párrafo segundo

Fracción adicionada DOF 18-11-1942. Reformada DOF 21-11-1962, 06-02-1975. Fe de erratas DOF 17-03-1975. Reformada DOF 09-01-1978

Trabajadores del estado

B. Entre los Poderes de la Unión y sus trabajadores:

Párrafo reformado DOF 08-10-1974, 29-01-2016

I. La jornada diaria máxima de trabajo diurna y nocturna será de ocho y siete horas respectivamente. Las que excedan serán extraordinarias y se pagarán con un ciento por ciento más de la remuneración fijada para el servicio ordinario. En ningún caso el trabajo extraordinario podrá exceder de tres horas diarias ni de tres veces consecutivas;

II. Por cada seis días de trabajo, disfrutará el trabajador de un día de descanso, cuando menos, con goce de salario íntegro;

III. Los trabajadores gozarán de vacaciones que nunca serán menores de veinte días al año;

IV. Los salarios serán fijados en los presupuestos respectivos sin que su cuantía pueda ser disminuida durante la vigencia de éstos, sujetándose a lo dispuesto en el artículo 127 de esta Constitución y en la ley.

Párrafo reformado DOF 24-08-2009

En ningún caso los salarios podrán ser inferiores al mínimo para los trabajadores en general en las entidades federativas.

Párrafo reformado DOF 29-01-2016

Fracción reformada DOF 27-11-1961

V. A trabajo igual corresponderá salario igual, sin tener en cuenta el sexo ni género. Las leyes establecerán los mecanismos tendientes a reducir y erradicar la brecha salarial de género;

Fracción reformada DOF 15-11-2024

VI. Sólo podrán hacerse retenciones, descuentos, deducciones o embargos al salario, en los casos previstos en las leyes;

VII. La designación del personal se hará mediante sistemas que permitan apreciar los conocimientos y aptitudes de los aspirantes. El Estado organizará escuelas de Administración Pública;

VIII. Los trabajadores gozarán de derechos de escalafón a fin de que los ascensos se otorguen en función de los conocimientos, aptitudes y antigüedad. En igualdad de condiciones, tendrá prioridad quien represente la única fuente de ingreso en su familia;

Fracción reformada DOF 31-12-1974

XI (sic 05-12-1960)**.** Los trabajadores sólo podrán ser suspendidos o cesados por causa justificada, en los términos que fije la ley.

En caso de separación injustificada tendrá derecho a optar por la reinstalación en su trabajo o por la indemnización correspondiente, previo el procedimiento legal. En los casos de supresión de plazas, los trabajadores afectados tendrán derecho a que se les otorgue otra equivalente a la suprimida o a la indemnización de ley;

X. Los trabajadores tendrán el derecho de asociarse para la defensa de sus intereses comunes. Podrán, asimismo, hacer uso del derecho de huelga previo el cumplimiento de los requisitos que determine la ley, respecto de una o varias dependencias de los Poderes Públicos, cuando se violen de manera general y sistemática los derechos que este artículo les consagra;

XI. La seguridad social se organizará conforme a las siguientes bases mínimas:

a) Cubrirá los accidentes y enfermedades profesionales; las enfermedades no profesionales y maternidad; y la jubilación, la invalidez, vejez y muerte.

b) En caso de accidente o enfermedad, se conservará el derecho al trabajo por el tiempo que determine la ley.

c) Las mujeres durante el embarazo no realizarán trabajos que exijan un esfuerzo considerable y signifiquen un peligro para su salud en relación con la gestación; gozarán forzosamente de un mes de descanso antes de la fecha fijada aproximadamente para el parto y de otros dos después del mismo, debiendo percibir su salario íntegro y conservar su empleo y los derechos que hubieren adquirido por la relación de trabajo.

En el período de lactancia tendrán dos descansos extraordinarios por día, de media hora cada uno, para alimentar a sus hijos. Además, disfrutarán de asistencia médica y obstétrica, de medicinas, de ayudas para la lactancia y del servicio de guarderías infantiles.

Inciso reformado DOF 31-12-1974

d) Los familiares de los trabajadores tendrán derecho a asistencia médica y medicinas, en los casos y en la proporción que determine la ley.

e) Se establecerán centros para vacaciones y para recuperación, así como tiendas económicas para beneficio de los trabajadores y sus familiares.

f) Se proporcionarán a los trabajadores habitaciones baratas, en arrendamiento o venta, conforme a los programas previamente aprobados. Además, el Estado mediante las aportaciones que haga, establecerá un fondo nacional de la vivienda a fin de constituir depósitos en favor de dichos trabajadores y establecer un sistema de financiamiento que permita otorgar a éstos crédito barato y suficiente para que adquieran en propiedad habitaciones cómodas e higiénicas, o bien para construirlas, repararlas, mejorarlas o pagar pasivos adquiridos por estos conceptos.

Las aportaciones que se hagan a dicho fondo serán enteradas al organismo encargado de la seguridad social regulándose en su Ley y en las que corresponda, la forma y el procedimiento conforme a los cuales se administrará el citado fondo y se otorgarán y adjudicarán los créditos respectivos.

Inciso reformado DOF 10-11-1972

XII. Los conflictos individuales, colectivos o intersindicales serán sometidos a un Tribunal Federal de Conciliación y Arbitraje integrado según lo prevenido en la ley reglamentaria. Asimismo, conocerá de los asuntos relacionados con el acceso a la información pública de los sindicatos de los trabajadores al servicio del Estado y de los recursos de revisión que interpongan los particulares respecto de las resoluciones de los mismos.

Los conflictos entre el Poder Judicial de la Federación y sus servidores, así como los que se susciten entre la Suprema Corte de Justicia y sus empleados, serán resueltos por el Tribunal de Disciplina Judicial.

Fracción reformada DOF 20-12-2024

XIII. Los militares, marinos, integrantes de la Guardia Nacional, personal del servicio exterior, agentes del Ministerio Público, peritos y los miembros de las instituciones policiales, se regirán por sus propias leyes.

Párrafo reformado DOF 30-09-2024

Los agentes del Ministerio Público, los peritos y los miembros de las instituciones policiales de la Federación, las entidades federativas y los Municipios, podrán ser separados de sus cargos si no cumplen con los requisitos que las leyes vigentes en el momento del acto señalen para permanecer en dichas instituciones, o removidos por incurrir en responsabilidad en el desempeño de sus funciones. Si la autoridad jurisdiccional resolviere que la separación, remoción, baja, cese o cualquier otra forma de terminación del servicio fue injustificada, el Estado sólo estará obligado a pagar la indemnización y demás prestaciones a que tenga derecho, sin que en ningún caso proceda su reincorporación al servicio, cualquiera que sea el resultado del juicio o medio de defensa que se hubiere promovido.

Párrafo reformado DOF 29-01-2016

Las autoridades federales, de las entidades federativas y municipales, a fin de propiciar el fortalecimiento del sistema de seguridad social del personal del Ministerio Público, de las corporaciones policiales y de los servicios periciales, de sus familias y dependientes, instrumentarán sistemas complementarios de seguridad social.

Párrafo reformado DOF 29-01-2016

El Estado proporcionará a los miembros en el activo del Ejército, Fuerza Aérea, Armada y Guardia Nacional, las prestaciones a que se refiere el inciso f) de la fracción XI de este apartado, en términos similares y a través del organismo encargado de la seguridad social de los componentes de dichas instituciones;

Párrafo reformado DOF 30-09-2024

Fracción reformada DOF 10-11-1972, 08-03-1999, 18-06-2008

XIII bis. El banco central y las entidades de la Administración Pública Federal que formen parte del sistema bancario mexicano regirán sus relaciones laborales con sus trabajadores por lo dispuesto en el presente Apartado.

Fracción adicionada DOF 17-11-1982. Reformada DOF 27-06-1990, 20-08-1993

XIV. La ley determinará los cargos que serán considerados de confianza. Las personas que los desempeñen disfrutarán de las medidas de protección al salario y gozarán de los beneficios de la seguridad social.

Apartado B con fracciones adicionado DOF 05-12-1960

TÍTULO SÉPTIMO
PREVENCIONES GENERALES

Facultades estatales

Artículo 124. Las facultades que no están expresamente concedidas por esta Constitución a los funcionarios federales, se entienden reservadas a los Estados o a la Ciudad de México, en los ámbitos de sus respectivas competencias.

Artículo reformado DOF 29-01-2016

Incompatibilidad

Artículo 125. Ningún individuo podrá desempeñar a la vez dos cargos federales de elección popular ni uno de la Federación y otro de una entidad federativa que sean también de elección; pero el nombrado puede elegir entre ambos el que quiera desempeñar.

Artículo reformado DOF 29-01-2016

Artículo 126. No podrá hacerse pago alguno que no esté comprendido en el Presupuesto o determinado por la ley posterior.

Artículo original DOF 05-02-1917

Artículo 127. Los servidores públicos de la Federación, de las entidades federativas, de los Municipios y de las demarcaciones territoriales de la Ciudad de México, de sus entidades y dependencias, así como de sus administraciones paraestatales y paramunicipales, fideicomisos públicos, instituciones y organismos autónomos, y cualquier otro ente público, recibirán una remuneración adecuada e irrenunciable por el desempeño de su función, empleo, cargo o comisión, que deberá ser proporcional a sus responsabilidades.

Remuneración

Párrafo reformado DOF 29-01-2016

Dicha remuneración será determinada anual y equitativamente en los presupuestos de egresos correspondientes, bajo las siguientes bases:

I. Se considera remuneración o retribución toda percepción en efectivo o en especie, incluyendo dietas, aguinaldos, gratificaciones, premios, recompensas, bonos, estímulos, comisiones, compensaciones y cualquier otra, con excepción de los apoyos y los gastos sujetos a comprobación que sean propios del desarrollo del trabajo y los gastos de viaje en actividades oficiales.

II. Ningún servidor público podrá recibir remuneración, en términos de la fracción anterior, por el desempeño de su función, empleo, cargo o comisión, mayor a la establecida para el Presidente de la República en el presupuesto correspondiente.

III. Ningún servidor público podrá tener una remuneración igual o mayor que su superior jerárquico; salvo que el excedente sea consecuencia del desempeño de varios empleos públicos, que su remuneración sea producto de las condiciones generales de trabajo, derivado de un trabajo técnico calificado o por especialización en su función, la suma de dichas retribuciones no deberá exceder la mitad de la remuneración establecida para el Presidente de la República en el presupuesto correspondiente.

IV. No se concederán ni cubrirán jubilaciones, pensiones o haberes de retiro, ni liquidaciones por servicios prestados, como tampoco préstamos o créditos, sin que éstas se encuentren asignadas por la ley, decreto legislativo, contrato colectivo o condiciones generales de trabajo. Estos conceptos no formarán parte de la remuneración. Quedan excluidos los servicios de seguridad que requieran los servidores públicos por razón del cargo desempeñado.

V. Las remuneraciones y sus tabuladores serán públicos, y deberán especificar y diferenciar la totalidad de sus elementos fijos y variables tanto en efectivo como en especie.

VI. El Congreso de la Unión y las Legislaturas de las entidades federativas, en el ámbito de sus competencias, expedirán las leyes para hacer efectivo el contenido del presente artículo y las disposiciones constitucionales relativas, y para sancionar penal y administrativamente las conductas que impliquen el incumplimiento o la elusión por simulación de lo establecido en este artículo.

Fracción reformada DOF 29-01-2016

Artículo reformado DOF 28-12-1982, 10-08-1987, 24-08-2009

Protesta

Artículo 128. Todo funcionario público, sin excepción alguna, antes de tomar posesión de su encargo, prestará la protesta de guardar la Constitución y las leyes que de ella emanen.

Artículo original DOF 05-02-1917

Límites a autoridades militares

Artículo 129. En tiempo de paz, ninguna autoridad militar puede ejercer más funciones que las que tenga previstas en esta Constitución y las leyes que de ella emanen. Solamente habrá Comandancias Militares fijas y permanentes en los castillos, fortalezas y almacenes que dependan inmediatamente del Gobierno de la Unión; o en los campamentos, cuarteles o depósitos que, fuera de las poblaciones, estableciere para la estación de las tropas.

Artículo reformado DOF 30-09-2024

Relaciones entre la iglesia y el estado

Artículo 130. El principio histórico de la separación del Estado y las iglesias orienta las normas contenidas en el presente artículo. Las iglesias y demás agrupaciones religiosas se sujetarán a la ley.

Corresponde exclusivamente al Congreso de la Unión legislar en materia de culto público y de iglesias y agrupaciones religiosas. La ley reglamentaria respectiva, que será de orden público, desarrollará y concretará las disposiciones siguientes:

a) Las iglesias y las agrupaciones religiosas tendrán personalidad jurídica como asociaciones religiosas una vez que obtengan su correspondiente registro. La ley regulará dichas asociaciones y determinará las condiciones y requisitos para el registro constitutivo de las mismas.

b) Las autoridades no intervendrán en la vida interna de las asociaciones religiosas;

c) Los mexicanos podrán ejercer el ministerio de cualquier culto. Los mexicanos así como los extranjeros deberán, para ello, satisfacer los requisitos que señale la ley;

d) En los términos de la ley reglamentaria, los ministros de cultos no podrán desempeñar cargos públicos. Como ciudadanos tendrán derecho a votar, pero no a ser votados. Quienes hubieren dejado de ser ministros de cultos con la anticipación y en la forma que establezca la ley, podrán ser votados.

e) Los ministros no podrán asociarse con fines políticos ni realizar proselitismo a favor o en contra de candidato, partido o asociación política alguna. Tampoco podrán en reunión pública, en actos del culto o de propaganda religiosa, ni en publicaciones de carácter religioso, oponerse a las leyes del país o a sus instituciones, ni agraviar, de cualquier forma, los símbolos patrios.

Queda estrictamente prohibida la formación de toda clase de agrupaciones políticas cuyo título tenga alguna palabra o indicación cualquiera que la relacione con alguna confesión religiosa. No podrán celebrarse en los templos reuniones de carácter político.

La simple promesa de decir verdad y de cumplir las obligaciones que se contraen, sujeta al que la hace, en caso de que faltare a ella, a las penas que con tal motivo establece la ley.

Los ministros de cultos, sus ascendientes, descendientes, hermanos y cónyuges, así como las asociaciones religiosas a que aquellos pertenezcan, serán incapaces para heredar por testamento, de las personas a quienes los propios ministros hayan dirigido o auxiliado espiritualmente y no tengan parentesco dentro del cuarto grado.

Los actos del estado civil de las personas son de la exclusiva competencia de las autoridades administrativas en los términos que establezcan las leyes, y tendrán la fuerza y validez que las mismas les atribuyan.

Las autoridades federales, de las entidades federativas, de los Municipios y de las demarcaciones territoriales de la Ciudad de México, tendrán en esta materia las facultades y responsabilidades que determine la ley.

Párrafo reformado DOF 29-01-2016

Artículo reformado DOF 28-01-1992

Impuestos a comercio exterior

Artículo 131. Es facultad privativa de la Federación gravar las mercancías que se importen o exporten, o que pasen de tránsito por el territorio nacional, así como reglamentar en todo tiempo y aún prohibir, por motivos de seguridad o de policía, la circulación en el interior de la República de toda clase de efectos, cualquiera que sea su procedencia.

Párrafo reformado DOF 08-10-1974, 29-01-2016

El Ejecutivo podrá ser facultado por el Congreso de la Unión para aumentar, disminuir o suprimir las cuotas de las tarifas de exportación e importación, expedidas por el propio Congreso, y para crear otras; así como para restringir y para prohibir las importaciones, las exportaciones y el tránsito de productos, artículos y efectos, cuando lo estime urgente, a fin de regular el comercio exterior, la economía del país, la estabilidad de la producción nacional, o de realizar cualquiera otro propósito, en beneficio del país. El propio Ejecutivo al enviar al Congreso el Presupuesto Fiscal de cada año, someterá a su aprobación el uso que hubiese hecho de la facultad concedida.

Párrafo adicionado DOF 28-03-1951

Propiedades federales

Artículo 132. Los fuertes, los cuarteles, almacenes de depósito y demás bienes inmuebles destinados por el Gobierno de la Unión al servicio público o al uso común, estarán sujetos a la jurisdicción de los Poderes Federales en los términos que establezca la ley que expedirá el Congreso de la Unión; mas para que lo estén igualmente los que en lo sucesivo adquiera dentro del territorio de algún Estado, será necesario el consentimiento de la legislatura respectiva.

Artículo original DOF 05-02-1917

Supremacía constitucional

Artículo 133. Esta Constitución, las leyes del Congreso de la Unión que emanen de ella y todos los tratados que estén de acuerdo con la misma, celebrados y que se celebren por el Presidente de la República, con aprobación del Senado, serán la Ley Suprema de toda la Unión. Los jueces de cada entidad federativa se arreglarán a dicha Constitución, leyes y tratados, a pesar de las disposiciones en contrario que pueda haber en las Constituciones o leyes de las entidades federativas.

Artículo reformado DOF 18-01-1934, 29-01-2016

Recursos públicos

Artículo 134. Los recursos económicos de que dispongan la Federación, las entidades federativas, los Municipios y las demarcaciones territoriales de la Ciudad de México, se administrarán con eficiencia, eficacia, economía, transparencia y honradez para satisfacer los objetivos a los que estén destinados.

Párrafo reformado DOF 07-05-2008, 29-01-2016

Los resultados del ejercicio de dichos recursos serán evaluados por las instancias técnicas que establezcan, respectivamente, la Federación y las entidades federativas, con el objeto de propiciar que los recursos económicos se asignen en los respectivos presupuestos en los términos del párrafo precedente. Lo anterior, sin menoscabo de lo dispuesto en los artículos 26, Apartado C, 74, fracción VI y 79 de esta Constitución.

Párrafo adicionado DOF 07-05-2008. Reformado DOF 29-01-2016

Los entes públicos ajustarán sus estructuras orgánicas y ocupacionales de conformidad con los principios de racionalidad y austeridad republicana, eliminando todo tipo de duplicidades funcionales u organizacionales, atendiendo a las necesidades de mejora y modernización de la gestión pública.

Párrafo reformado DOF 20-12-2024

Las adquisiciones, arrendamientos y enajenaciones de todo tipo de bienes, prestación de servicios de cualquier naturaleza y la contratación de obra que realicen, se adjudicarán o llevarán a cabo a través de licitaciones públicas mediante convocatoria pública para que libremente se presenten proposiciones solventes en sobre cerrado, que será abierto públicamente, a fin de asegurar al Estado las mejores condiciones disponibles en cuanto a precio, calidad, financiamiento, oportunidad y demás circunstancias pertinentes.

Cuando las licitaciones a que hace referencia el párrafo anterior no sean idóneas para asegurar dichas condiciones, las leyes establecerán las bases, procedimientos, reglas, requisitos y demás elementos para acreditar la economía, eficacia, eficiencia, imparcialidad y honradez que aseguren las mejores condiciones para el Estado.

El manejo de recursos económicos federales por parte de las entidades federativas, los municipios y las demarcaciones territoriales de la Ciudad de México, se sujetará a las bases de este artículo y a las leyes reglamentarias. La evaluación sobre el ejercicio de dichos recursos se realizará por las instancias técnicas de las entidades federativas a que se refiere el párrafo segundo de este artículo.

Párrafo reformado DOF 07-05-2008, 29-01-2016

Los servidores públicos serán responsables del cumplimiento de estas bases en los términos del Título Cuarto de esta Constitución.

Los servidores públicos de la Federación, las entidades federativas, los Municipios y las demarcaciones territoriales de la Ciudad de México, tienen en todo tiempo la obligación de aplicar con imparcialidad los recursos públicos que están bajo su responsabilidad, sin influir en la equidad de la competencia entre los partidos políticos.

Párrafo adicionado DOF 13-11-2007. Reformado DOF 29-01-2016

La propaganda, bajo cualquier modalidad de comunicación social, que difundan como tales, los poderes públicos, los órganos autónomos, las dependencias y entidades de la administración pública y cualquier otro ente de los tres órdenes de gobierno, deberá tener carácter institucional y fines informativos, educativos o de orientación social. En ningún caso esta propaganda incluirá nombres, imágenes, voces o símbolos que impliquen promoción personalizada de cualquier servidor público.

Párrafo adicionado DOF 13-11-2007

Las leyes, en sus respectivos ámbitos de aplicación, garantizarán el estricto cumplimiento de lo previsto en los dos párrafos anteriores, incluyendo el régimen de sanciones a que haya lugar.

Párrafo adicionado DOF 13-11-2007

Artículo reformado DOF 28-12-1982

TÍTULO OCTAVO
DE LAS REFORMAS DE LA CONSTITUCIÓN

Reformas constitucionales

Artículo 135. La presente Constitución puede ser adicionada o reformada. Para que las adiciones o reformas lleguen a ser parte de la misma, se requiere que el Congreso de la Unión, por el voto de las dos terceras partes de los individuos presentes, acuerden las reformas o adiciones, y que éstas sean aprobadas por la mayoría de las legislaturas de los Estados y de la Ciudad de México.

Párrafo reformado (se suprime la última oración, la cual se reforma y adiciona para quedar como segundo párrafo) DOF 21-10-1966. Reformado DOF 29-01-2016

El Congreso de la Unión o la Comisión Permanente en su caso, harán el cómputo de los votos de las Legislaturas y la declaración de haber sido aprobadas las adiciones o reformas.

Párrafo adicionado DOF 21-10-1966

TÍTULO NOVENO
DE LA INVIOLABILIDAD DE LA CONSTITUCIÓN

Inviolabilidad constitucional

Artículo 136. Esta Constitución no perderá su fuerza y vigor, aun cuando por alguna rebelión se interrumpa su observancia. En caso de que por cualquier trastorno público, se establezca un gobierno contrario a los principios que ella sanciona, tan luego como el pueblo recobre su libertad, se restablecerá su observancia, y con arreglo a ella y a las leyes que en su virtud se hubieren expedido, serán juzgados, así los que hubieren figurado en el gobierno emanado de la rebelión, como los que hubieren cooperado a ésta.

Artículo original DOF 05-02-1917

***ACCESO GRATIS** a la Lectura en la Nube + Actualizaciones*

Para visualizar el libro electrónico en la nube de lectura envíe junto a su nombre y apellidos una fotografía del código de barras situado en la contraportada del libro y otra del ticket de compra a la dirección:

ebooktirant@tirant.com

En un máximo de 72 horas laborables le enviaremos el código de acceso con sus instrucciones.